# 能源革命与大国兴衰

## 科技、军事、经济与社会发展

王少洪◎主编

中国青年出版社

## 图书在版编目（CIP）数据

能源革命与大国兴衰 ：科技、军事、经济与社会发
展 / 王少洪主编. -- 北京 ：中国青年出版社，2024.
12. -- ISBN 978-7-5153-7550-2
I. F426.2
中国国家版本馆CIP数据核字第2024R56W83号

能源革命与大国兴衰：科技、军事、经济与社会发展

作　　者：王少洪
责任编辑：吕　娜
书籍设计：王玉峰
出版发行：中国青年出版社
社　　址：北京市东城区东四十二条 21 号
网　　址：www.cyp.com.cn
经　　销：新华书店
印　　刷：三河市万龙印装有限公司
规　　格：710mm×1000mm　1/16
印　　张：16
字　　数：212 千字
版　　次：2025 年 3 月北京第 1 版
印　　次：2025 年 3 月河北第 1 次印刷
定　　价：75.00 元
如有印装质量问题，请凭购书发票与质检部联系调换。联系电话：010-57350337

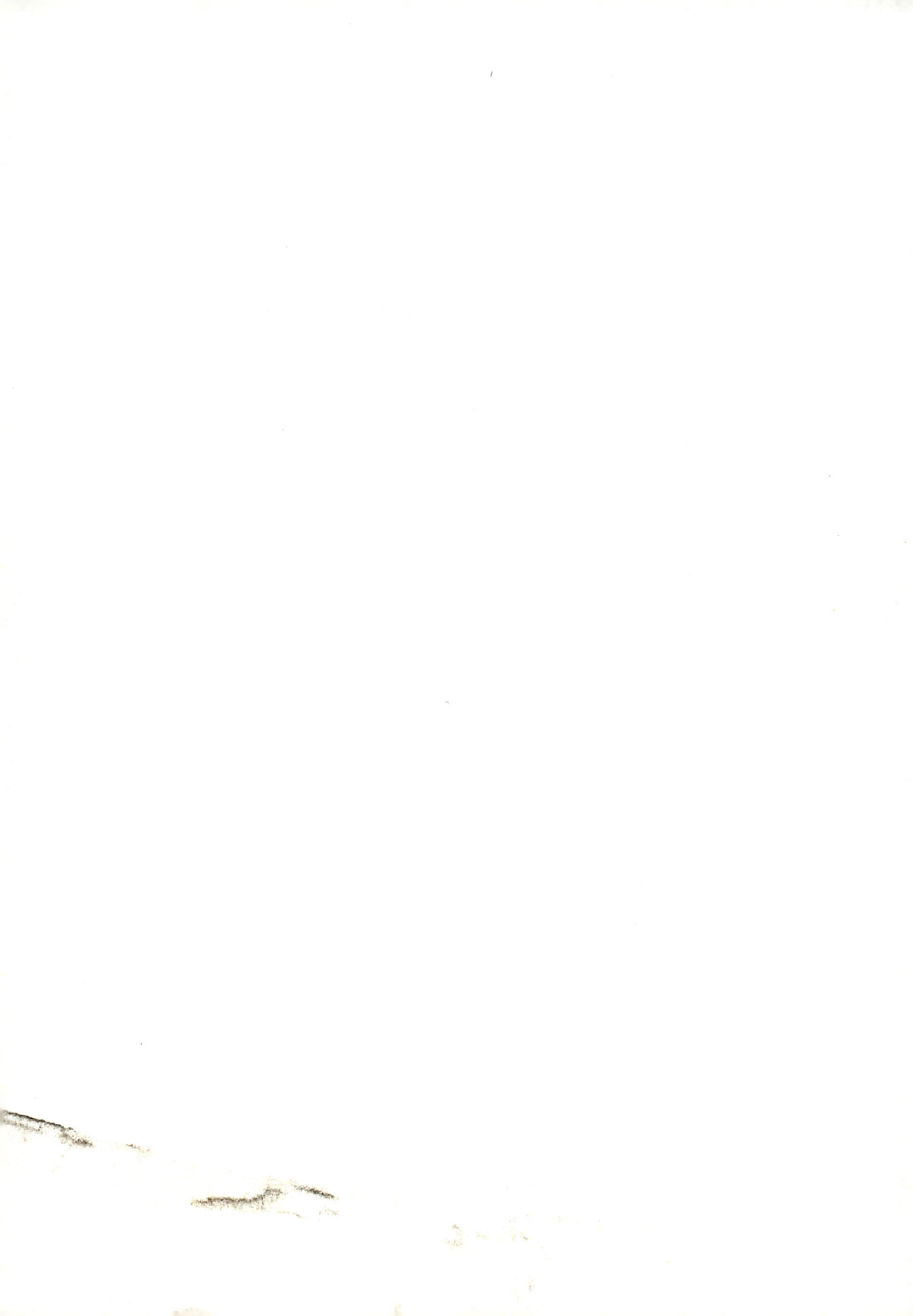

# 序　言

　　能源，是可以转化为能量的资源，是推动人类文明演进的动力。自人类脱离蒙昧野蛮走进文明时代，每一次生产力的巨大飞跃和社会的重大进步都离不开能源变革。

　　火的发现和利用促进人类文明的诞生，奠定了人类发展的物质与生存基础。在漫长的前工业社会，伴随着能源开发利用技术进步，人类经历了从"石器时代"到"铜器时代"，再到"铁器时代"的军事、经济与社会发展跃迁。工业革命以来，泥煤、煤炭的大规模开发利用，催化了西欧列强的大国博弈和地缘冲突。英国凭借自身煤炭资源禀赋和蒸汽动力优势，迅速崛起成为"日不落帝国"。美国依恃油气资源与电力革命的加持后来者居上，重塑了世界格局，问鼎世界主导权。

　　能源革命的历史就是大国兴衰史。能源革命伴生于工业革命，抓住了能源革命的机遇就等于抓住了工业革命的命脉，就掌握了国运。英美凭借低廉的能源资源优势与先进技术优势的交互作用，形成了经济、货币、军事和地缘政治优势，造就了海洋霸权和货币霸权，实现了国家崛起，但在能源争夺中充斥着零和博弈和丛林法则。当前，以新能源利用为代表的第三次能源革命，重在寻求人与自然、人与社会和谐永续发展的路径，打破了过去由少数国家垄断全球能源市场、称霸世界的历史周期率，开启了以高效、清洁、低碳、安全、智能化为主要特征的能源竞合发展新阶段。

　　伴随着世界能源转型大势，中国作为负责任大国和能源大国，走到了本轮能源革命的前列，肩负着推动技术创新、促进地区能源转型、实现可持续发展的重任。2014年，习近平总书记提出"四个革命、一个合作"的能源发

1

展战略[①]，党的二十大报告明确提出要积极稳妥推进碳达峰碳中和、深入推进能源革命、加快规划建设新型能源体系、确保能源安全、积极参与应对气候变化全球治理等，为新征程上推动能源高质量发展指明了方向。在中国式现代化道路上，能源革命不仅为民运所系、国运所系，其本质就是构建全球能源命运共同体，是人类命运共同体建设的重要内容和载体。

本书坚持以习近平新时代中国特色社会主义思想为指导，运用比较研究、理论研究和实证研究相结合的方法，坚持大历史观、把握当代、关怀人类、面向未来的理念，以能源这一重要生产要素为焦点，从历史长河、时代大潮、全球风云中分析解构能源革命与大国兴衰的演变机理，揭示全球能源治理、社会发展进步与世界和合与共的未来。在人类文明聚力突破自然、经济和政治桎梏，创造新的灿烂的现代化发展成就的关键历史时期，本书尝试为破解"能源密码"以从容应对百年未有之大变局找寻一份可能的答案。

---

① "四个革命"即能源消费革命、能源供给革命、能源技术革命和能源体制革命，"一个合作"是指全方位加强国际合作。

# 目　录

# |第三篇　第二次能源革命重塑世界格局|

## | 第四篇　新一轮能源革命引领世界未来 |

# 第一篇 ▶ 能源利用开启人类文明序章

# 第一章
## 火种与人类文明的起源

能源是人类生存和社会发展不可缺少的物质基础之一。人类文明的起源与火的使用密不可分。野火促使热带草地和稀树草原逐渐形成，为人类的出现和生存繁衍创造了良好的陆地环境。上溯到100万年前，人类已经开始利用自然野火，逐渐学会有效保存火种、控制用火乃至人工取火，以满足照明、取暖、防身、熟食、狩猎、耕种、制造工具等各种生存需求。随着人类开始使用火，并逐渐学会驾驭火，能源便成为人类繁衍生息与社会文明演进的关键要素与重要推动力。

## 第一节　人类早期用火的历史阶段

远古时期的地球经历了复杂的地质与生化作用，逐渐具备燃烧所必需的基本条件。野火的出现不仅改变了地球的生态环境，更为人类提供了关键的生存工具。

### 1. 自然之火

火是物质燃烧过程中散发出光和热的现象，是能量剧烈释放的一种方式。自然火的发生需要有氧气、可燃物且温度达到着火点。在远古地球环境中，这些条件经过漫长的演化过程才得以全部满足。

氧气既是人类以及其他地球生物赖以生存的元素之一，也是维持火燃烧的基础和前提。然而，地球并非从一开始就拥有氧气。在地球形成早期，由于地壳极不稳定，持续的火山活动使大量的二氧化碳、二氧化硫、甲烷等气体喷涌而出，这些物质很自然地就成了原始大气的组成成分。由于地球的内部温度逐渐冷却，火山活动不再那么频繁，形成了孕育生命的原始海洋，蓝细菌这种原始的生命在地球上出现并呈现爆发式的增长，对地球表面从无氧的大气环境变为有氧环境起了巨大的作用。这些微小的蓝细菌通过光合作用不断吸收大气中的二氧化碳，放出氧气，使大气中氧气逐渐增多，为火的产生奠定了基础和前提。地球大气从极端缺氧到氧气含量大幅度升高的现象，被科学家们称为"大氧化事件"，也成为点亮火种的重大事件。

燃烧释放能量必须借助可燃物这一能量来源。约15亿年前，当陆地上还不存在任何生命之时，海洋中出现了可以进行光合作用的真核生命。此后的数亿年里，原始的藻类在海洋中大量形成，利用潮汐的涨落移居到陆地表面，又经过了数亿年的演变征服了陆地。[①]随着海洋中固态沉积物的汇聚和地壳板块运动，陆地面积逐渐扩大，陆生植物在志留纪和泥盆纪进化发展出茎秆和根系结构，进而演化出各种维管植物，为形成树木和森林奠定基础。5亿年前的植物祖先登陆是地球发展史上的一个重大事件，为人类提供了氧气、食品和营养等必需的物质基础，也提供了火种产生的重要载体——可燃物。

在具备氧气和可燃物后，要产生火就需要得到温度达到着火点的火源。在远古地球环境中，火源的产生与一系列自然活动紧密相连，具有极大的偶然性，闪电雷击、火山活动、高温自燃都可能成为火源。闪电雷击是最有可能引发野火的因素，当时大气中存在大量微粒，在风力作用下相互碰撞、摩擦，引起分布广泛的闪电，而在干旱气候条件下，受到雷击的枯木等植物遗体尤其容易被点燃。火山活动也会引起野火，但由于火山在地球上的分布范围有限，并不能导致大规模野火的出现。此外，在沙漠等干燥炎热的环境下，强烈的阳光照射可能会导致局部极端高温，超过可燃物的燃点后，会引起自

---

① Cheng S, Xian W, Fu Y, et al.. Genomes of Subaerial Zygnematophyceae Provide Insights into Land Plant Evolution[J]. Cell, 2019, 179（5）: 1057–1067. e14.

燃，但这种情况很少出现。

在古生代时期陆生植物出现后，地球上已经完全具备火产生的三个条件。通过对在威尔士和波兰发现的木炭沉积物进行同位素年代测定，发现火在至少4.3亿年前就已在地球上出现。[①]自此，火就成为地球生态环境中的基本要素之一，并与气候条件和植物进化直接相关。在大约3.7亿年前的泥盆纪晚期，大气中氧气含量达到顶峰，植物形成繁茂的森林，为大规模野火产生创造了适宜的条件，使地球上野火产生的规模逐渐扩大。在地球上现存的一些重要生态系统中，比如地中海式气候生态系统、热带草地和稀树草原生态系统、北半球高纬度地区的针叶林系统，野火是维持生态系统结构与功能的重要生态因子与进化力量[②]，为300万年前早期猿人的崛起创造了良好的陆地生存环境，对推动人类进化和文明进程起到至关重要的作用。

### 2. 用火起源

"人类用火"并不是对自然野火的简单利用，而是指人类为了一定的目的，对火做有控制性的使用。人类从南方古猿逐渐进化而来，最初进化为称作"能人"的早期猿人，而后在大约200万年前进化为称作"直立人"的晚期猿人。因为毛发容易被灼烧，引致烧伤甚至危及生命，人类最初与其他动物一样，对自然环境中的野火心存畏惧。但是人类偶然间在被火烧过的区域发现并品尝到烧焦烤熟的肉后，人类逐渐感受到火的益处并尝试用火熟食和取暖。

人们一直致力于探寻远古时期人类用火起源的证据，但由于野火的痕迹和人类主动用火的遗迹难以区分，因此有关人类用火的各种证据及其年代判断的可靠性和受认可的程度不尽相同，下表列举了大约100万年以前人类早期用火的证据。

---

① Glasspool I J, Gastaldo R A. Silurian wildfire proxies and atmospheric oxygen [J]. Geology, 2022, 50（9）: 1048–1052.

② Tianhua He, Byron B. Lamont. Baptism by fire: the pivotal role of ancient conflagrations in evolution of the Earth's flora [J]. National Science review, 2018, 5（2）: 237–254.

表 1    人类早期用火证据[①]

| 年代 | 地点 | 用火证据 |
|---|---|---|
| 180万年前 | 中国山西西侯度遗址 | 呈现黑色、灰色和灰绿色烧灼痕迹的哺乳动物骨头 |
| 170万年前 | 中国云南元谋人遗址 | 发黑的哺乳动物骨头 |
| 150万年前 | 南非Swartkrans | 阿舍利人的工具中烧焦的骨头 |
| 150万年前 | 肯尼亚Koobi Fora | 加热至200~400摄氏度的红色黏土碎片 |
| 142万年前 | 肯尼亚Chesowanja | 加热至400摄氏度的红色黏土碎片 |
| 100万年前 | 南非Wonderwerk洞穴 | 烧焦的骨头和灰化植物遗存 |
| 100万年前 | 以色列Evron Quarry | 加热至400摄氏度的燧石 |

人类用火遗迹最早可以追溯至大约180万年前。自20世纪60年代以来，中国山西的西侯度遗址陆续发现了许多动物化石，其中包括呈现黑、灰和灰绿色的哺乳动物肋骨以及鹿角、马牙等，而且这种颜色深入化石内部，所以并非矿物所染，应为经火灼烧所致。后经古地磁年代测定，这些化石来自距今大约180万年的更新世时期，从而使其成为人类最早的用火证据。

非洲肯尼亚库比福勒地区曾发现大约150万年前人类原地用火遗迹。经过多次重新发掘，采用多种先进深度分析手段，最终确定此地发生过燃烧[②]，并发现由大块砂质黏土构成的烧土堆积，颜色呈现淡红色、橘色或深红色，发生炭化的部分则为灰黑色。此外，还发现存在人类制造痕迹的烧石，其集中分布和非定向排列的特征进一步排除了野火等自然界的作用，从而使上述发现成为人类用火较为可靠的证据。

在南非卡拉哈里沙漠一处名为Wonderwerk的洞穴，人们发现了大约100万年前的人类用火遗迹，此处出土了大量灰化植物遗存、烧骨碎片和破裂的石制品，并存在数个延展长度超1米的燃烧区。显微观测证实，其中一些动物碎

---

① Glikson A, Groves C. Climate, Fire and Human Evolution: The Deep Time Dimensions of the Anthropocene[M]. Springer, 2016.

② Hlubik S, Berna F, Feibel C, et al.. Researching the Nature of Fire at 1.5 Mya on the Site of FxJj20 AB, Koobi Fora, Kenya, Using High-Resolution Spatial Analysis and FTIR Spectrometry[J]. Current Anthropology, 2017, 58(16): 243-257.

骨曾被加热到大约500摄氏度的高温。<sup>①</sup>洞内遗迹保存状况良好，烧骨断口锐利、边缘呈锯齿状，灰烬化的植物遗存保存状态极佳，而且所在地点超出了闪电所及的范围，说明这些遗存在原地被烧过，而不是被风力或水流搬运到遗址中，由此推断人类曾在此处主动用火，将人类有效控制用火的历史推至100万年前。

图1　南非北开普敦地区的Wonderwerk洞穴<sup>②</sup>

### 3. 驾驭用火

用火是人类独有的行为能力。在使用火的过程中，人类切身感受到火为生存带来的便利，并逐步意识到火是人类文明发展演进的必需品。在人类用火的初期阶段，只能寻找采集自然环境中的野火，而且不能很好地保存火种。野火的出现与季节和气候条件密切相关，只有在温暖湿润的间冰期才会常常电闪雷鸣。因此，人类早期用火规模小、频率低。当人类在冰期和冬春季节等缺乏野火的条件下艰难度日时，也在逐渐探索驾驭火的能力，从而实现用

① Berna F，Goldberg P，Horwitz L K，et al.. Microstratigraphic evidence of in situ fire in the Acheulean strata of Wonderwerk Cave，Northern Cape province，South Africa［J］. Proceedings of the National Academy of Sciences，2012，109（20）：1215-1220.

② 图片来源：https://museumexplorer.co.za/wonderwerk-cave/

火的自由。人类用火技术的进步可分为保存火、控制火、创造火三个阶段。

有效保存火种是人类实现随时随地用火的第一步。在人类偶尔用火的阶段，会发现过火区域的灰烬中被烧红的木炭具有复燃性。经过无数次的实践和长期的观察，人类逐渐意识到火可复燃也可保存。在大约50万—40万年前的人类用火遗迹中，已经出现既便于控制性用火，又适合保存火种的火塘。当时人类会在居住地挖一浅坑，采集自然环境中的野火来点燃坑中的燃料，生起篝火，在用火之后，再将燃烧后的灰烬盖住未燃尽的木炭，在熄灭明火的同时，也利用灰烬的余温保存阴燃的木炭。再次点火只需扒开灰烬，用干草、树枝等易燃物重新引燃木炭，便可在原处生起火来。

在人类掌握保存火种的初期，常常因为缺乏燃料或下雨等不利气候条件，导致火种熄灭，长期稳定的火种保存仍难以实现。经过火种使用和保存的不断实践，人类逐渐提升技术水平，进而实现火种的长期稳定保存，摆脱季节和气候条件对用火的限制，并进入控制性用火的新阶段。在这一阶段，除了可以在居住地保存火种外，人类还能够将火种携带转移，以便获取更多食物和拓展生存活动范围。此外，人类也可以根据熟食、照明、取暖等不同用火需求，通过调节火堆和火的大小，控制燃烧温度。

在控制性用火的阶段，火种仍然源自大自然的馈赠。人类只有掌握了取火技术，才能真正实现驾驭火，实现随时随地自由用火。人类最早的取火方式是击石取火，这很可能是在制造石器的长期实践过程中受到的启发，因为敲击石器会产生火星，当溅到易燃物上偶然间着起火来时，人类便学会了取火。在人类能够创造火的阶段，火塘可以随用随燃，也不必再时刻保存火种，所以此时在人类的居住地附近，往往会出现多个未经重复燃烧的火塘。钻木起火属于摩擦起火的一种。中国古代传说，上古时代燧人氏是华夏人工取火的发明者，教人熟食，结束了华夏远古人类茹毛饮血的历史，开创了华夏文明。早期人类在什么时候学会生火，目前尚无一个确定的时间，根据考古的发现，大约在70万年前到12万年前。巴布亚新几内亚的原住民至今仍然沿用钻木取火的方式生火。

## 第二节　火的早期主要用途

火在人类早期生产生活中起到关键作用，在寒冷的天气中为人类送去温暖，在漆黑的夜晚为人类送去光明，帮助人类抵御野兽侵袭，改善人类的饮食习惯。在基本生存条件得到保障后，人类有更充足的时间进行生产劳动。火为人类耕种和狩猎提供了极大便利，并使人类有条件制造更为复杂的工具，提高人类劳动生产效率，为人类文明向更高等级演进奠定基础。

### 1. 筑塘拢火

光和热是能源利用的基本形式，也是人类生存不可或缺的要素资源。火的燃烧正是一种产生光和热的剧烈化学反应，伴随能量的大量释放，因而成为早期人类满足取暖、照明、抵御野兽等基本生存需求的重要方式。

图2　周口店北京猿人遗址发掘出的火塘遗迹[1]

①　照片中白色线为1m×1m考古探方边界线。张岩，郭正堂，邓成龙等. 周口店第1地点用火的磁化率和色度证据［J］. 科学通报，2014，59（08）：679–686.

人类出现在"第四纪大冰期",用火取暖对人类文明进程起到了关键作用。早期人类利用不同的火塘满足多种场景下的取暖需求:一种是睡眠时取暖用的火塘,这种火塘能够保持长时间燃烧,但白天并无明火,并且燃烧温度仅需保持取暖所需的较低水平;另一种是公用火塘,其功能之一就是供人类在聚会时围拢在火堆周围取暖,同时也可满足烹饪等其他功能;还有一种是野外埋伏狩猎时取暖用的火塘,人类时常要在寒夜中长时间埋伏蹲守到水源处饮水的野生动物,为了在取暖的同时又保持隐蔽性,这类火塘通常无明火,温度也较低。用火取暖使人类的生存与活动不再完全受限于气候条件,进而促进人类从热带向温带和高纬度地区迁徙。

古人类掌握建造简易居所的本领之前,往往选择在山洞这种天然庇护所中居住,但这里也通常是大型野生动物的栖息之所,人类在与凶猛的野兽争夺领地的过程中,时刻都面临生命危险。即使人类在山洞中已经寻得栖身之所,也有被野兽入侵的风险,人类必须时刻保持警惕守卫家园。面对野兽或敌人,人类可以利用火的光和热产生威慑作用,使其退避三舍,有效保护自身免受伤害和家园免遭侵袭,这彻底改变了人类在生物链中的地位和生存方式。从此,人类可以在广阔的草原上栖息繁衍,与野兽之间的关系由防御转为进攻,从而使人类生存概率提高、生存活动空间大幅拓展,也为人类文明的稳定发展提供了保障。例如,在中国陕西半坡遗址中,每个半地穴式住所的入口处都设有一处火塘,这种独特的位置布局恰恰说明其在人类住所防御中所发挥的作用。

在使用火之前,人类主要以生食为主。直到有一天,他们发现被火处理过的种子、兽肉是远超生食的珍馐美味。于是,原始人类开始了生食到熟食的改变,并随着经验的积累,尝试了各种将食材变熟的方法,学会了烧烤蒸煮。原始人"烹饪"的方法多种多样,有的将肉食悬于火焰上方,有的将食物埋于滚烫的余烬中,有的置于高温岩石表面,有的包裹在结实的动物外皮内,有的用黏土覆盖,还有的与烧热的石头一起放入盛满水的皮革袋中。

用火照明是人类出现复杂社会群体行为的重要因素。当缺少有效的照明手段时,人类只能过着日出而作、日落而息的生活,也很难进入漆黑一片的洞穴深处。只有借助光的照明，人类才能进入洞穴深处，并进一步通过对环境的全面感知，充分利用内部空间布置生活起居场所。在法国布鲁尼克尔遗址，研究人员在距离洞口336米的洞穴深处发现了人造环形结构和多处用火痕迹，与之相关的人类活动时间可追溯至大约17.6万年以前。当人类掌握用火照明的方法后，一天中进行生产劳动和社会活动的时间大幅度延长，人类有更充足的时间寻找和制作食物、研制更高级的工具、参与社交或艺术创作，社会文明的程度和层次进一步提升。

**2. 工具制造**

在原始的生存环境下，石头是人类满足生存需求的重要物质资源，也由此开始了漫长的"石器时代"。随着生产方式的进步，人类对工具的需求日益提升，而火在工具制造中则具有重要应用价值。早在16万年以前，人类就对硅质岩类石材进行热处理来改善材料可塑性，以便于制造更为精致的石器。当早期智人开始大范围迁徙之后，经过热处理加工的石器材料在非洲大范围传播，并被带到西亚、欧洲的部分地区。经高温热处理后，白云岩等石材的质地和力学性能出现变化，抗压强度下降、韧性提高，在受到外力击打后不易发生一次性完全破坏。这种技术处理使石器制造难度降低，效率和质量提高，并且催生出更为精致的石器制造工艺。[①]

在火的助推作用下，石器制造技术取得突飞猛进的发展，到旧石器时代晚期，人类已经成功将一系列制造新技术应用于各种工具制造，精细和专业的工具使人类生产水平得到进一步提升，同时也产生很多艺术作品，反映出当时在基本生活条件得到改善后，人类思想文化也逐渐进步和升华，这是人类长期使用火的过程中碰撞出的智慧火花。

人类经历的第一次物质大更换是从旧石器时代的利用岩石到新石器时代的创造性使用泥土。在黏土中加水搅拌，并捏塑成具有一定形状的泥坯，晾

---

① 邵亚琪，郈勇，代玉静等. 热处理对水洞沟遗址石器原料力学性能的影响［J］. 人类学学报，2015，34（03）：330–337.

干后再用火烤制，使其中的成分发生化学变化，形成坚硬的质地，如此便制成了陶器。陶器的出现，说明人类已经能够熟练使用火制作工具。在新石器时代中后期，世界各大古文明发源地都出现了陶器，制陶技术的成熟也为金属冶炼和铸造技术的发展奠定了基础。

### 3. 走向农耕

在更新世时期，冰期和间冰期交替出现，全球气候持续波动变化。在间冰期气温回升的有利自然环境条件下，人类逐渐探索开发系统高效的生产方式。在人类早期的采集狩猎实践中，火可以发挥多重作用，除了用来照亮黑暗以外，还可以驱赶野兽、消灭传播疾病的害虫、开垦杂草丛生的土地。

随着地球气候变得越发温和，温度不断地升高，季节性的地表河流冲刷、沉积形成平原，依靠狩猎采集为生的人类祖先，发现了平原农耕的生存方式，从获取天然食物过渡到自我生产阶段。与此同时，人类用火耕种的实践也对陆地植被和生物多样性产生了深远影响。高大的灌木和茂密的树林被生长迅速的一年生植物所替代，这不仅是为了开阔土地来创造宜居的生活环境，而且也是为了降低人类所面临的火灾风险。随着生产规模的日益扩大，生产方式和能源利用的形式进一步升级，人类开始将一些动物驯化为牲畜，帮助耕种和运输，并且陆续发明了犁耙、推车以及其他生产工具，这使人力劳动逐渐向利用牲畜转变，从而减少人类自身的体力和能量消耗，社会生产也从原始的单一形态逐渐多样化，人类社会出现分工，生产组织形式逐渐分化。

用火耕种和狩猎的普及为人类生产生活带来极大便利，也带来了难能可贵的安全感。火耕的应用是人类在掌握烹饪技能之外又一突破性进步，使生产技术水平、身体健康状况和社会组织结构都得到了明显提升。此外，在人类狩猎活动的影响下，许多体型较大、威胁人类生存的动物被猎杀，甚至濒临灭绝[①]，人类栖息地附近的野生动物平均体重从500公斤降至50公斤。人类

---

① Ben-Dor M，Barkai R. Prey size decline as a unifying ecological selecting agent in Pleistocene human evolution［J］. Quaternary，2021，4（1）：7.

在狩猎的长期实践过程中，面对有一定智力水平、可能反击或逃脱的猎物或敌人，时常需要制造武器、设置陷阱或设计战术来应对，这也使得人类的智力水平及团队协作能力不断提升。

# 第三节 火对人类文明演进的推动作用

火的使用对人类的生存和演化至关重要，对身体机能的进化和技术、文化与社会关系的发展都有着重大影响。伴随着人类对火的性能认知水平的提高、对火驾驭技能的改进，人类身体机能也得到进化，思维能力和思想意识水平进一步提升，逐渐出现更为复杂的生产活动、社会活动，甚至是艺术活动，社会发展进入全新的历史阶段。

## 1. 人类进化

用火熟食对人类进化起到至关重要的作用。一方面，将食物熟制加工可改善口感，降低其中可能的有毒有害成分含量，在很大程度上拓展了人类食物的可选范围，并使食物的品质得到明显提升。另一方面，饮食的改善也使人类的身体出现相应的变化，如脑容量的增长、牙齿变小、消化时间缩短，人类的行为习惯也相应做出调整，更加注重保护食物储备，进而使社会关系逐渐复杂化，并向更高级的文明阶段迈进。

与南方古猿相比，在人类刚刚出现时，大脑和智力的优势并不明显。然而，人类对火的使用大大促进了脑容量的增长，这种促进作用源于进食习惯和营养结构的改变。用火加热和烹饪使蔬菜和肉类更容易消化，并且使其中的淀粉和脂肪充分释放出来，人类对热量和各种营养成分的摄入显著增加，从而为大脑提供更多能量和血液供应。此外，与类人猿每天花费4小时至7小时咀嚼食物相比，人类每天只需要不到1小时的食用熟食时间，咀嚼食物造成的额外能量消耗降低，从而有更多的时间与精力进行劳作、社交、娱乐等复杂活动，有利于大脑发育和智力水平提升。

表2　人类进化过程中脑容量的变化[①]

| 种属 | 年代 | 脑容量 |
|---|---|---|
| 能人 | 240万—230万年前 | 600～700毫升 |
| 匠人 | 200万—100万年前 | 700～1100毫升 |
| 直立人 | 160万—50万年前 | 950～1300毫升 |
| 海德堡人 | 60万—10万年前 | 1100～1400毫升 |
| 尼安德特人 | 25万—3万年前 | 1200～1700毫升 |
| 智人 | 20万年前至今 | 1350～1400毫升 |

用火、控制火和取火等一系列操作对人类的认知水平、行为习惯和群体合作能力都提出更高的要求。人类需要对火的燃烧性能和各种功能形成全面的了解和认识：一方面是根据生产生活的需要与自然环境条件，对火的使用做出系统规划，包括提前收集燃料、有计划地用火、保护火种免受风雨等不利气候条件的影响；另一方面是避免火的燃烧失去控制，并且对可能发生的火灾蔓延采取各种预防措施。这种在用火过程中形成的良好行为模式对人类的智力水平和社会文明程度提升产生了深远的影响。

火的应用也深入人类的心灵和精神世界。篝火燃烧带来的光亮和温暖使人类可以在寒夜中相聚在一起，分享美食、传播知识、共享欢乐，这些群体性社会活动促进了人类之间的沟通与交往，也深刻影响了人类的生活方式和思想观念。当人类聚在篝火旁度过漫漫长夜时，逐渐形成了感知力、洞察力、想象力，进而产生了永生、全知、全能等超自然或神的概念。

### 2. 全球迁移

早期人类受气候条件所迫，被动地寻找更宜居的环境，而火的全面应用则使人类能够在气候更恶劣的地区居住生活。随着人类逐渐掌握驾驭火的能力，人类开始不断拓展居住生活的范围，同时也促进了人类文明在全球的传播与发展。

人类携带火种可以长途跋涉，并随时在途中安营扎寨，甚至在高原、沙漠、

---

① Glikson A, Groves C. Climate, Fire and Human Evolution: The Deep Time Dimensions of the Anthropocene[M]. Springer, 2016.

极地等恶劣的自然环境条件下也能生存下来。在高原地区的高寒缺氧条件下，用火取暖、融冰取水和烹饪熟食使人类生存的基本需求得到保障。西藏尼阿底遗址表明，人类在距今大约4万—3万年以前就已踏足青藏高原的高海拔地区，并在世界屋脊上留下了大量生活痕迹[①]，书写了世界范围内史前人类征服高海拔极端环境的最高、最早的纪录。在冰天雪地的极地地区，因纽特人使用动物骨头和皮革等材料作为燃料，并通过控制火的大小和持续时间，从而达到取暖的效果。

火的应用还使人类逐渐学会利用和改造自然环境，从而建造宜居的家园。早期人类直接面临自然灾害和野兽对生命安全的严重威胁以及生产生活中的各种困难，往往选择居住在山洞等天然庇护所中。在逐渐驾驭火的过程中，人类也发现了石材、木材等天然材料在建筑中所能发挥的价值，并开始建造结构更为稳固、设计更为合理的住所，在保障居住安全的同时，也努力打造更为宽敞、舒适的生活空间，从而更好地适应各种自然环境条件和生产生活需求。

在人类文明发展的历史长河中，人类利用对火的掌控能力向极端恶劣的环境发起挑战，不断开拓新的生存空间，创造了许多伟大奇迹，同时推动了人类社会的持续进步。

### 3. 农业文明

尽管耕种已经成为早期人类的一项重要生产活动，但农业的起源是自然和社会因素共同作用的结果。[②]1.2万年前，随着全新世气温升高、降雨大幅增加，陆地植被发育，生态环境变得优良，适宜农作物的生长和农业的发展，人类由此开始培育农作物。同一时期，全球大约有400万人口，由于自然资源有限，野外觅食和狩猎的收获日益减少，而食物又是人类重要的能量来源，为了确保充足的食物供应，农业耕种慢慢取代了野外采集觅食。

---

[①]　Zhang X L, Ha B B, Wang S J, et al.. The earliest human occupation of the high-altitude Tibetan Plateau 40 thousand to 30 thousand years ago[J]. Science, 2018, 362（6418）: 1049-1051.

[②]　Cohen M N. The food crisis in prehistory: Overpopulation in the origins of agriculture[M]. New Haven: Yale University Press, 1977.

野外觅食和农业耕种之间并没有明显的界线，因为人类在真正驯化野生动植物之前，已经实现了对它们的长期管理。[①] 与野外觅食相比，早期人类在农业耕种中通常需要消耗更多能量，但人类消耗自身能量，并将其转换为劳动所需的有用功的效率仍然很低，因此早期农业耕种的净能量回报往往低于野外觅食活动。但随着身体素质和劳动技能的不断提高，农业耕种为日益增长的人口提供了更为可靠的食物来源保障。

表3　早期人类驯化的野生动植物[②]

| 动植物 | 年代 | 地区 |
| --- | --- | --- |
| 小麦和大麦 | 1.15万—1万年前 | 中东 |
| 小米 | 1万年前 | 中国 |
| 水稻 | 0.7万年前 | 中国 |
| 南瓜 | 1万年前 | 墨西哥 |
| 玉米 | 0.9万年前 | 墨西哥 |
| 土豆 | 0.7万年前 | 安第斯 |
| 山羊和绵羊、牛和猪 | 1.05万—0.9万年前 | 南美、南亚、非洲 |

人类社会迈入农耕文明后，更多人聚在一起共同生活，形成了更大的家族和部落，从而提高了生产效率，积累了物质财富，也更易于保卫家园。此外，人类聚居也会促进社会文明向更高等级发展，货币和经济交换制度、社会等级制度等很多现代社会制度都在此时初显雏形。

火的发现和利用在人类进化史和能源利用史中具有里程碑式的意义。当人类能够掌控火以后，生存条件、生产方式、生活状态都发生了翻天覆地的变化。火的使用促进了人类智力水平、精神思想和身体机能明显提升，使人类加速向现代人进化发展。火在各种生产生活场景中的应用也使人类之间的交往互动更为密切频繁，从而推动了人类社会文明程度向更高等级演进。

---

① Zeder M A. The origins of agriculture in the Near East [J]. Current anthropology, 2011, 52（S4）: 221-235.

② Price T D, Bar-Yosef O. The origins of agriculture: new data, new ideas: an introduction to supplement 4 [J]. Current Anthropology, 2011, 52（S4）: 163-174.

# 第二章

# 冶金与社会文明发展

通过对火的娴熟把控，人类逐渐开始尝试改变生命体与环境之间的能量动态关系，探索利用能量将自然界的物质创造成为人类世界的物品，这不仅触发了物质的进化，也极大促进了人类社会文明的发展。经过刀耕火种、石器时代，人类跃迁到金属时代，通过冶炼金属带动人类文明大发展。青铜器和铁器的产生和工艺的演化是人类智慧的结晶，体现了人类对能源和自然资源的灵活利用，代表着人类创造出了进一步适应自然、改造自然的工具和武器，也缔造了一处处文明时代的物象表征，为历史留下了丰富灿烂的时代记忆。

## 第一节　铜器时代

铜是人类最早认识和使用的金属之一，是人类进入金属时代的标志。世界各地进入青铜时代的时期不尽相同，技术发展的道路也各有千秋。从礼器、农具到武器，其貌不扬的金属在历经灼烧与浇铸后，正式走进了人类文明，也帮助人类在生产生活、文化传承中延伸出了更丰富的可能性。

### 1. 炉火纯青

青铜是世界冶金铸造史上最早的合金，由红铜与锡、镍、铅、磷等其他化学元素组成，是人类历史上的一项伟大发明。由于长久埋藏在地下，铜与土壤中的水和矿物质等发生了化学反应，在表面形成了一层青绿色的铜锈，因而得名青铜。

从世界范围内看，世界最早的冶铜技术出现在西亚地区，并在几千年中持续向周边传播扩散。[①]在土耳其安列托利亚地区，早期铜器的出现可追溯至前陶新石器时代（公元前9000—前8000年）。公元前4000年左右，两河流域的美索不达米亚地区开始出现锡青铜。公元前3000—前2500年左右，美索不达米亚地区的锡青铜逐步取代了红铜和砷铜，被广泛使用。[②]

虽然古代中国进入青铜器时代比美索不达米亚人晚1000多年，然而古代中国把青铜器技术推到了世界的顶峰。在中国湖北出土的青铜器中，春秋晚期制造的越王勾践青铜剑至今仍闪着寒光，轻轻一挥可以斩断17层叠在一起的纸；战国时期制造的64件青铜编钟，敲击时每个都能发出两种不同的乐音，全套编钟的音域覆盖五个半八度，至今仍然能演奏出美妙复杂的曲目。[③]

中国出土的铜器在年代上可追溯至仰韶文化时期，龙山文化时期、齐家文化时期也发现了很多铜器，在成分上包括红铜、青铜及黄铜。1975年，中国甘肃东乡林家马家窑文化遗址（约公元前3000年）出土了一件青铜刀，这是目前在中国发现的最早的青铜器。进入商朝之后，青铜文明逐渐昌盛，仰韶文化时期至齐家文化时期发现的铜器，无论是从冶铸技术上，还是从器物造型上，与商代发达的青铜文明相比都有较大差距，因此通常将商代以前发现的铜器称为早期铜器。

中国铜矿资源较为丰富。《管子·地数篇》记载："出铜之山，四百六十七山，出铁之山，三千六百九山。"据说古代神话女娲补天所用的五色石——赤铜矿（红）、孔雀石（绿）、蓝铜矿（蓝）、黑铜矿（黑）、石英（白）——就是铜矿及其伴生的脉石。古代人根据经验寻找铜矿，颜色青绿的孔雀石，伏地生长的红色铜草都是找矿的标志。开采后的铜矿石一般需要人为进行挑选，筛出杂质较少的矿石进行破碎，与充作燃料和还原剂的木炭一起投入炉中，将温度升至1100摄氏度进行初炼，炼得的铜液凝固即得粗铜，再将粗铜放入熔铜设

---

① 陈建立.西方因素和本土创造——中国早期冶金技术传统的形成［N］.中国文物报，2015-01-09.
② 桑栎.近东地区冶金术的发展历程［J］.边疆考古研究，2015（01）：175–195.
③ 张开逊.回望人类发明之路之金属代替石器［J］.大自然探索，2012（11）：60–65.

备中进行熔化，且根据所要铸造的器具种类不同，加入一定比例的锡铅等合金成分，来调节青铜的性能。

木炭是冶炼青铜的主要燃料，也是人们生产生活的主要能源品种。1933年在安阳殷墟商代铸铜遗址中，发现重达18.8千克的孔雀石，直径在1寸以上的木炭块、陶制炼铜用的将军盔，推断出当时冶炼铜的主要燃料是木炭，冶炼温度估计在1000摄氏度左右。

青铜时代初期，青铜器具比重较小；进入中后期，青铜比重逐步增加。自从有了青铜器，人类农业和手工业的生产力水平迅速提高，物质生活条件也渐渐丰富。青铜冶炼，凝结了人们对材料、技术和能源的理解、探索和融合。

青铜是在铜中加入锡之后，制成的一种十分坚硬的合金。古代中国青铜冶炼大致分为以下步骤：采矿、选矿、初炼、精炼。现在的考古发现表明，大多情况下，开采矿石与初炼是在铜矿产地进行的，而精炼和铸造则会运抵他处进行。

### 2. 藏礼于器

青铜时代是以使用青铜器为标志的人类物质文化发展阶段。中国的青铜时代历经夏代的初始阶段、早商时期的发展阶段、晚商至西周早期的鼎盛阶段、西周后期至春秋的衰落阶段，至战国初期被铁器时代逐渐代替，共持续了约1500年。

商周时期是中国典型的青铜时代，青铜技术达到了世界高峰。在中国出土了大量商周时期铸造的铜器，包括生产工具、武器，以及大量的生活用具、礼器。商周时期的青铜器具有"藏礼于器"的特殊意义。按照礼的要求，一些用于祭祀和宴飨的青铜器具有确立主人身份地位、显示尊卑关系、表达虔诚和敬畏、象征使用者的权力和地位等作用，因而青铜器具有了特殊的礼仪文化意义。

青铜器是用来祭祀的礼器。广汉三星堆出土的文物如青铜树、青铜头像、神兽等，几乎都用于祭祀环节。三星堆一号青铜神树由底座、树和龙三部分组成，全树采用分段铸造法制成，运用了套铸、铆铸、嵌铸、铸接等当时最为先进的手法，是古蜀先民人神互通的神话意识形象化的写照。三星堆一号、二号

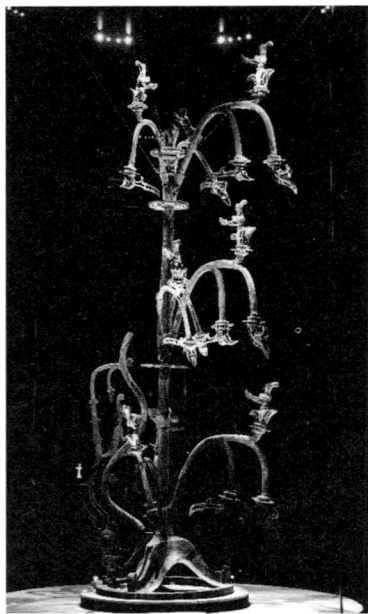

图3　1986年在三星堆遗址二号
"祭祀坑"出土的1号青铜神树

"祭祀坑"内出土的400多件各类青铜器可分为人物、容（礼）器及动植物三大类，被认为有两组风格，一是具有鲜明中原商文化的风格，主要表现在第二类青铜容器和部分玉器上；二是具有浓厚地方特色的风格，被认为是蜀地特有之物。[①]西周时期青铜器出现铭文，为青铜器增加了新的时代特征，不仅对确定年代、弥补文献缺漏、修订文献讹误等有着重大价值，而且铭文字体本身的艺术价值和对其所承载的青铜器的艺术风貌都有重大影响。

春秋青铜器与西周王臣之器不同，都是列国之器，分为前、中、后三期。前期百年间的青铜器只是西周后期青铜礼器的延续，但由于周制礼崩乐坏，青铜礼器悄然转变为生活用品，卿或大夫使用的日常生活器皿日益增多。春秋时期列国青铜器地区特点明显，器皿纹饰繁复，风格由粗疏向精巧、繁密转变，改变了西周的公式化图案，春秋后期青铜器铸造最为兴盛，列国青铜器已达到纯熟境地，器形设计与实用相结合，没有固定的模式，造型多样，新奇精巧。春秋末期，中国冶铁技术有了很大突破，青铜器得到日益广泛的应用。

战国时期，各诸侯国之间不断进行战争，各国进入大动荡、大变革的时代。四川成都出土的嵌错赏功宴乐铜壶，其装饰已经从过去的图案花纹发展为完整画面，表现出了精湛的艺术技巧。经济上，手工业、农业得到了发展，此时虽然已进入铁器时代，但青铜的发展仍处于高峰期，大概是由于战争频发的原因，青铜兵器飞跃发展。到了秦汉时期，在武器、农具方面，铁器逐渐取代了青铜。但是，铜冶炼和铜器制造业并没有因此衰落下去，相反地，

---

① 陈显丹.广汉三星堆青铜器研究［J］.四川文物，1990（6）：10.

在更多的领域继续得到多样化发展。

### 3. 社会发展

从人类社会历史分期的角度看，青铜时代对应着文字、国家和奴隶制社会及古代文明的序幕。青铜是人类发展史上一个不可替代的古文明的载体，自青铜诞生之日，就与当时的政治、经济、科技、文化艺术以及信仰、审美等密切相关，体现并映射出强烈的文化内涵。青铜文化是人类多元文化的一个重要组成部分，与文字、城市一同被认为是文明时代的物象表征，在人类文明演进中留下了璀璨的画面。

青铜器的出现有力推动了农业生产发展。相较于原始社会时期的刀耕火种，商朝的农业生产发展速度非常快。在商朝，百姓在农业耕作中发明了"手耕曲木"，它由木头打磨制造而成，样子看起来就像是一个弯曲的叉头，可以插到土地中用来起土翻地，从而大大加快了耕作的效率，节省了人力和物力。起初，大多数"手耕曲木"的前端都是石质或骨质的碎片，常常需要更换，直到人们摸索出了铜冶炼技术，"手耕曲木"才得以改造升级，将犁地的前端部分换成金属制品，解决了原有器具易损坏、不耐用的问题。渐渐地，金属器具逐渐流行，很多方便农业生产的工具便被人们制造了出来，比如金属镰刀、金属铲子，金属锄子等。而这些虽然仅仅是为它们进行了关键部位的升级，改变的却是整个农业上的单位生产效率。

"国之大事，在祀与戎。"青铜器在祭祀和战争中发挥了重要作用。除了上天赐予的陨铁，青铜可以说是最早的金属兵器了，将青铜器应用到祭祀和战争中，一方面可以提高王权统治的合法性，另一方面还可以利用这种杀伤性极强的新式武器进行对外征伐，威慑敌人。征战对青铜兵器的需求，极大地刺激了青铜技术的改进和提高，同时，青铜器也使人类战争进入了新的时代。

在秦始皇墓兵马俑坑，考古学家发现了"千年不腐"的青铜兵器，与一般只经历过铸造、打磨两个工序的青铜剑大大不同，这批青铜剑经金相分析，已有明显的淬火、退火工序痕迹，表面进行了铬盐氧化防腐抗锈处理。兵马俑中的青铜剑是古代中国将青铜优势劣势搭配组合，达到最大效能，不亚于铁器的"人造神器"。此外，这批青铜剑还应用了复合铸造技术，即低锡含量质地软的铜合金条被作为剑心，高锡含量质地硬但脆的铜合金则包裹前者为剑刃，如此一来青铜剑已经足以和铁剑直接交锋。

青铜的冶炼和使用，触发了新的文化沟通和贸易交流。由于冶炼青铜所需的锡数量稀少，只集中于少数几个地方，所以市场价格很高，运输成本和到岸税也十分昂贵。在漫长的时间里，青铜只流行于社会上流阶层。贵族们通过垄断青铜冶炼技术或独占青铜器，来提高自己的身份和地位。王室通过青铜器资源的贡赋制度、赏赐制度来强化统治，即下级贵族通过贡赋为王室提供铜料来源，王室赏赐有功贵族，逐渐形成等级隶属关系。

冶炼青铜成就了一大批工匠和劳动者，甚至帮助他们实现了社会阶级跃升。青铜器冶炼和铸造的生产工艺复杂，技术门槛极高，铸造需要严密的生产机构组织周转。随着青铜冶炼和铸造的发展，社会分工和社会关系发生了改变，一些人从农业生产中脱离出来，专门从事青铜冶铸，其中一部分人逐渐成长为青铜冶铸工作的管理者和组织者。冶炼出的珍贵青铜制品只有拥有特权的组织者和管理者才能享有，是阶级身份和地位的象征。

青铜器是人类利用能量将自然界的物质创造成为人类世界的物品的真实写照，是人类智慧的结晶，体现了人类不断掌握和利用能源的过程，对社会文明发展产生了深刻影响。

# 第二节　铁器时代

冶金技术的进步与古代社会的发展密切相关，尤其是从青铜器时代的铜器制造演变到铁器时代的铁器制造，为人类社会带来了巨大的变革。在农业方面，冶金技术的进步使得农具得到改进，提高了农业生产效率，进而促进了社会的发展。在军事方面，冶金技术的发展推动了兵器的进步，增强了国家的军事实力。为了冶炼出更好的金属，人们不断研究和探索新的冶炼方法，推动了科学技术的进步，并有效带动了社会生产生活相关领域发展。

### 1. 百炼成钢

在经历了漫长的青铜时代后，技术的发展进步使熔炼炉的温度逐渐可以达到1100摄氏度，这也使铁的冶炼走进人类生产生活。与青铜器相比，铁器更加坚固耐用，能够生产出更为高效的农具、武器和其他工具。世界铁器发展历史可以追溯到约公元前1500年，铁器的发展在世界各地都起到了重要作用，为人类历史进程带来了重大影响。

公元前6世纪，中国人发明了液态生铁冶炼技术。这种技术是把铁矿石与木炭交替铺设在高炉中，通过加温到1150～1300摄氏度，使其变成铁水，并通过模具，铸造成各种形状的铁器。战国时期中国已经广泛地使用生铁制造的工具，而欧洲直到14世纪才炼出生铁。中国生铁技术发明比较早，很重要的原因是掌握了高温冶炼技术，较早发明了高大的竖炉，且配套强劲的鼓风助燃系统。早在春秋时期，古人已掌握了用牛皮囊来鼓风冶铁的方法。《礼记》中说："良冶之子，必学为裘"，就是说要成为一名好的冶铸者，必须先学会缝制鼓风皮囊。

中国的铁器制造技术在汉代得到进一步提升。西汉时期兴起"百炼钢"技术，钢的质量大大提高。西汉中期出现了炒钢，即将生铁炒成半液体半固体状态，并进行搅拌，利用铁矿物或空气中的氧进行脱碳，借以达到需要的含碳量，再反复热锻，打成钢制品。炒钢的发明，打破了先前生铁不能转为熟铁的界限，使原先各行其是的两个冶炼工艺系统得以沟通，成为统一的钢铁冶炼技术体系。这是继生铁冶铸之后，中国古代钢铁技术史上又一重大事件。

东汉建武七年（公元31年），南阳太守杜诗发明了水排，利用水力冲动水轮，通过曲柄连杆机构将回转运动转变为连杆的往复运动，从而带动皮囊鼓风助燃，不但节省了人力、畜力，而且提高了鼓风能力。水排对中国古代冶铁业的发展起了重要作用。由于水排的广泛使用，三国时期的冶铁业得到发展，铁制工具不仅数量大大增加，质量也同步提高。钢是铁与少量碳合金化的产物，具有更强的硬度和耐用性。在钢的生产中，燃料仍是木炭，但由于生产钢需要更高的温度和更精确的控制，燃料的使用量持续扩大，钢铁生产技术在此时期达到了较高水平。

宋元时期广泛使用以水轮和风轮驱动的鼓风炉，进一步提高了冶炼的效率和温度控制。新的冶炼设备和技术改进，使得冶铁过程中对燃料的利用更加充分，铁的冶炼效率和质量稳步提升。

在明清时期，冶铁技术得到了进一步的改进和创新。炼铁过程中采用了更加高效的冶炼设备和冶炼工艺，木炭仍作为主要燃料和还原剂，但同时引入了煤炭等燃料，冶炼条件得以优化。

冶金技术的进步离不开能源的使用和发展。在中国铁冶炼历史的不同阶段，能源的使用情况也有所变化，从早期的木炭逐渐发展为煤炭等燃料，从人力、畜力到水力、风力。中国的冶金历经多个时期的技术创新和进步，对中国社会文明发展和工业化进程产生重要影响。

### 2. 社会繁荣

随着铁器制造技术的不断发展和进步，铁器逐步取代了青铜器，创造了新的辉煌。铁器的出现，使广阔的森林地区的开垦和更大面积农田的耕作成为可能，标志着新一代社会生产力的形成，对农业、经济、军事、文化等多个方面的社会文明产生了广泛而深远的影响，推动了人类历史进步。

在春秋战国时期，中国各地开始使用铁器，并出现了大量的铁器制造工坊。这一时期的铁器以农具等日常生活工具和武器为主，铁器的较多使用，标志着新一代社会生产力的形成，显著提升了农业生产的效率和产量。战国中期以后，铁器已取代铜器成为主要的生产工具。

铁器的引入使农具的质量和耐久性大大提高。传统的农具如木制犁、锄头容易磨损，需要频繁维修甚至更换。相比之下，铁犁、铁锄等铁制农具，具有更好的耐用性和适应性，使耕作更加精细和高效，增加了农田的产出，有力地支持了粮食和其他农产品的生产，对全社会的粮食供应和人口增长产生了积极影响。亚洲地区出现了精耕细作的桑田鱼塘和长距离的运河工程，欧洲昔日的原始森林变成了大片麦田。同时，铁器的广泛使用改变了古代农耕社会的生产和生活方式，人们的生活水平得到了明显改善。

铁器的出现促进了社会分工的专业化和多样化。在铁器时代，人们开始专门从事铁制品的制造和交易，促进了专业技术的发展，催化了社会分工和社会结构的变化。铁器的生产需要矿工、冶工、工匠、商人等多种职业的协同合作，同时，铁器的广泛使用使农民投入体力劳动得以减轻，有更多时间从事其他活动，如手工艺、商业交流等，进一步丰富并完善了社会中的职业体系，促进了经济发展。

铁器的发展对社会的政治和军事力量产生了重要影响。东西方都在铁器时代进行大型庙宇、宫殿、道路及军事防御设施的建设，如罗马帝国的竞技场、大秦帝国的长城等。铁器的使用使战争的规模和强度明显提升，战略战术也有所变化。刀剑、矛戟等铁制武器的使用，使军队在战争中拥有更强大的战斗力；铁甲、铁炮等军事装备的出现，进一步加强了国家的防御能力和军事实力。拥有高质量铁器的国家或部落往往能在冲突中占据优势，铁器的制造成为政治和军备竞争的关键要素之一。

铁器的广泛应用推动了社会文化的繁荣发展。随着铁器制作技艺的持续创新和精进，铁器不仅具有突出的实用价值，还在形态、纹饰上呈现出独特的美感，体现出较高的审美价值。同时，铁器逐渐成为一种社会地位和文化的象征，出现在一些国家的宗教仪式中，一些铁制品还被用作礼物、赠品，反映了铁器在社会活动中的文化价值。

在人类历史的长河中，铁器的发展不仅仅是技术进步的体现，更是社会文明发展的重要标志。铁器的出现使人类对自然资源的利用能力大大提高，耕地能够带来稳定的食物来源，人口以较快的速度增长推动了社会的专业化分工，促进了社会经济的发展，改变了政治和军事力量的格局，同时也提升了审美水平，促进了艺术和文化的繁荣。

# 第三章
# 罗马帝国的起与落

公元前9世纪初，罗马在意大利半岛中部兴起，古罗马先后经历王政时期（公元前753—前509年）、共和时期（公元前509—前27年）、帝国时期（公元前27—公元476年）三个阶段。

公元前3世纪至前2世纪，罗马为争夺地中海霸权，掠夺资源与奴隶，同地中海西部强国迦太基进行了三次战争，史称"布匿战争"。公元前2世纪，罗马成为地中海霸主。罗马共和时代基本完成疆域扩张，到公元1世纪前后扩张成为横跨欧亚非、称霸地中海的庞大罗马帝国。公元395年，罗马帝国分裂为东西两部；公元410年，日耳曼的西哥特人在领袖阿拉里克率领下进入意大利，在西罗马帝国境内建立西哥特王国；公元476年，罗马雇佣兵领袖、日耳曼人奥多亚克废黜西罗马最后一个皇帝罗慕路斯·奥古斯都，西罗马帝国遂告灭亡。东罗马帝国（拜占庭帝国）则在1453年被奥斯曼帝国所灭。[1]

在罗马帝国发展史中，有伟大的战士、宏伟的战役以及注定要失败的反叛，这些或辉煌或落寞的发展故事，与能源都有着千丝万缕的关联。

## 第一节　罗马帝国的起源与灭亡

### 1. 阶级分化

古罗马在公元前753年至前509年这一时期被称为罗马王政时代。这一时

---

① 意大利国家概况来源：中华人民共和国外交部网站，http://www.mfa.gov.cn

期是罗马从原始社会的公社制度向国家过渡时期。在王政时代后期，随着国家的稳定和生产力的发展，罗马公民开始出现阶级分化，有钱的人开始成为贵族，破产的人只能依靠贵族生活，甚至成为奴隶。因此大量的公民变成了贵族的私有财政，导致了罗马的兵源不足，向国家缴税的公民也越来越少，而贵族却越来越富有。

塞尔维乌斯·图利乌斯即位后，根据当时的罗马情况进行了一系列的改革，以公民所在的地区为根据地建立新的部落，扩大了罗马公民的范围。同时，对公民财产进行普查，将公民按财产的多寡划分为五个等级，各个等级有不同的义务和提供不同数目的百人队，保障了罗马的兵源和税收，并且创立了有利于贵族的森都利亚大会作为新的公民大会，缓和了国王与贵族之间的矛盾。

塞尔维乌斯改革之后，罗马才正式摆脱了原始的血缘氏族制度，建立了真正意义上的阶级国家，而且等级贵族制也成为日后中世纪西欧封建等级制的源头，被历史学界定义为真正的罗马建国。虽然塞尔维乌斯的改革使罗马的政治制度更加成熟，但同时也助长了贵族权力的不断扩张，垄断了元老院和许多国家公职。

到了塔克文王朝，卢修斯·塔克文·苏佩布开始谋求加强王权以削弱贵族的权力，导致国王和贵族之间的关系十分紧张，最终元老院贵族号召所有拉丁人起义，正式废除了国王制度。

### 2. 对外扩张

在推翻国王之后，罗马共和国由贵族的元老院掌握权力，罗马进入贵族时代。元老院的贵族们是终身制，掌控着法律的解释权，所以罗马的共和制实际上是贵族共和制，但士兵和税收却是由平民提供，平民的权力很难得到保障。平民为了保障自己的权力，多次趁罗马面临外部侵袭的紧张局势，发动"撤离"运动，迫使贵族妥协让步，争取到了许多权益，比如设立了专门为平民发声的保民官，还有不许平民因为债务问题成为奴隶等等。其中最著名的就是在罗马广场设立青铜牌子（铜表），将十二表法刻下来公之于众。

《十二铜表法》是欧洲已知最早的成文法，部分承认了平民的某些权益，限制了贵族法官随心所欲地解释法律的权力。

当平民不再成为贵族们的奴隶来源，贵族们为了寻找新的奴隶，驱动罗马走向对外扩张的道路，而平民们为了获得更多的土地和财富，也支持贵族们的武力扩张计划。罗马先是通过三次维爱战争，打败了邻近的伊达拉里亚人，完全控制了整个拉丁姆平原，又通过三次萨莫奈战争，打败了意大利南部的希腊殖民城邦。到公元前272年，罗马基本统一了意大利半岛地区。为了获得地中海的话语权，罗马最终与北非霸主迦太基开战。双方在公元前264年到公元前146年，开始了长达100多年的战争，前后经过三次大战，罗马最终取胜。

在罗马征服的地区，罗马人并没有把这些被征服的民族同等对待，而是掠夺这些被征服的民族为奴隶。这一举动虽然满足了战争的需要，但同时将军的权力也随着变大，军队无形中成为其个人财产，为日后的将军独裁创造了资本条件。盖乌斯·马略在当选执政官后，对罗马进行了一系列的军事改革，在军团中推行联队制度，统一不同兵种之间配备的武器，还将角斗学校的训练方式引进军队训练，加强对士兵的训练，军事力量大大提高，战斗力强大的罗马兵团正式诞生。

在镇压斯巴达克起义过程中，罗马历史上诞生了三名枭雄——格涅乌斯·庞培、马库斯·李锡尼·克拉苏和盖乌斯·尤利乌斯·凯撒，三人共同控制罗马政局，史称"前三头同盟"。随着元老院日益衰落，已经不能威胁到他们的统治时，三人的矛盾也开始激化，并最终由凯撒赢得了内战的胜利。凯撒被元老院任命为终身执政官后大权独揽，实际上此时的罗马已经是披着共和外衣的帝制了。

凯撒大帝遇刺身亡后，其手下将领安东尼、雷必达和屋大维为争夺权力又开始了新一轮的角逐，而他们内斗的结果是元老院的地位得到增强，三人不得已暂停斗争转向结盟，共同对抗元老院，史称"后三头同盟"。屋大维先是联合雷必达打败了安东尼主力军，又通过政治手段剥夺了雷必达的军事实权，最终在公元前31年，完全打败安东尼，还顺手灭亡了托勒密埃及王国，将埃及变为了罗马的一个行省。公元前27年，元老院授予屋大维"奥古斯都"的尊号，确立了元首在国家体制中的独尊地位，标志着罗马从共和时代正式进入帝国时代。

### 3. 盛极而衰

自屋大维死后，其养子提比略继位，罗马先后经卡里古拉、克劳狄、尼禄四帝，称克劳狄王朝，罗马进入帝国时代。在克劳狄王朝的前三帝中，不断完善罗马的政治制度，改善罗马人的生活，更重要的是在不断加强皇帝的权力，削弱元老院的特权。第四个皇帝尼禄登上皇位后，成为罗马历史上的一个暴君，其倒行逆施引起了罗马各阶层的普遍不满，各地掀起了反抗。最终，众叛亲离的尼禄在罗马郊外自杀，克劳狄王朝告终。

尼禄死后，各地的行省军团纷纷拥立皇帝、互相征伐，陷入了军阀割据的时代，形成了所谓的"四皇帝时代"。最终东部行省军团的皇帝韦柏芗获胜，在公元69年建立了弗拉维王朝，并下令修建了罗马圆形竞技场。但弗拉维王朝国祚极短，只经过27年，历经三帝便灭亡。元老院推举涅尔瓦为新皇帝，开启了罗马历史上最繁荣的安敦尼王朝。安敦尼王朝的前五位皇帝涅尔瓦、图拉真、哈德良、安敦尼、奥勒留被称为"罗马五贤帝"。

在罗马国境内呈现一片繁荣气象的同时，东部和北部的草原地区却发生着极大的变化。远在东方的匈奴人因为抵御不住大汉王朝的进攻，北匈奴开始西迁，"上帝之鞭"一路从东方抽打到西边。在安敦尼王朝后期，大量罗马北部的东哥特人、西哥特人、汪达尔人、法兰克人等日耳曼诸部落因为抵挡不住匈奴人的入侵，开始纷纷逃亡到罗马境内，在罗马边境烧杀抢掠。最终在长达100多年的混乱后，公元284年，盖尤斯·奥勒留·瓦莱利乌斯·戴克里先扫平内乱，结束了罗马帝国的"三世纪危机"，并对罗马进行大改革，实行四帝共治制度。后继者君士坦丁一世废除四帝共治制度，于公元324年成为罗马帝国唯一的统治者，皇权得到增强。

公元373年，罗马皇帝狄奥多西一世正式将基督教奉为国教，从此基督教教义成为欧洲人民的价值观核心，如同传统儒家思想对中国历史的影响一样，深深地刻入了民族骨髓。公元395年，狄奥多西一世临终前将罗马一分为二，分别交给两个儿子管理，罗马帝国再次分裂。这个时期西罗马奴隶起义频繁，外部的匈奴人在波河流域也站稳了脚跟，建立了匈奴帝国，被欧洲人称作"上帝之鞭"的奴王阿提拉开始崛起。公元476年，西罗马在内外打击之下灭亡，日耳曼人正式登上历史舞台，东哥特王国、西哥特王国、勃艮第王国、法兰克王国等一系列日耳曼国家在西罗马的废墟上开始建立，历史也进入了中世纪时期。东罗马帝国因为商业的繁荣和奴隶起义较少，勉强抵御住了日耳曼人和匈奴人的入侵，在亚欧交界地区续写罗马帝国的最后一抹余晖。

### 4. 日暮途穷

东罗马帝国较为崇尚希腊文化，逐渐发展为以希腊文化、希腊语以及东正教为立国基础的国家。公元620年，弗拉维斯·希拉克略皇帝将希腊语钦定为帝国的官方语言，进一步让东罗马帝国成为不同于古罗马和西罗马帝国的国家。东罗马帝国的都城君士坦丁堡，是在希腊古城拜占庭的基础上建立起来的，因此也被称为拜占庭帝国。公元554年，拜占庭帝国击败法兰克王国，国力达到顶峰。拜占庭帝国在1000年中，抵挡住了来自东方的波斯人、阿拉伯人、突厥人一次又一次大规模的侵袭，成为基督教世界的守护者。在近11个世纪中，拜占庭帝国首都君士坦丁堡始终是西方文明世界的中心，欧洲的古典文化在这里得以保存。

1453年年初，土耳其苏丹穆罕默德二世亲率军8万、辅兵2万、战舰320艘，从海陆两面包围并占领君士坦丁堡，彻底灭亡拜占庭帝国。拜占庭帝国之所以会走向灭亡，很大程度上还是在于当时国内外的情况已经发生了堪称颠覆性的变化。一方面，拜占庭帝国本身由于政治制度的僵化与一系列弊端，包括军区制度的衰弱、内部存在长期的权力斗争等，导致它的国力在后期已经不断衰弱，完全无法独自应对来自外部的敌人，这是其最后走向灭亡的主要原因。另一方面，当时拜占庭帝国外部的敌人也换了一茬又一茬，从波斯人、斯拉夫人和保加尔人，到穆斯林、阿拉伯人，再到十字军，面对这些敌人的连番进攻，再强大的政权也会迎来难以抵抗的一天。

罗马帝国孕育的文化包罗万象，堪称人类文明史上的重要源头之一。而在罗马兴亡过程中，能源的作用或以战争形式表现，或以货币的发展体现，或以建筑的发展展现。如今，古罗马虽已被历史尘封，但它留下的文明依然璀璨如初，建筑、文学、哲学、艺术等文化遗产仍在历史长河中熠熠生辉。

# 第二节 罗马帝国与社会变革

对西方社会的发展来说，在罗马人开创的一切有形事物中，影响最大的当属罗马大道；一切无形事物中，影响最大的是罗马法律。罗马大道，四通八达，连接着罗马辽阔的疆域；罗马法律，治理万邦，规范着罗马人的基本行为。无论是罗马大道还是罗马法律，都昭示着罗马帝国在历史长河中的发达与先进，其对人类文明进步与社会发展起到了举足轻重的作用。

## 1. 通衢大道

道路是罗马帝国的重要基础设施之一。"条条大路通罗马"是罗马帝国交通和经济繁荣景象的缩影。罗马帝国之所以大规模修筑道路，与其大规模对外军事征服有着直接联系，同时也为了加强政治统治和满足经济商贸的需求。罗马统治者认为，只要他们的统治没有到达敌国的每一个角落，征服就还没有完成。当罗马国力达到鼎盛时期，有超过29条大型军事公路，由首都罗马以辐射式向外扩散，连接罗马帝国内113个行省372条大道，总长超过12万公里，其中石质硬面公路超过8万公里。加上铺石子的支线在内，这张庞大的"血管"网络遍布了罗马帝国整个"躯体"。

为了修建和维护道路，需要大量的能源烧制砖瓦、灰浆以及水泥等建材。木炭具有高热值、易于储存和运输等优点，因此成为道路修建的重要能源。在道路修建的过程中，大量的木炭被消耗掉，催生了大规模的木炭生产和贸易。为了满足道路修建的需求，罗马政府在帝国疆域内建立了大量的木炭生产基地，通过监管和规范木炭的生产、质量和价格等方面来确保道路修建的顺利进行。同时，政府还制定了相关的法规和标准，鼓励和规范木炭的生产和贸易，以确保足够的木炭供应。道路修建的发展促进了木炭生产和贸易的发展。随着道路的扩建和改善，木炭的需求也日益增加，使得木炭生产和贸易成为一个重要的经济活动，这种能源与经济的交互促进为罗马帝国的经济和军事实力提供强力支撑。

## 2. 帝国盛世

交通网络是商业活动的重要支撑，虽然罗马帝国道路的修建主要是为了快速部署军队，但交通的便利同样带来了经济的繁荣，使商业活动活跃起来。

罗马帝国的道路系统发达，四通八达的公路和运河将帝国各地紧密联系在一起。商人们在这些道路上奔波，运送货物，展现出一片繁荣昌盛的景象。帝国的商人通过海路和陆路与遥远的国家进行贸易。他们用船只载着罗马的商品，如玻璃器皿、陶器、纺织品、油和酒等，与遥远的国家交换当地的特产，如东方的香料、丝绸、宝石和稀有金属等。此外，罗马帝国的殖民地和附属国也会向帝国中央贡献财富和资源，以换取更多的商品和货物。这些财富和资源包括黄金、白银、象牙、香料、奴隶和其他珍贵物品。贸易的繁荣不仅为罗马帝国带来了丰富的物质财富，还促进了文化和知识的交流。商人、旅行者和学者通过贸易活动，了解了不同地区的文化、风俗和知识，这对当时的文明发展具有重要意义。

在手工业和商业发展的基础上，罗马帝国前期的城市达到前所未有的繁荣，罗马城和亚历山大里亚成为内外贸易的枢纽和商品集散地。意大利的普提奥里、卡普亚、奥斯提亚、拉温那、阿奎里亚和帕塔维乌姆等城市颇为繁华。东方的城市以弗所、安条克、帕尔米拉等，更是繁华富庶。在西部行省中，新的城市纷纷兴起，成为手工业和商业中心，如西班牙的加迪斯、高卢的鲁格敦（里昂）、多瑙河地区的文都波那（维也纳）和新吉敦（贝尔格莱德）、不列颠的伦丁尼姆（伦敦）等等。新的城市也随着罗马建立的殖民地和在边防地区的要塞与营地而成长起来。这些城市一般都获得一定程度的自治权，仿效罗马模式组织政权机构和修饰城市面貌，还成立许多工商业工会。

### 3. 洗浴文化

热能的使用，特别是用于供暖、供热水，是罗马时期的一个重要能源需求。罗马人使用各种燃料进行供暖，包括木材、煤炭和泥炭。在一些地区还使用动物粪便作为燃料来源。在罗马时期，高炉是一种常见的建筑供暖方法。这种地下供暖系统由烟道和管道组成网络，将热空气由炉子输送到建筑物的各个房间，加热房间的地板和墙壁，再通过烟囱将热空气排放出去，以防止一氧化碳积聚。罗马人还利用热能来加热洗澡水和其他用途的水。他们建造了大型公共浴场，使用火炉和热风炉进行加热。水在大型锅炉中被加热，然后通过管道和渠道系统在浴池中循环流动。

公共浴场的繁荣使洗浴成为罗马人社会生活的重要组成部分，塑造出古罗马独特的公共洗浴文化。在帝国时代，公共浴场遍及整个帝国境内，而且数量众多，规模不一。公元前33年，奥古斯都的得力助手阿格里帕在罗马开办了第一座豪华公共浴场，即阿格里帕浴场，开启了罗马公共洗浴文化的新纪元。之后帝国时代的历任统治者们都十分重视公共浴场的建立，据统计，后来公共浴场的总数达到1000个左右，每个公共浴室内还配套有更衣室、按摩室、汗蒸室以及图书馆等休闲场所。[①]

罗马洗浴事业的发展给罗马社会带来了深刻影响，首先洗浴文化促进罗马人民身体素质的提升。借助发达的洗浴系统，不仅罗马城中的人可以洗浴，城乡等区域的民众也可以经常性地清洁身体，这使其可以免受许多病菌病毒的侵袭，从而提升身体素质。罗马人由于气候的原因，许多人患有风湿病，而洗浴恰好是治疗这种疾病的良方，据说哈德良皇帝每天都通过在浴池里浸泡几个小时的方法来治疗他的疾病。[②]洗浴除了清洁身体的属性外，更带有社交属性。罗马人除了通过洗浴来清洁身体，更可以在放松的状态下与其他人进行沟

---

① 郭越.古罗马的公共洗浴文化［J］.今古文创，2022（35）：72-74.
② 秦治国.古罗马洗浴文化研究［J］.上海师范大学学报（哲学社会科学版），2004（05）：105-110.

通交流，在浴场里发表自己的政治见解或文学艺术作品，这都间接提升了罗马人的文化素质和修养，也促进了罗马文明程度的提升。同时，在建造浴场的过程中，建筑技术和手工生产技术也有了很大提高。过去那种毫无特色的平板表面的长方形建筑物，被拥有拱门和拱廊的曲线建筑物所取代。为了满足建筑中对曲线和拱顶的需要，罗马人发明了类似于水泥的混凝土。公元前1世纪后半期，西顿工匠发明了吹制玻璃的方法，康帕尼亚的工匠发明了玻璃上色和雕花技术。公元1世纪，高卢地区又发明了黄铜和锡镀器皿的方法。

总的来说，罗马帝国的工业和商业的发展极大地推动了经济的发展和繁荣。罗马帝国的水动力机械化生产，大大提高了生产效率。通过对热能的大力开发和利用，不仅推动了工业的发展，也为后来资源开采和加速扩张奠定了基础，对当时整个社会的发展起到了重要的推动作用。此外，对能源的合理使用也为罗马帝国的扩张和发展起到了举足轻重的作用。金属冶炼水平的飞速发展，使得罗马帝国在一次又一次战争中取得胜利，使一些比较富裕和文明的地区并入帝国。

# 第三节　罗马帝国与能源使用

罗马帝国曾经在政治、经济和军事上取得了举世瞩目的成就。在帝国的繁荣时期，罗马成为一个富裕、强大和高度文明的帝国，罗马市民享有稳定的政治制度，良好的法律体系和繁荣的经济，罗马的工程建设、文化艺术和科学知识也达到了高峰。无论是资源开采还是金属冶炼，都展现出罗马人对能源的重视，也使得罗马成为当时真正的超级大国。"条条大路通罗马"，罗马人不仅成功地征服了亚非欧地区，而且把道路修到它所征服的地方，形成了一个非常完整的网络体系，因此实现了罗马统治的长治久安。

## 1. 水能利用

在古代埃及和亚述时期，人们已经开始用杠杆提水灌溉。罗马帝国时期广泛应用水动力和水车，甚至出现了不同的机械设计以满足不同用途的需求。这些机械化和自动化使罗马帝国停止扩张、奴隶来源萎缩、劳动成本上升，但成品需求旺盛的情况下发展出的劳动替代技术，极大地提高了罗马帝国许多经济部门的生产力和效率。

图 4　法国尼姆城东北郊外的嘉德水道桥①

　　法国南部的尼姆在古罗马时代隶属于高卢行省。大约公元 50 年，处于鼎盛的罗马帝国为了把乌泽斯的水送到当时的重镇尼姆，建造了一座 50 公里长的水道桥。这座以拱形为基础的水利工程将山间的泉水，穿过崇山峻岭，运抵尼姆市，每公里落差仅 24 厘米。为了保证每一段流程的坡度，工匠们在有些地段需要开山凿石，而工程的最大难题就是如何让水从嘉德河谷上经过，由此就产生了嘉德水道桥。

　　嘉德水道桥由就地取材的石灰岩建筑而成，近 50 米高、275 米长，上下分 3 层，每层都有数目不等的圆形桥拱。水在桥的顶层通过，下层供人通行，25 米长的桥拱跨度保证了河水的流畅及来往船只的嘉德水道桥通行无阻，同时考虑到嘉德河水时有泛滥，桥墩底部设计了分水角，桥身呈现轻度弧度，

---

　　①　图片来源：The Pont du Gard — A symbol of Roman engineering，https://pontdugard.fr/fr.

它是罗马时期高度发达的水利工程技术的绝好例证。

罗马人建造了用于农业、采矿和建筑的磨坊，成为罗马经济的一个重要组成部分。大约在公元前3世纪，第一批磨坊被用来磨碎谷物。后来，磨坊技术的发展和突破将其用途扩大到采矿中的矿石粉碎以及切割木材、石材等建筑活动。"罗马帝国以水磨的形式把一切机器的原始形式留传下来。"[①] 罗马治下的希拉波利斯有着使用水车磨坊的传统，该城近郊的水道之处建有一连串延绵的水车磨坊，还成立了水车工匠的专属工会。

建于公元2世纪的法国巴贝加尔复合式水磨坊由16座磨坊一起工作。[②] 为了驱动这些水磨工作，工匠们调转了一个附近引水渠的方向，还切穿了山边一块坚硬的岩石，在山丘顶部将引水道分成两条，每条引水道的水依次推动8台巨大的水车，总功率达到30千瓦。水车驱动16座石磨，每日可以磨制面粉25吨，足够让2.7万人食用。公元4世纪，由于劳力短缺问题相当严重，水磨被广泛用于碾磨谷物。

在罗马帝国全盛时代，切割石材在全国境内的需求可能达到每年千万片的数量级。从3—4世纪起，罗马人将水车应用于石材切割机之上，由水车提供动力，以简单有效的齿轮和曲轴传动机械牵引石锯切割石材，以满足罗马帝国建筑工程业对石材石料的庞大需求。日耳曼尼亚的特里尔、古希腊的希拉波利斯、约旦北部的杰拉什，这些在罗马帝国版图内相隔数千公里的城市，分别出土了水动力的自动化石材切割设施。

### 2. 矿产开采

在罗马帝国，除了大规模应用水动力以驱动机械外，金属冶炼也达到了一个历史上前所未见的规模。罗马人使用的金属包括有铁、铜、铅、金、银等。采矿业是罗马帝国经济中的重要部门。罗马对外扩张是为了获得新征服地区的矿产资源。因此，拥有丰富的自然资源的西班牙成为罗马对外扩张的

---

① 韦建桦主编. 马克思恩格斯文集（第5卷）[M].人民出版社，2009：403.

② A. Trevor Hodge, A Roman Factory [M]. Scientific American, 1990: 106–111.

一个重要目标。经过三次布匿战争,罗马名将西庇阿率军攻克了迦太基城,并将迦太基故地(今突尼斯)变为罗马的阿非利加行省。百余年的战争彻底摧毁了迦太基,使罗马争得了地中海西部的霸权,获得了金属资源主要来源地——西班牙。罗马帝国早期,迦太基的银矿已经为私人所有,但最终还是逐步被几位皇帝接管。对采矿遗址的勘探显示出,新迦太基的银矿开采从罗马共和国中期一直持续到罗马帝国早期。[①]

根据估计,罗马帝国一年生产8.25万吨铁、1.5万吨铜、8万吨铅、200吨银和9吨黄金。金属资源的开采和提炼离不开能源的使用,浅层煤炭在其中发挥了重要的作用。罗马在公元1世纪征服不列颠尼亚之后,就开始对化石燃料进行研究和应用。考古研究证实,到了公元2世纪末前,罗马的不列颠尼亚所有露天、易于开采的煤矿全部都被罗马人所开采。在哈德良长城的军营中,煤被用作提供取暖和加热浴场水池之用。而在北海,罗马人甚至建立了煤的贸易路线。在日耳曼尼亚,煤甚至被用作冶炼钢铁,显示罗马人除了掌握燃煤取暖之外,还掌握了加热矿石、冶炼金属。罗马人冶炼钢铁的一个创新,是在莱茵河流域的日耳曼尼亚地区,甚至开始利用烟煤取代木炭作为冶炼铁矿的原料。

铁矿场附近的渣堆规模体现了罗马帝国冶铁业的繁盛。在高卢行省艾尔兰特森林矿场铁渣堆高达11~20米,总量重达30万吨,含铁量约30%~50%。按照古罗马时期铁矿25%的出铁率,这30万吨铁矿渣是炼出7.5万吨铁的结果,这么多的炼制的铁可制造1500万~2000万件单件重3~4公斤的铁制品。而在潘诺尼亚行省的马伊丹佩克矿山,铁炉渣堆积如山,总重量达到惊人的300万吨。古罗马在潘诺尼亚行省一共统治了350年,折合当地每年产铁2100多吨。

煤炭资源保证了罗马金属冶炼行业具有丰富的能源支撑。在能源支持的基础上,罗马帝国得以不断扩张以获取更多矿产资源,这推动了罗马帝国版图延伸和实力的增强。

---

① 尚德君.罗马帝国缘何开发矿产资源[J].中国社会科学报,2017-05-15(1206).

### 3. 金戈铁马

在铁器取代青铜器成为制造武器的原料后，很长一段时间青铜器仍然是最常用的护身材料，因此对原料的掠夺仍然是罗马帝国的主要任务之一。直至公元前1400年左右，铁的使用才得到普及。以安纳托利亚半岛为中心，小亚细亚的浅表富铁矿石蕴藏极为丰富，土耳其北部的赫梯人就是因为拥有炼成的铁，因而能够对河谷中的王国发动侵略战争。

公元前8世纪左右，在与希腊的战场上，罗马军团开始采用统一装备，尤其是青铜制的头盔、护胸甲和保护胫部的护胫。由于当时生产的铁器韧性不足，无法造出和青铜一样柔韧的大片铁板，青铜甲胄一直到铁器时代仍在使用，军团在方阵中用以铁条加固的木质圆盾强化自我保护。

罗马大量生产钢铁，为军队配备铁制甚至钢制的武器和防具。例如诺里库姆行省就以生产优质钢剑而闻名，在丹麦的尼达姆发现罗马长剑，其中一把刃部显微硬度高达937维氏硬度，是罗马冶炼技术产出高碳钢所能够达到的极限硬度。罗马钢铁生产十分兴旺，甚至发展到军队和民间都能够负担得起在车轮上安装坚固的铁箍的程度。罗马的图拉真记功柱浮雕描绘了包铁轮的做法，而庞贝古城亦曾出土包铁的民用驴车文物，表明铁产量大而价格低廉到平民都能使用。

罗马帝国对能源的充分使用，支撑了其冶金技术和能力的提升，确保罗马军队有先进的武器和护甲使用，从多方面提升了自身的战斗力和防御能力，为罗马帝国繁荣提供了坚实的军事力量支持。

# 第二篇 ▶ 第一次能源革命催化大国博弈

# 第四章
## 大航海时代与近代欧洲崛起

　　近代欧洲崛起于大航海时代，资本主义萌芽于大航海时代的兴起。西欧社会在大航海的推动下发生了一系列革命性变化。商业革命、农业革命、工场手工业的发展等无一例外影响着历史的进程，推动了欧洲进入工业革命。近代欧洲的崛起离不开能源的变革，依靠相对更为强大的风力和水力"引擎"驱动，欧洲人走到了能源利用的前列，并开启了工业革命的序章。

## 第一节　葡萄牙和西班牙开启大航海时代

　　航海是一门综合性的工程应用科学和技术，古代航海只是一种技艺，至15世纪初才逐渐发展为技术。葡萄牙人发明了风力驱动的多桅帆船，取代老式的有桨划船，再装上火炮，建造为炮舰。从人力到风力驱动，造船和航海技术的进步在一定程度上支撑了大航海时代的发展，为重商主义和殖民主义开辟了道路。

　　在15—16世纪欧洲资本主义生产方式有了萌芽，以葡萄牙和西班牙为代表的西欧国家在大规模的海外探险中发现美洲大陆、开辟亚洲新航线，发现形成了众多新的沟通地球上各大洲的贸易路线，被称为"地理大发现"，这一时期也被称作"大航海时代"。对欧洲国家来说，不仅增长了大量的地理知识，更是促进了欧洲的海外贸易，推动了欧洲资本主义发展。而在同一历史时期，在哥伦布发现美洲大陆的80年前，遥远的东方正在进行着世界上规模最大的远航航海项目。郑和船队七下西洋，总航程7万多海里，长度相当于地球周长的三倍多。相较于欧洲"地理大发现"的历史进程，古代中国的政治和文化传统更重视农业生产和内向型经济，而非对外探索和贸易。中国受到"重农抑商"的政策环境和文化传统限制，错过了"地理大发现"的历史机遇。

## 1. 地理大发现

葡萄牙最先发起大规模的航海探险活动。在15世纪初，葡萄牙通过创立航海学校和天文所，招募和培养航海人才，并于1418年派船队首次出航，先后发现马德拉岛、佛得角群岛，并从直布罗陀沿非洲西海岸到达几内亚湾。在随后的近百年间，葡萄牙船队发现了好望角，并开辟了大西洋绕非洲南端到印度以及中国的航线。葡萄牙通过新航路，垄断西欧对东亚、南亚的贸易，并成为海上强国。

西班牙紧随其后开启大规模海外探索，并积极寻找另一条不同于葡萄牙人的通往东方的新航路。坚信"地圆学说"的热那亚人克里斯托弗·哥伦布先后向葡萄牙当局和西班牙王室建议西航计划，最终于1492年奉西班牙王室之命航行探险。1492年8月3日，作为船队统领的哥伦布，携带着西班牙国王和王后致中国皇帝的国书从巴罗斯港出发，穿过大西洋，终于在10月12日凌晨到达巴哈马群岛东南方的萨马纳岛。哥伦布误认为当地就是印度，因此称当地居民为"印第安人"。此后的1493—1504年，哥伦布又进行了三次航行，先后发现了多米尼亚、波多黎各等岛屿，以及由洪都拉斯到巴拿马的海岸。新大陆的发现使人类社会的生存空间大幅扩展，真正具有全球化的视野与全球化发展成为可能。

1519年，葡萄牙航海家斐迪南·麦哲伦在西班牙国王查理一世的支持下，率领由5艘帆船组成的探险船队从桑卢卡尔港出发，跨越大西洋，到达南美洲东岸后沿海南下，在南美大陆南端和火地岛之间，穿过后来以他名字命名的海峡，进入"大南海"。麦哲伦在"大南海"里航行3个多月没有遇到风暴，于是把这片海域称为"太平洋"。1521年3月，麦哲伦船队到达菲律宾群岛，但是他在插手原住民部落的冲突中被杀，他的助手埃里·卡诺带领剩下的两艘船逃离了菲律宾群岛。1522年麦哲伦船队仅存的"维多利亚"号返回桑卢卡尔港，完成环球航行。

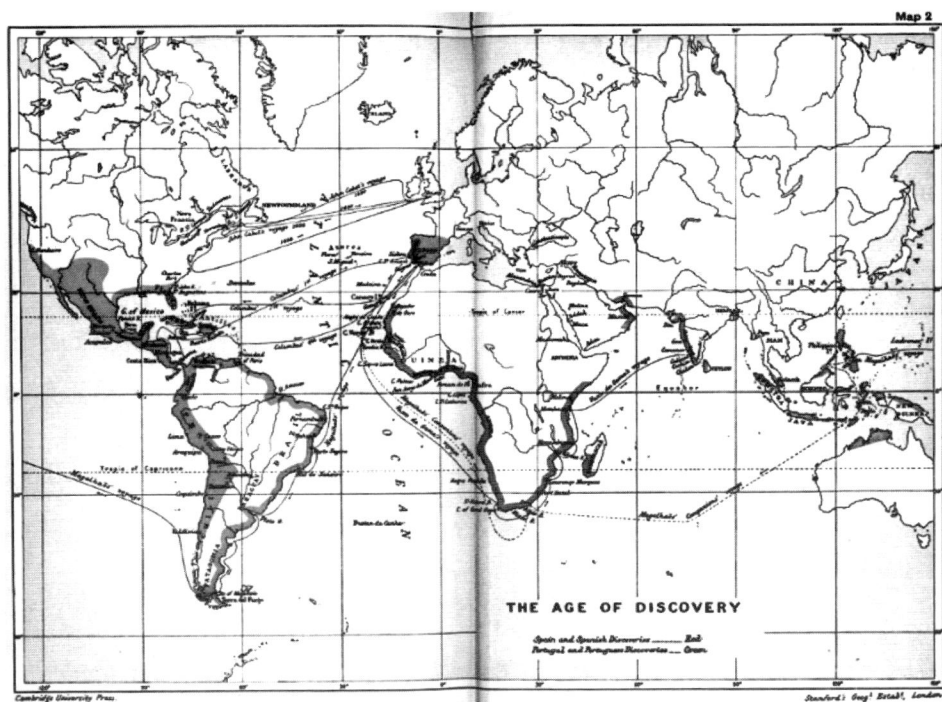

图 5　地理大发现路线图<sup>①</sup>

　　新航路开辟后，欧洲至印度、印度尼西亚、中国和美洲的新通商航路都被葡萄牙和西班牙占据。此后，西欧的其他国家，诸如荷兰、英国、法国和丹麦等国，也积极开展探险活动。

　　地理大发现离不开科学技术的提高和地理知识的进步。13—14世纪的"地圆学说"为航路探寻奠定了理论基础，1477年佛罗伦萨地理学家托斯堪内里根据"地圆学说"绘制的世界地图将中国和日本置于欧洲的西方。在航海技术方面，中国发明的指南针和罗盘经阿拉伯人之手传入欧洲，并被广泛用于航海。此外，中国、印度和阿拉伯人实现的航海成就，有助于欧洲人开辟通往东方的新航路。1405—1433年，中国明朝郑和率船队七下西洋，先后访

---

①　图片来源：http://www.arauco.org/SAPEREAUDE/terraaustralisincognita/historiasdelaglobalizacion/IMGS/agedofdiscoveries.html

问亚、非30余国和地区，并绘制了《坤舆万国全图》；印度和阿拉伯的航海家在印度洋上不断探索，同时沿非洲东岸向南航行，最远到达莫桑比克。在船舶方面，早期靠人力驱动的有桨划船被葡萄牙人发明的风力驱动的多桅帆船替代，这种帆船具有速度快、转向灵活、载重量大、需要水手少等优势。[①]多桅帆船演变成大帆船，并最终取代了老式的有桨划船。在实际航行中，哥伦布和麦哲伦等航海家采用的是沃尔特（Volta）航海技术，即船只先沿着非洲西海岸向北航行，后西行进入大西洋，直至遇到顺风才再东行，回到伊比利亚半岛，这项新的航海技术潜力惊人，最终产生了全球性的影响。[②]造船和航海技术的进步在一定程度上克服了远洋探险的技术困难。

### 2. 黑三角贸易

新航路的开辟给整个世界带来巨大影响。借此崛起的欧洲诸国积极推行"炮舰政策"，投身于海外扩张和殖民活动。西班牙在发现美洲大陆后大力发展大种植园经济，在美洲大陆种植棉花、甘蔗、烟草以及可可等暴利经济作物，同时限制殖民地养蚕以及种植橄榄、葡萄和亚麻等，推高西班牙本土生产的绸缎、橄榄油、葡萄酒和亚麻布等在美洲的售价。由于对印第安人的大量屠杀以及从欧洲带来的疾病，印第安人数量急剧减少。为了维持正常的大种植园经济以及矿山开采，他们不断从非洲西海岸殖民据点捕获黑人，并运往美洲补充劳动力。1502年，首批黑人被贩卖到美洲，至此长达400年的"黑三角贸易"拉开序幕。

马克思在《资本论》中曾引用过英国工会活动家、政论家托马斯·约瑟夫·登宁的一段话："资本家害怕没有利润和利润太少，就像自然界害怕真空一样。一旦有适当的利润，资本家就胆大起来。如果有10%的利润，他就保证到处被使用；有20%的利润，他就活跃起来；有50%的利润，资本家就胆

---

① 高德步，王钰.世界经济史［M］.中国人民大学出版社，2011.
② ［美］麦克莱伦第三、［美］多恩著，王鸣阳译.世界科学技术通史［M］.上海科技教育出版社，2007.

大起来；为了100%利润，他就敢践踏一切人间法律；有了300%的利润，他就敢犯任何罪行，甚至冒绞首的危险。""黑三角贸易"带给欧洲殖民者的利润已经超过了300%，平均成本在2~3英镑的黑人奴隶，在美洲转手卖出的时候售价却高达20多英镑。贩卖一个黑奴所赚取的利润抵得上英国普通商人半年的利润。超高的利润使得欧洲资本家和投机者们丧失一切道德和法律准则，不断前往非洲进行残忍的"猎奴活动"。

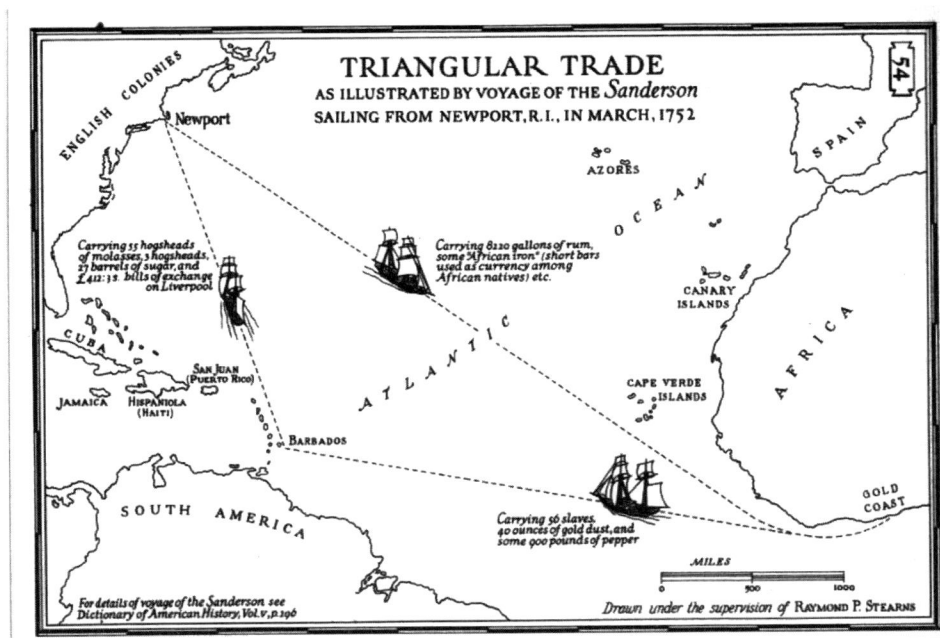

图6　黑三角贸易路线图[①]

"黑三角贸易"中，欧洲奴隶贩子从本国出发，满载着盐、布匹、朗姆酒等商品，在非洲换取奴隶后，再将奴隶贩运到美洲，换成糖、烟草和稻米等种植园产品以及金银和工业原料等，最后从大西洋返回欧洲。一次三角航行可以给奴隶贩子带来暴利，大量的资本家通过这种方式完成了资本的原始积累。其中的典型就是英国，通过奴隶贸易迅速成为资本主义强国。在地理条

———————

① 图片来源：黑三角贸易图，https://motivasi.my.id/

件上，由加那利寒流、几内亚暖流、北赤道暖流、墨西哥暖流、北大西洋暖流所组成的三角环流，为"黑三角贸易"提供了有利的航运条件，使得奴隶贸易的速度加快。"黑三角贸易"在资本主义发展的历史趋势下，在有利的地理条件下，以巨额利润为动力，持续四百年之久。

"黑三角贸易"在不断为欧洲带来财富的同时，对非洲人民的摧残也在不断累积。美国黑人解放运动领袖威·艾·伯·杜波依斯在《黑人的灵魂》一书中指出，仅16—17世纪这一时期，就有高达1500多万黑人被运往美洲。殖民者在猎奴活动中会以暴力手段残杀一批黑人，部分老弱病残也会被杀掉。此外，在运输过程中由于船只严重超载而导致的疾病和粮食不足，也会造成大量黑人在海上死亡。在数百年间，非洲因奴隶贸易损失的人口不会低于3000万，最高可能超过一亿人。联合国教科文组织1978年在海地召开的非洲奴隶贸易讨论会上，与会专家认为杜波依斯的估计还是偏保守的，他们预计在长达400多年的"黑三角贸易"中，非洲损失人口数量在2.1亿左右，这一数量是1980年非洲人口总数的两倍多。从世界各大洲人口比例变化来看，非洲人口从17世纪约占世界人口的1/3，到20世纪初仅占世界人口的1/17，这一巨大的人数占比变动，足以说明"黑三角贸易"的残暴和泯灭人性。这种带血的罪恶，被马克思称为"贩卖人类血肉"的肮脏勾当。

## 第二节　荷兰的兴衰与能源的利用

荷兰依托发达的工商业体系不断积累财富，成为首个崛起于大航海时代的帝国。高效的知识生产和管理方式是荷兰兴起的根本，海图知识的扩散及对造船技术的改进，使得荷兰成为联通世界的"海上马车夫"。因地理位置优越，荷兰在能源使用方面有独特的优势，低价且储藏丰富的泥炭资源，为各行业的发展保驾护航，能源禀赋成功地转化为经济优势，全面促进了荷兰工业、农业和贸易的蓬勃发展，完成资本的原始积累，造就荷兰帝国。但随着能源的不断消耗及英法等国的多次侵略，荷兰的海上力量被逐渐削弱，工业化进程相对落后的荷兰开始走向没落，逐步退出了世界舞台的中心，被英国、法国等国取代。

### 1. 海上马车夫

葡萄牙和西班牙在殖民地疯狂掠夺过程中积累的巨额财富，并没有投入再生产，而是用于挥霍和消费，非但没有促进资本主义工业的发展，反而引起欧洲金银贬值，物价猛涨。16世纪末，西班牙的物价水平相较于16世纪初平均上涨了4倍多。葡萄牙、西班牙两国落后的工商业无法支撑殖民地手工业品需求，却刺激了荷兰、英国、法国等国家的商品生产和资本主义发展，通过与殖民地的手工业贸易不断累积财富。

荷兰因高效的知识生产和管理方式于大航海时代崛起。海图对于航海的意义，不亚于道路对于陆地的作用。葡萄牙在15世纪通过建立航海学校会聚了大量海图绘制人才，并利用国家力量建立起一套完善的海图绘制、管理和保密制度。依靠以国家力量管理航海知识的体系，葡萄牙迅速崛起成为航海大国。但是，荷兰人找到了更加高效的知识生产和管理方式。荷兰是个宗教宽容、商业繁荣的国家，荷兰人通过收买葡萄牙人、委托出海水手绘制海图等手段获得原始海图，并利用印刷术将海图产业化，打破了葡萄牙人对海图的垄断。

16世纪中叶，在荷兰繁荣的海图市场中，更适用于远距离航海的海图绘制方法诞生了，即正轴等角圆柱投影绘图法，也称为墨卡托绘图法。新制图法使得海图绘制成为高收入的专门职业，海图制作人亲自参与航海，进行专门观测和制图，并制定了标准化绘图流程。荷兰通过施行半官半民特许公司制的开放贸易，让海图成为所有商船的共同财产。海图的广泛传播不断促进贸易发展，也促进了海图业本身的快速发展。

海图知识的扩散极大促进了荷兰人航海技术的提升，荷兰的海上贸易因此飞跃发展，在新技术、新知识的不断推动下，荷兰将大航海时代的开拓者葡萄牙和西班牙甩在身后，1581年才独立的荷兰成为当时世界最大的海图国家和最大的海洋国家。在造船技术方面，荷兰为了运输重量大、体积大的货物，改良制造吃水线浅、宽度大的平底货船，从而将货物运费减少至其他国家的一半左右。此后源源不断地制造船舶，随着造船技术的不断革新，造船成本也不断下降。到1650年左右，荷兰拥有的船舶数量比葡萄牙、西班牙、英国和德国的船舶总数还多。到17世纪末，荷兰的造船业达到世界第一，年造船能力高达2000艘。荷兰也成了联通世界的"海上马车夫"。

### 2. 泥炭开发

葡萄牙和西班牙的殖民活动在一定程度上为他国作嫁衣裳。两国的早期殖民掠夺和"黑三角贸易"，与工业革命后形成的以工业制成品为主要流通商品的资本主义世界市场有很大不同。掠夺和"贸易"得到的财富无法持久，西方工业文明的真正起源，应该归因于制造业的能源革命以及工业革命。荷兰通过率先进入化石能源时代而成为"经济发展的模范国家"，并成了世界第一个由资产阶级掌权的国家。

当其他国家还在以柴薪为主要的能源方式时，荷兰因其独特的泥炭资源而率先进入化石能源时代。泥炭的形成过程与煤炭有相似之处，都是由腐烂的植物沉积而形成。形成泥炭的植物主要是苔藓，因此泥炭的学名为"泥炭藓"。煤炭的形成过程较为复杂且条件较为苛刻，需要植物深埋在地下并经历数百万年地质高压才能形成。而泥炭大部分都是在过去6000年左右形成的，当植物在地下埋藏的条件无法达到形成煤炭的要求时，可能就形成了泥炭。湿冷的气候是泥炭形成和保存的必要条件，因此大部分的泥炭都蕴藏在高海拔以及高纬度地区，例如加拿大、斯堪的纳维亚半岛和西伯利亚平原。虽然泥炭在高纬度地区分布较广，但大都贮藏在不便接近且高海拔的地方。不过对老天爷赏饭吃的荷兰来说，却是个例外。荷兰的泥炭资源虽然不像加拿大、俄国和瑞典那么储量丰富，但其供应地相当庞大，且便于开采。①

荷兰的泥炭绝大部分处在海平面上下1~2米的位置，这与世界其他地方的

① 约翰·R·麦克尼尔，格非. 能源帝国：化石燃料与1580年以来的地缘政治［J］. 学术研究，2008（6）：108-114.

泥炭通常都在海拔至少 50～150 米的地区相比有着得天独厚的优势。再加上泥炭含水量较高，在重量上相较煤炭大得多，因此水运成为运输泥炭最好的方式。得益于荷兰先进的造船技术和发达的船运体系，在浅层挖出来的泥炭经过运河很方便地就进入城区，并被用于各种高耗能行业的发展。因此，在 16—17 世纪的欧洲，荷兰依靠方便开采且廉价的泥炭率先进入了化石能源时代，并以此发展工业经济，同时期的其他国家则是依靠以土地为依托的植物能源创造财富。泥炭资源埋藏较浅，且水上运输便利，对荷兰经济的发展发挥了重要作用。

因低价且储藏丰富的泥炭资源，荷兰的各行业在能源优势的护航下不断发展。其中，石灰烧制业和酿酒业是发展最为突出的两个产业。在 17 世纪，石灰是最基本的建筑材料，烧石灰是典型的能源密集型产业；同时，荷兰也以酿造优质啤酒而闻名于世。荷兰成本低廉的泥炭为这两个行业的发展奠定了良好基础。除此之外，制糖业同样是能源密集型产业。尽管此时的荷兰不是蔗糖原产地，且管辖的殖民地在 1653 年后几乎不生产蔗糖，但世界制糖业的中心却在阿姆斯特丹。玻璃制造业、烧砖业和制盐业同样也是能源密集型产业，传统的制造过程需要依靠薪材或木炭，这就意味着对地方森林的毁灭，并且难以持续。但是在荷兰，这种类型的工业则可以在城市立足，因为通过水运可以将其丰富而便宜的泥炭运达城内。同时，为了确保泥炭在荷兰本国能源市场的健康发展，荷兰政府一直对进口煤炭采取限制性措施，成功将其能源禀赋转化为经济优势，从而全面促进了荷兰工业、农业和贸易的蓬勃发展。[①] 廉价的泥炭为荷兰早期工业的发展提供了必要的能源支持，使得玻璃、酿酒、蒸馏、皮革、制陶等在当时高能耗的产业能够得到充分发展，并促使荷兰通过海上贸易获取大量的经济资源，完成资本的原始积累。

### 3. 走向没落

大规模使用廉价的泥炭不仅为荷兰节省了大量的人力资本，而且提高

---

① 马瑞映，任晓刚.能源与近代荷兰经济发展的关系［J］.史学理论研究，2010（2）：12.

了荷兰的生产力，使得荷兰在世界市场上获得了竞争优势。荷兰经济迅速腾飞，一度成为近代欧洲经济中心。经济发展也为荷兰发展军事积累了大量财富。通过源源不断地将资金投入军事领域，荷兰海上军事力量逐步强大，军事力量的壮大直接确立了荷兰的贸易霸权。从16世纪后半期到17世纪中叶的80年间，荷兰与过去的宗主国西班牙之间断断续续地进行多次"独立战争"（1568—1648年），该战争也彻底摧毁了西班牙经济。

1602年，荷兰成立东印度公司，授权其以印度尼西亚为主要据点，对周边亚洲地区进行渗透和殖民统治。与此同时，荷兰还与西班牙在美洲进行势力范围的争夺。荷兰又仿照东印度公司的模式，于1621年在美洲建立了西印度公司，开始向北美扩张势力。在此基础上，荷兰人通过海上优势和海外殖民地继续发展海上贸易，足迹遍及各地——东印度群岛、地中海、非洲以及加勒比海地区，展现在地图上的是一个全球性帝国。最盛之时，荷兰曾一度控制了波罗的海和北海的主要航运贸易，并垄断东方的所有产品，成为汇集各国商品的货栈。1643年，荷兰商船总数已达到3400艘，总载货量400万吨，吨位数相当于英国、法国、葡萄牙、西班牙四国总和。

殖民活动为欧洲带来大量贵金属，并导致了一场遍及全欧洲的价格革命。价格革命带来了长期的通货膨胀，贵金属大幅度贬值，并导致投资活动开始兴盛。常规意义上的投资是指将货币投入生产、流通等环节中去，并通过组织经济活动而获得利益的行为。但是，当时的投资活动普遍指预先购买一些认为能赚钱的东西，通过时间差来获取利益的行为，这种行为类似于现在的"投机"行为。

17世纪的荷兰在大航海活动中积累了大量财富，但是由于通货膨胀的加剧，大众渴望找一个良好的投资方向。此时，欧洲贵族们的庭院中栽种的郁金香进入大众的视野，并成为大众"投机"的对象。从1634年开始的37年间，荷兰几乎人人都在从事郁金香球茎买卖，大量的资金流入郁金香市场，球茎的价格上涨到疯狂的地步。通过转卖球茎，就能够轻而易举地获得财富。当时期货交易的出现，为投机活动提供了资金支持和低成本的交易平台，人们通过房子和家具的抵押筹借资金，为郁金香的火热交易调薪加柴。在1636年12月到1637年1月，所有品种的郁金香价格全线上涨，到了1637年1月连普通品种的郁金香价格也被抬高了25倍多。1637年2月，高峰期仅仅持续了一个多月，郁金香美梦破灭了，价格一直急速上涨的郁金香球茎由于期货合同到期无法按时交割而开始出现合同甩卖，价格开始下降，价格下降的恐惧导致大众争相抛售球茎，球茎价格一落千丈。短时间内，众多百姓破产，荷兰的郁金香投机市场从此一蹶不振，再也没有恢复元气，同时荷兰的经济在短短几年内陷入瘫痪。这一场人类历史上有据可查的最早的泡沫经济案例，被称为"郁金香泡沫"。

没有繁荣的经济就不可能创建帝国，而经济繁荣在很大程度上是因为依托于低廉的能源供应。尤其在17世纪到19世纪，荷兰总共开采了62亿立方米的泥炭，浅层泥炭资源经历了近200年的使用后基本消耗殆尽。尽管荷兰在此间建立了完善的商业社会制度体系，却因劳动力成本的上升、泥炭开采深度的加深，开采成本增长和相关环境恶化，逐渐无法再将廉价的泥炭作为经济发展的动力。[①]泥炭与近代荷兰经济发展之间的良性互动遭到破坏，逐渐丧失了工业优势。

盛极一时的荷兰海上贸易体系并没有能够得到长期维持，随着英国《航海条例》的颁布、三次英荷战争和法国对荷兰的侵略，荷兰的海上力量被逐渐削弱。"荷兰作为一个占统治地位的商业国家走向衰落的历史，就是一部商业资本从属于工业资本的历史。"[②]按照英国历史学家艾瑞克·霍布斯鲍姆的话说，"在英国是工业利益左右政府政策，这与另一个商业大国荷兰情况不同，在荷兰，商人利益至高无上"。近代早期全球范围的霸权竞争归根结底是民族国家综合实力的竞争，尤其取决于是否具备坚实的实业基础和持续的创新能力，以及稳固而统一的国家体制。荷兰未能成功地从商业和金融繁荣转向以现代生产和管理技术为标志的工业化，"黄金时代"就此终结。

---

① 马瑞映，任晓刚. 能源与近代荷兰经济发展的关系［J］. 史学理论研究，2010（2）：12.
② 张峰. 马克思主义海权思想与马汉海权论的比较研究［J］. 太平洋学报，2012，20（6）：80-88.

# 第三节 近代欧洲的社会革命

大航海时代新航路的开辟和殖民掠夺，对西欧产生了重大影响，引起了欧洲国家的一系列革命，形成了一大批资产阶级，使欧洲社会的经济生活发生了巨大变化。商业变革首当其冲，新航路的开辟拓宽了贸易路线，欧洲打通了与亚洲、美洲的海上商路，财富的转移也推动着世界贸易中心的变化，推动商业的组织形式不断创新，为商业的大规模发展提供了保证。近代农业革命源于农业体制的创新和农业劳动生产率的提高，触发了人口革命，缓解了人类饥荒。工场手工业对工业化的兴起有着非常关键的意义，为工业革命的开启奠定了基础。军事革命把权力从地方封建势力移向集权的王国和民族国家，导致殖民主义的兴起。

## 1. 商业革命

16—18世纪，新航路的开辟加深了人们对世界的认知，推动了国际贸易的发展。16世纪末期，欧洲人对世界陆地面积的了解比14世纪增加了15倍，打通了与亚洲和美洲的海上商路，从相对封闭的大陆发展起跨洋贸易，商业资本活动的空间大幅度增加。

16世纪，欧洲与东方的跨洋贸易被葡萄牙垄断，到了17世纪荷兰取代葡萄牙掌握了与东方的贸易，贸易范围扩大到南非、波斯、阿拉伯、锡兰和印度。欧洲与亚洲贸易的商品种类也逐渐增多，从早期的香料拓展到纺织品、茶叶、咖啡以及胡椒，其中胡椒尤其受到欧洲人喜爱。

18世纪的重要变化是奢侈品的大众化。过去由于运输困难、风险较大，贸易商品大多价格昂贵，只有贵族阶级才能享用到来自东方的商品。而新航路的开辟导致跨洋贸易的成本大幅度下降，进口商品的数量激增，砂糖、咖啡、茶叶以及香料的价格也随之下跌，成为大众商品。

欧洲对美洲的贸易政策与对亚洲的贸易政策不同。欧洲对美洲新大陆的采取的是殖民地策略。从欧洲销往美洲的商品主要包括马匹、家具、工具、酒类以及其他生活消费品等，以满足殖民地居民生活为主。从新大陆流往欧洲的主要是金银和一些新大陆盛产的物资，包括木材、棉花、烟叶以及皮革等。随着美洲当地人口的下降以及种植园对劳动力需求的增加，在与美洲的贸易中，人口逐渐发展成特殊的贸易商品。17—18世纪，从非洲贩运到美洲的奴隶数量达到了顶峰。

在跨洋贸易不断发展的同时，欧洲地区之间的贸易也在增长。其中，地中海地区的贸易以意大利北部城市为中心，将欧洲的西部、中部与中亚连接；大西洋、北海和波罗的海的贸易则由盐和粮食进行连接，在方位上呈现出从西到东的盐贸易和从东到西的粮食贸易。

新航路的开辟在拓展欧洲与其他洲贸易的同时，也推动世界贸易中心转移。在16世纪初期，新航路的开辟并没有为欧洲带来翻天覆地的变化，欧洲传统的地中海贸易区仍占据主导地位，威尼斯在欧亚贸易中具有垄断地位。当时的地中海贸易区主要有食物、原料和制成品等。食物包括粮食、盐、葡萄酒、橄榄油、咸鱼等，原料包括羊毛、棉花、生丝、皮革、铜、锡和铅等，制成品主要包括意大利北部城市制造的手工织物、米兰的丝织物、威尼斯的肥皂和玻璃器皿等。新航路大规模开辟后，欧洲与外界的联系从地中海转移到了大西洋，地中海成为交通闭塞的内海，意大利的经济中心地位逐渐衰落，而葡萄牙的里斯本、尼德兰的安特卫普和英国的伦敦等城市成了重要港口。

地中海贸易衰落后，安特卫普首先脱颖而出。16世纪欧洲中部的金属贸易十分发达，尤其是铁、铜以及银等，著名的富格尔家族掌握着欧洲中部的金属与地中海商品之间的过境贸易。后来德意志生产的铜和银被商人运往安特卫普，葡萄牙人也从东方运来香料，西班牙人从美洲运来贵金属，各种商品进入这一地区，包括毛纺织品、粮食和亚麻帆布等。因此，安特卫普成了汇聚南德意志、汉萨同盟、意大利、葡萄牙、西班牙以及英国等商人的商业中心，是横贯欧洲大陆的贸易与海上贸易的结合点。安特卫普成了16世纪中期世界的商业中心，被称为"世界商业之都"。

安特卫普历经3/4个世纪的辉煌后，世界贸易中心地位被荷兰取代。新航路的开辟对荷兰越来越有利，通过开辟从北海绕过丹麦北端，穿过松德海峡进入波罗的海的航路，荷兰人掌握着法国与北欧之间的所有运输以及英国的绝大部分的贸易运输，涉及的商品包括谷物和鱼类等。其中，海盐和谷物的运输在当时的海上运输中占据着关键地位，在17世纪它们的运输几乎被荷兰人垄断。同时，在北欧和地中海之间的贸易中，荷兰人也发挥着重要作用，例如格但斯克与里斯本的谷物、盐和香料的贸易被荷兰人垄断。17世纪，荷兰控制着波罗的海地区、大西洋地区甚至地中海与北欧的贸易，阿姆斯特丹也成为世界上最繁忙的港口，并成为欧洲的经济中心。

## 2. 农业革命

近代的农业革命是工业革命的另一个重要前提，它促进了工业史无前例的大发展。近代农业革命最重要的表现形式是农业体制的变革，其中的英国、德国和美国分别代表了不同的农业革命类型。

近代农业革命最早在荷兰发生，以农业制度和农业技术的创新为主要形式，后来逐步扩展到欧洲的各主要国家。这也导致了18世纪末期人口的快速增加，世界人口发展终于首次摆脱了"马尔萨斯陷阱"。"马尔萨斯陷阱"是指人口增长按几何级数增长，而生存资源仅按算术级数增长的，多增加的人口总是要以某种方式被消灭掉，因此人口不能超出相应的农业发展水平。

在18世纪以前，世界农业发展和人口发展总是重叠交织。在最发达的社会仍旧必须有75%～80%左右的劳动力从事农业，说明传统社会中农业生产的实物除了满足自身消费外，平均只有20%～30%的剩余，因此限制了人口总量。当人口数量增加超过粮食供给时，生活水平开始下降，饥荒、瘟疫以及战争等事情开始泛滥，以粗暴的方式调整着人口与粮食的平衡关系，并且这种关系不断循环往复，人口在不断重复着增长和衰减的循环过程。14—15世纪的鼠疫、饥荒和战争导致欧洲人口经历了大幅下降，但在16世纪人口开始上升，欧洲人口从1500年的8200万左右增长到了1600年的10500万，大约增加了25%，并在17世纪初到达顶峰。但是16世纪大航海引发的价格革命使得工人的实际工资下降，"马尔萨斯陷阱"又出现在欧洲大陆上。数据表明，要打破"马尔萨斯陷阱"，农业生产力要经过40～60年将食物的平均剩余率从25%提高到50%以上。

农业体制的创新和农业劳动生产率的提高是推动近代农业革命的主要因素。荷兰的农业体制最早发生变化，随着市场的兴起，荷兰的独立革命带来了政治和社会变化，传统的封建主义被削弱，领土也逐渐流入新兴的资产阶级手中。到16世纪后期，大量农民持有地产，发展到18世纪大地产几乎不再直接经营，基本通过租佃的形式交由农民耕种。在土地关系和农业经营方式发生变化后，荷兰也发展成为16—18世纪欧洲大陆最先进、农业生产力最发达的国家。市场发展也导致了耕种的专业化，到16世纪后期，荷兰人通过围海造田不断扩大农用土地面积，作物也开始采取轮种的模式，土地利用率进一步得到了提高。

### 3. 工场手工业

工场手工业是欧洲一些国家近代工业的基础，对工业化的兴起有非常关键的意义。在英国传统工业与近代工业的转换过程中，工场手工业占据了漫长的时期。在后起的工业化国家中，工场手工业的意义并不明显，这些国家主要依靠引进技术和设备推动工业化。16—18世纪的欧洲，传统工业依然占据着主导地位，满足人们基本生存资料的纺织和建筑行业吸纳的劳动力最多。但是这三个世纪的变化，却影响着技术进步、工业分布和工业组织形式，悄然打响了工业革命的前奏。

工业品需求和供给的变化助力工场手工业发展。首先，海外市场的需求急剧扩大是西欧工场手工业增长的重要动力。15世纪地理大发现的影响在16世纪逐渐显现。随着新大陆的发现和殖民扩张的深入，新大陆不断向欧洲输入贵金属、蔗糖和染料，同时，欧洲也在向新大陆不断输出大量的商品和劳务，这一过程刺激着工场手工业的发展。据估计，1570年塞维利亚港运进的贵金属，除了成本和利润，剩余将近一半用来购置回运的货物，回运的货物包括葡萄酒、油类，以及西班牙或其他国家制造的各类商品。美洲市场的需求刺激了15世纪上半期西班牙毛纺织业、金属制造业、造船业的发展。16世纪中叶以后，西班牙的生产能力无法匹配上殖民地对欧洲工业品的需求，西欧其他国家成了殖民地新的供给来源。金银流入最多的是阿姆斯特丹、英国、法国等具有工场手工业基础的地区。财富的流动带来了投资的兴起，进而促进了工场手工业的发展。这一时期的贸易种类不断扩大，涉及的商品包括亚麻布、毛织品、金属制品、呢绒、枪支和火药、玻璃球、丝绸、意大利的长袜、法国的帽子、纸张以及书籍等。

其次，这一时期欧洲的市场需求也在发生变化，主要表现在总量的增加和消费结构的改变。中世纪后期，欧洲市场对工业品的需求主要包括纺织品、日用金属制品、制革业产品、建筑业产品、作战用兵器以及富裕阶层享受的奢侈品等。16—18世纪，欧洲人口的增加和城市的发展，为居民消费需求增长提供动力。例如，大量居民移居城市带动了建筑业的发展。大航海贸易造就了大量的富裕阶层，他们对奢侈品和装饰品的需求也有了较大的增长。而随着商业革命兴起的中产阶级，也促使消费结构发生变化。在穿着方面，细呢织品取代传统的毛织品，从而细呢织品业逐渐兴起。另外，16世纪和17世纪印刷业和时钟业随着人们对闲暇娱乐和精神生活的需求而兴盛。居民生活的改善和消费结构的变化促进了工场手工业的发展。

最后，在供给方面，为了满足不断扩大的市场需求，很多当时尚未利用的自然资源得到了开发。例如，在波兰和西里西亚等低地国家，亚麻和大麻的种植得到了普及；新大陆和波罗的海国家成为新的木材供应来源；新的铁和铜矿区不断被发现；明矾被人工生产。在技术方面，出现了大量方便生产的技术，例如铁的间接冶炼法和汞齐化技术，抽丝机、滚轧机和碾铁机的发明。在资本供给方面，合伙制和股份制等组织形式得到推广，提高了资金的利用率，也降低了投资风险。劳动力供给方面，分料到户制和集中的手工工场充分利用了剩余的劳动力。此外，重商主义兴起，商业、贸易、工场手工业得到发展。英国、法国、俄国和德国等国家推行重商主义政策，通过采取保护关税、出口退税、出口奖励以及吸引外国技术人员等一系列优惠政策来大力扶植工场手工业的发展。

工场手工业的组织形式由分料到户制逐渐发展为集中的手工工场。近代初期，工业生产单位以手工作坊为主要形式。16世纪以后，由于市场规模的扩大引起了传统组织生产方式的变化，家庭手工业和手工作坊从纵向一体化走向专业化，分料到户制加强了专业化的发展。几个世纪以来，家庭手工业者主要为满足家庭和邻居们的需求而生产，但由于资金的缺乏和交易信息的不顺畅，他们无法进行产量扩增。16世纪市场规模的扩大改变了这一现状，随着包买商的出现，家庭手工业者的产量得以扩大，但随之也失去了生产的独立性。最初，商人只是到农村收购商品来满足城市市场扩大的需求，尤其是纺织品，乡村的手艺人则通过当地自产的亚麻生产纺织品用于出售。后来，市场需求的持续扩大使得农民自有的生产原料无法满足市场需求量，有些产品的生产制造开始需要用到进口的或价格昂贵的纤维原料。于是，包买商开始为他们提供生产原料。通过将原料送交农民并指明需要生产的商品种类和品质，同时付给他们工钱，商人们开始组织家庭手工业者为他们生产商品，在生产的过程中对每一道工序进行控制，以此达到纵向专业化的目的。这就是分料到户制，也称为"分散的工场手工业"。分料到户制与家庭手工业的不同，在于将生产工序进行不断分离，以生产地和销售地的扩大、每一工序的付费为表象。[①]

分料到户制在纺织业上取得了显著的发展，包买商通过雇用纺工、织工和其他手艺人来生产纺织品，这些工人在自己郊区的家中上班，通过领取工资的方式来工作，纺工在家里分到羊毛，织工分到毛纱。有的还分到织机等。分料到户制也逐渐扩展到其他行业，包括比利时韦斯德雷地区的制钉业、法国奥弗涅的刀具业、意大利布雷西亚的轻武器制造业以及印刷业等。分料到户制的组织形式的形成与当时市场发育的程度有关。当时的欧洲还是一个以农业为主的社会，大部分人在正常年景只过着勉强糊口的生活，他们将大部

---

① 杜效梅.英国工业革命时期发放制手工艺生产研究［J］.大众文艺，2011（7）：1.

分精力用于食物的生产上，对市场的了解很少，加上当时交通落后，增加了人们利用市场信息的成本。在这种情况下，由对市场信息较为了解并且拥有一定资金积累的包买商组织生产，对手工业者、农民以及包买商来说都是最经济的选择。分料到户制实际上算"原始企业"，是用科层组织代替市场交易的第一步。

由于生产原料的集中性和特殊性，以及所需固定资本的量大，有些行业无法采取分料到户制，例如采矿业和冶金行业，这些行业最初采取的就是集中作业的方式，企业的组织形式为古老的合伙制或者股份制。合伙制主要被一些有权势的家族采用，例如富格尔家族和维尔沙尔家族就属于这一类，他们利用航海贸易积累的财富和政府授予的特权，掌握了萨克森、图林根和蒂罗尔地区的银矿和铜矿，并建造冶炼厂。而大部分的采矿和冶金企业采用的是合股投资的方式，例如德国萨克森与波西米亚的采矿公司有市政府、修道院、地主以及批发商的股份，16世纪60年代英国的皇家采矿公司也采取了同样的模式。不久之后，毛纺织业、印刷业以及玻璃业中集中的手工工场也逐渐发展起来，到了18世纪，集中的大型手工工场在英国、法国、德意志、荷兰等国家的各个工业领域普遍存在。

工场手工业从分散化走向集中，除了个别行业的特殊性外，集中生产潜在的收益和管理者对生产过程监督的需求是推动这种转变的最主要因素。在分料到户制中，团队生产的优势无法充分显现，可一旦将工人们集中起来生产，团队生产的收益就凸显出来。而随着直接监督和管理的发展，生产环节在监督的作用下变得合理化，结果是鼓励了技术创新，技术创新反过来促使组织创新，最终促成了现代工厂制度的确立。

工场手工业在带来经济收益的同时，也为农村经济的发展奠定了基础。16—17世纪工场手工业的发展，在技术上并没有带来如工业革命时的那种革命性变化。1700年以后，虽然有一些技术上的革新，例如滚轧机、碾铁机、落锤、捣矿机、手摇织袜机以及动力丝织机的发明等，但是整个工业的技术水平与中世纪后期大致相当。这一时期经济上的巨大收益不是源于技术的革命性突破，而是来自原有技术的扩大使用和完善。这一时期技术的基本特点是经济的、有机的，与早先技术的不同在于认识和熟练程度上。此外，分料到户制和集中的手工工场使原来受到行规限制、不能使用的农村劳动力得以利用。集中的工场手工业大多位于乡村，农民不需要移居到城镇就可以完成生产，这种情况对施行粗放经营的英格兰乡村表现更加明显。分料到户制和集中的工场手工业充分利用了协作带来的效益，使生产力得到大幅度提高。

这一时期工场手工业的另一特点是具有普及性。与中世纪传统的手工业不同，工场手工业的技术不需要特殊传授就能掌握，并且当时的生产工具比较简单，开办费用低，具有普遍发展的可能性和吸收大量劳动力的潜力。其中，英国在16世纪从事毛纺织业生产的人数达到全国人口的50%左右。到了17世纪依然有至少20%的人口依靠毛纺织业存活。在17世纪，采煤、造纸、冶炼以及制盐等工场手工业得到普遍发展。

工场手工业与后来的机器大工业不同，它主要分布于农村。这一时期城市的功能定位为政治和商业中心，工场手工业在城市中规模受限，其产品的定价、生产规模、人员的招聘以及生产工艺和流程都要受到行会的严格规定。相比于城市，农村具有劳动成本低、税收低、行规限制少、生产较为自由等优势。于是分料到户制和集中的工场手工业在农村找到了发展的土壤。工场手工业在农村发展的同时也对农村经济产生积极的影响，一方面吸纳了农村剩余闲散的劳动力，并且能够保证粮食的正常生产，另一方面将市场引入农村经济，对农村起到振兴作用。

工场手工业导致了欧洲工业中心的转移。16—17世纪工场手工业在欧洲不同地区的发展并不平衡，英国和荷兰在工场手工业的加持下取代佛兰德斯、意大利北部以及德意志南部成为欧洲的工业中心。1500年左右，欧洲发达的工业地区主要集中佛罗伦萨和布鲁之间的狭长地带，也就是在佛兰德斯、意大利北部以及德意志南部。这三个地区产品的质量和产量都处于较高的水平，各种产品被运往欧洲各处，包括精致的玻璃器皿和陶瓷，最好的毛织品、丝织品和亚麻品，皮革制品和书写纸，以及日用金属制品和武器盔甲等。虽然其他地方也有些出名的产品，但是其工业繁荣程度无法与这三个地区相比。16世纪以后，工业的地理分布和商业、农业一样，也在发生变化。17世纪末荷兰和英国成为最具有工业发展优势的国家。

荷兰在成为商业贸易霸主的同时，工业也得到了较好的发展。造船业是当时荷兰最具竞争力的行业，在1500—1700年间，荷兰所拥有船舶的吨位增长了10倍。在1700年，荷兰商船吨位比欧洲其他国家的总吨位的4/5还要多，已经远超50万吨。在满足自身发展的同时，荷兰还承接英国、法国、西班牙和意大利等国家的造船订单。造船业的发展也带动了包括木材加工业、小冶金业、船帆与绳索的制造业以及船锚浇铸业的发展。此外，荷兰的毛纺织业的发展也取得了不俗的成绩，莱顿成为欧洲最大的毛纺织中心，年产量达到10万匹；哈勒姆在亚麻纺织业处于首要位置，该城市漂白业务遍及德国、法国以及西属洼地等地区。即使在后来面临英国的竞争，荷兰通过转向生产制造精美品和奢侈品，在纺织业也能够占据一定的市场份额。除此之外，荷兰也发展了印刷业、陶瓷业、精密仪器制造业、地图绘制业等新兴行业。

英国在这一时期的工业发展主要源自工场手工业，有人把英国工场手工业的发展称为"小工业革命"。首先，英国原有的工业部分得到迅速扩张和发展。一些传统部门在中世纪时期就已有所发展，包括毛纺织、采矿、造船和冶炼等，但由于行会的限制以及需求不足而发展缓慢。在16—17世纪市场规模扩大的大势下，分料到户制和集中的工场手工业的发展使得传统部门获得新生。到17世纪末，英国的毛织品产值达到700万英镑，采矿业也由于煤炭的出现而兴旺。

除了荷兰和英国外，法国的工场手工业也得到了长足的发展。法国的丝织生产在当时的欧洲位居首位；亚麻布产业也从佛兰德斯制造商控制的西属美洲市场分得一杯羹；玻璃产业，尤其是大镜子，也逐渐取代威尼斯的玻璃制品；在造纸业和印刷业方面，有当时最大的两三个纸张和书籍供应商之一；此外，在铁工业、毛纺织业以及造船业均取得了较好的发展。

荷兰、英国和法国手工业的兴起，对老工业地区造成了极大的冲击，西班牙和意大利等国在竞争中败下阵来。西班牙和意大利的兴起源自其优越的地理位置，而不在于本身经济和有效制度的建立。从16世纪后期起，西班牙不仅丧失海外市场，国内市场也逐渐丧失，后成了荷兰、英国和法国商品的重要倾销地。意大利则很长时间处于四分五裂，各城邦为自己的利益而相互掣肘。那些具有光荣工业历史的国家在后起之秀的冲击下没能保留领先位置，荷兰、英国的纺织业使里尔、佛罗伦萨、威尼斯这些毛纺织业中心出现了衰落的现象。意大利的造船业被荷兰挤垮，佛兰德斯著名的铸炮厂倒闭了，米兰和威尼斯的丝织业败给了里昂和图尔的丝织业，这些国家的工业水平被荷兰和英国大幅度超越。

工场手工业的发展培养了企业家和近代产业工人，为技术革命提供了良好的条件。工场手工业对劳动生产率的提高不是通过对技术的改造，而是建立在劳动分工、劳动协作、共同利用固定资本设备上的企业组织形式。亚当·斯密总结了工场手工组织的特点，认为细致的分工使劳动过程简单化、标准化，也提高了个人效率，凸显了团队的聚集效应，这也就降低了设计机器代替人工的费用。工业革命时期的企业家们很多来自工场主，他们根据市场变化，把握技术革新机遇，使用新机器和新的生产方式，将小工场发展成大企业。手工工场中还涌现出了大批发明家，他们通过实践积累知识，实现了对工业技术的革新。在手工工场工作的工人成为近代工业的第一批产业工人。

工场手工业在工业革命兴起后，并没有立即退出历史舞台，而是与机器大工业长期并存。在英国工业化过程中，手工工场仍有存在的必要。当某个工业部门在机器的使用下提高了生产效率，生产扩大的同时也增加了对原材料的需求。当原材料部门的机器革命未普及时，该部门仍需通过工场手工业进行生产。[①]同时，机器的采用扩大了中间产品的供给，使深加工部门的工场手工业进一步扩大。因此，工业革命兴起后，部分行业的工场手工业得到了

---

① 高德步.工业化过程中的"中间部门"与"过渡性"就业——英国经济史实例考察［J］.东南大学学报（哲学社会科学版），2003，5（6）：5.

进一步的发展。此外，在美国、德国、日本等这些第二批进入工业化的国家，在工业革命开启后，工场手工业依然与大机器工业并存，并为工业化作出了贡献。

### 4. 军事革命

火药起源于亚洲，发展于欧洲。中国在公元9世纪就发明了火药，到13世纪中期中国的军队就已经装备了"突火枪"和用弩机抛投的爆炸弹，到1288年，金属枪身的火枪诞生。1310—1320年，大炮由欧洲人制造出来，并很快传回中东和亚洲。早期的大炮和臼炮（射石炮）非常笨重，无法搬动，采取的是现场浇筑的方式生产。随着大炮在战争中的重要性逐渐凸显，欧洲的军事工程师和铸炮工匠们积极研制铸炮技术，不久之后便于移动的青铜大炮和铸铁大炮先后问世。到15世纪，火药和火器已经开始在欧洲的战场上发挥决定性作用。

军事革命的重要后果是欧洲殖民主义的兴起和征服全球的开始。这一过程的技术基础是随着陆战的变革而出现的海战的革命性变化。出现海战革命，一部分原因是制造出了一种新型舰船，海上交战也使用了新技术。早期在地中海的战船是由人力驱动的有桨帆船，后来葡萄牙人发明了风力驱动的多桅帆船，由它又演变出大帆船，并开始装备大炮等重型装备。炮舰的出现也逐渐改变了早期冲撞和强行登船的海战战术，有专家分析，1588年西班牙无敌舰队与英国舰队发生的海战，西班牙失败的部分原因就是英国采用了更先进的舷侧"齐射"炮轰的战术，而西班牙人采取的是过时的冲撞和强行登船战术。

帆船以及航海技术的升级为欧洲开启大航海和殖民时代奠定了基础。葡萄牙人和西班牙人依靠更为先进的航海技术先后开启航海探险活动，接着法国、荷兰和英国也加入这场竞赛当中，为欧洲的重商主义和殖民主义开辟了道路。欧洲海军为西方提供的技术支撑，帮助西方探索闯入了更广阔的世界。例如，达·伽马在1497—1498年绕过好望角首次航行到印度洋，率领的船队由4艘小船组成，共有170名水手、20门大炮；科尔特斯在1518—1519年征服了墨西哥，率领的是一支全副武装的远征队，有500名士兵、17匹马、10门大炮。工业革命之前300年间，欧洲人就已经占领了全球35%的领土。

## 第四节　近代欧洲崛起与能源利用

欧洲在中世纪及以后造就的文明，依靠的不是人的体力，而是高热值替代燃料。欧洲在这一时期发明了许多高效的机械设备，并且找到了利用新能源来驱动新机器的方法。

在大航海时代，人类对能源的使用为航海探险提供了有力支持。人力驱动的有桨帆船是早期人类的主要航行手段，随着葡萄牙人发明了风力驱动的多桅帆船，深海远洋成为可能。大航海时代的到来进一步引起了商业革命发生，使得世界的贸易中心发生转移，同时引起了商业组织形式的创新。在农业革命层面，从早期的使用牛耕到利用马耕，使得耕种效率得到有效提升，此外马的使用还降低了货物运输的成本，让更多的村庄参与到区域性、全国性乃至世界性的经济中来。

工场手工业的发展在一定程度上促进了机械化的进程。机械化生产最早在18世纪的英格兰纺织业中出现。早期的工厂生产由水和水轮驱动。从中世纪起，欧洲就利用水力和风力来碾磨谷物或锻造，水利工程和水轮设计方面的技术进步为新式工厂带来了更多的动力。

18世纪以前，欧洲仍然是一片农业社会的景象。在欧洲的总人口中，超过90%的人居住在农村，直接从事畜牧业和农业生产。即使城市居民，在工厂中劳动的人也非常少。制成品在很大程度上是由家庭手工业或工场手工业完成的，这种生产方式是分散的，以家庭为基础，商人会把原材料分包给工人，而工人通常在家里利用自己的工具兼职工作。风力、水力和畜力为传统社会提供了动力。其中最突出的例子是那些用水力推动的机器，它们实际上已成为乡村生活乃至整个欧洲社会的一个有机组成部分。欧洲的许多地方都有不少水量丰富的小河，到处都能够见到运转的水车在利用它们的能量。水车获得的动力被用来推动各种各样的机器，如磨坊、锯木机、磨面机和锻打机等。在有些地方，人们还会用风车来围海造田。① 其外，欧洲人改进和完善了水车、风车、弩机及其他机械，而且在此过程中找到了一些替代人力的动力源。可以说，欧洲人的文明实际上是靠相对更为强大的风力和水力"引擎"驱动的，比起世界其他地方来，他们更好地利用了不同类型的能源。

---

① 文兴吾. 位移运动与机械运动等同的历史嬗变与悖谬消解 [J]. 自然辩证法研究，2021，37（10）：6.

# 第五章
## 煤炭禀赋成就日不落帝国

煤炭是自然界中重要的非可再生能源，是人类进入工业化社会后不可或缺的工业原料。英国早期对煤炭的利用程度是有限的，主要是作为少数的家庭燃料，还没有运用于工业生产。进入16世纪中期以后，随着人口的增长、工业的发展以及国家的需要，木材的需求急速增加导致了木材危机，煤炭逐渐开始在工业中发挥作用，并成为英国能源消费结构中的第一大能源。16—18世纪是英国经济社会转型的关键时期。英国在这一阶段率先实现了从封建社会向资本主义社会的过渡，是从传统农业社会转向近代工业社会的重要历史阶段。同时，蒸汽动力和煤炭相结合的能源体系将英国推上世界经济霸主地位。

## 第一节　被低估的黑色宝石

英国采煤到目前已有上千年的历史，在古罗马统治不列颠时期，煤就已经出现在人们生活当中。但英国早期对煤炭的利用程度是有限的，主要是作为少数的家庭燃料，尚未运用于工业生产，英国民众在日常生活中习惯于把木材、木炭和泥炭作为主要燃料，燃煤时释放的黑烟和怪味让它并不受人们欢迎。

### 1. 森林危机

在前工业时代，英国与世界上的其他国家一样处于"柴薪时代"，以木材、木炭作为基本燃料，主要用于日常生活，森林是木材的唯一来源。伊丽莎白女王统治下的英格兰是一个依靠木材建造起来的国家，当时的观察家威廉·哈里森在1577年写道："我们英格兰的城市和城镇，大部分的建筑都只使用木材"，除了建筑物，当时农作工具也都是木制的，例如犁和锄头。①居民的生活离不开木材，生活燃料、建造房屋、谷仓、栅栏都要依靠木材来建造，森林是满足当地居民维持生计的基本来源。

随着人口的增加，木材变得稀少紧缺起来。整个英国的人口在15—17世纪，从325万人增加到407万人，其中伦敦在1520年只有5万余人口，到1600年之际，伦敦的人口数量已经增长至20万。之后的100年里，伦敦人口数量持续上升，最终突破了50万。②人口的迅速增长，意味着居民对生活燃料的需求也大幅度上升，也意味着要砍伐大面积的林地用于耕种农作物和建造房屋。与此同时，欧洲进入了从16世纪开始一直延续到18世纪的小冰期，居民对于生活燃料的需求更加强烈。但是由于森林覆盖面积日益缩小，木材价格水涨船高，购买燃料的支出占据了居民大部分的生活开销，老百姓生活苦不堪言。1550年左右，木炭的价格已经达到了煤炭价格的2倍。

木材除了满足居民的生活需求外，也支撑着制造业的蓬勃发展，冶铁业、玻璃制造业、啤酒业等很多重要的生产流程都离不开它。其中，值得一提的是冶铁业。冶铁的燃料需求主要依赖木炭，而这导致对森林资源的巨大消耗。据统计，生产一吨铁需要消耗相当于12公顷森林一年产出的树木。发展迅速的冶铁业往往位于森林地带，在威尔德地区，"萨塞克斯、萨里郡和肯特郡之前生长着繁茂的橡树和山毛榉，在不到30年的时间所发生的变化令人担忧，长此以往森林将消失殆尽"。1560年德比郡的达菲尔德森林有59412棵大橡树和32820棵小橡树，而27年后，铅矿冶炼厂砍伐了56658棵大橡树和29788棵小橡树，导致93%的树木消失。③1630年，英格兰大约有300家炼铁作坊，这

---

① 王豫刚. 能源危机与历史迭代［J］. 中国经济评论，2022（10）：76–80.
② ［英］艾伦著，毛立坤译. 近代英国工业革命揭秘［M］. 浙江大学出版社，2012.
③ 李鸿美. 崛起的代价：16～18世纪英国森林的变迁［J］. 历史教学（下半月刊），2017（04）：15–21.

些作坊每年需要消耗相当于30万车木材来制造木炭，每次木材的消耗相当于一棵大树。

英国作为海洋国，靠海而生，向海而兴。英国造船业的发展主要受到军事战争刺激与对外贸易和航运业的发展。首先，造船业的发展同英国谋求海上霸权的过程密切相关。例如16世纪的英西战争、17世纪的英荷战争和18世纪的英法战争都是海上战争作为主要的作战形式，英国组建舰队需要大量的战军舰。其中，英法战争中，"战列舰"是当时最大的作战军舰，皇家海军（成立于1660年）的作战方式是将大约12艘战列舰舰艉相接、排成一路纵队的方式。英法七年战争之际，英国新增战列舰数十艘，进一步加剧了森林消耗的速度。调查显示，1608—1783年王室森林的橡树数量明显下滑，新森林从123927棵降至32611棵，威奇伍德森林从51046棵减少到5211棵，萨尔塞伊森林从15274棵降到2918棵。1608年舍伍德森林的橡树多达23370棵；到了1783年骤降为1368棵。皇家海军建造英国舰队的一艘船只，大约需要用掉2500棵大橡树；建造和维护更多的商用船只，还需要用上比英国海军所需要的多三倍的橡树木料。

15世纪末，随着新航路的开辟，全球的商业路线从原先的地中海沿岸向大西洋沿岸转移，英国处于大西洋航运的地理中心位置。羊毛的价格受到影响后不断上涨，养殖业成为当时一项利润丰厚的行业。在工商业发达的英国东南部乡村地区，地主不只圈占公用土地，还霸占小佃农的租地和公簿持有农的份地，使得农民们不得不远离家乡四处流浪。[①]

除此之外，森林也是侵占的重点。在莱斯特的查恩伍德森林，圈地增强了农民饲养、畜牧的专业化，一些土地变成了永恒牧场，一些则变成了轮作农业。王室的迪恩森林或汉普郡森林以及苏塞克斯森林的边缘地都被圈起了部分土地。在16—17世纪，英国的工场手工业蓬勃发展，城市化进程迅速推进，导致对农产品的需求急剧增加。这进一步推动了土地的圈占运动，特别

---

① 朱家俊.工业革命时期英国煤炭工业发展历程［J］.黑龙江史志，2014（19）：2.

是在1688年之后，英国政府制定了大量法规来明确支持土地圈占，使得该运动以合法形式进行并达到更大规模。这一圈地运动导致大量森林树木被连根拔起，以满足农牧业扩张的需求。

从17世纪开始，英国处于"森林危机"这一隐患之中，迫使英国将目光聚焦到廉价而丰富的煤炭资源，成为推动英国能源体系更迭的直接动因。

### 2. 煤炭登场

英国的煤炭资源储量巨大，在英格兰东北部地区、南威尔士和苏格兰中部，分布着众多煤田。12世纪末，煤炭逐渐进入英国人的日常生活，并成为一种商品进行贸易，这被认为是英国煤炭业的开端。到13世纪末，煤的开采已经成为国家的普遍活动，许多大中城市煤炭消费量增长迅速。

由于煤炭燃烧过程会产生呛人的烟雾和异味，13世纪的英国人并不喜欢在家中燃煤。铁匠、造酒工、染色工以及其他需要燃料的作坊大量使用煤炭，导致城市空气质量恶化，引起贵族、高级教士和民众的强烈抗议。1306年，皇家委员会宣布禁止工匠们使用煤炭，要求工匠们使用一贯利用的燃料，并于1307年进一步制定了制裁措施。[①]1347年黑死病肆虐欧洲期间，人们把煤与疾病联系到了一起：比如以结节溃烂为症状的"炭疽热"，在希腊语中就是"煤"的意思；很多作家使用"死亡像黑色的烟幕一样向我们逼近"这类的比喻，将燃烧煤产生的"黑色烟幕"与疾病、死亡联想到一起。

进入16世纪中期以后，随着人口的增长和工业的发展，木材需求急速增加，引致木材危机。为应对木材危机，煤炭开始在生产和生活中发挥重要作用，并成为英国能源消费结构中的第一大能源。英国大都市的居民越来越多地使用煤取代木材采暖，居民用煤成了17世纪城市中最明显，但并非最重要的烟雾来源。[②]英国皇家学会创始人之一约翰·伊夫林在1661年写道："有一

---

① Rober L. Galloway. A History of Coal Mining in Great Britain［M］. Macmillan Publishers Ltd., 1882.

② Cavert W M. The smoke of London：energy and environment in the early modern city［M］. Cambridge University Press，2016.

天，当我在怀特霍尔的陛下宫殿散步时，……放肆的烟雾……这样入侵了王宫……人们几乎不能互相辨认。"[①]伊丽莎白女王和詹姆斯一世国王曾多次采取行动规范和限制煤炭带来的烟雾。1586年，伊丽莎白女王对以煤为燃料酿酒所产生的烟及气味感到非常的不快和苦恼，[②]以至于酿酒公司承诺在威斯敏斯特宫附近的酿酒场使用木材作为燃料。

约翰·伊夫林在其经典著作《驱散烟气》中写道："伦敦之所以如同地狱般被令人厌恶的海煤[③]烟气所笼罩，是因为酿酒工厂、大染坊、石灰窑、煮盐工厂、肥皂制造工厂以及其他私人作坊。这些工厂任意一个烟囱排放的烟气比所有居民烟囱排放的烟气都要多。""人口学之父"约翰·格兰特指出："在英国，每50人中只有1人死亡；而在伦敦，每32人中就有1人死亡，超过了死于瘟疫的人数……造成这种情况的原因是伦敦太拥挤，海煤烧得频繁……许多人根本无法忍受伦敦的烟雾，不仅因为它令人不快，而且因为它会导致窒息。"

但是历史发展已经证明，煤炭并没有因为其自身的浓烟及其恶臭的缺陷被历史抛弃，也没有因为当政者一纸又一纸禁令停止发展的脚步，恰恰相反，煤炭很快成为时代的宠儿，为历史的发展进步提供源源不断的能量支持。[④]

# 第二节　煤炭推动英国崛起

煤炭是工业的粮食，也是现代工业经济兴起、发展和延续的重要物质基础。英国通过对煤炭和铁矿的大规模开发利用推动了工业革命。煤炭贯穿着英国政治、经济、技术和科学思想的各个环节，1688年的光荣革命、英国低

---

①　John Evelyn. Fumifugium or, the Inconvenience of the Aer, and Smoke of London Dissipated together with Some Remedies [M]. Rota，1933.

②　Cavert W M. The environmental policy of Charles I: coal smoke and the English monarchy，1624–1640 [J]. Journal of British Studies，2014，53（2）：310–333.

③　英格兰东北部泰恩河畔纽卡斯尔开采的烟煤从北部港口经过海路运输，人们习惯称之为"海煤"（sea—coal）。

④　刘良平. 工业革命时期英国煤炭工业的发展及安全机制 [D].湖南科技大学，2013.

廉的能源价格、手工业的飞速发展以及科学巨匠的指引无疑对英国的崛起起着关键性的作用。

## 1. 乌金世纪

16世纪下半叶，英国的"森林危机"导致木材燃料价格攀升，成为推动英国能源体系转型升级的直接动因。与薪柴相比，煤炭比木材的热值高、体积小、便于运输，生产不受季节限制，价格日趋低廉，逐渐开始在工业中发挥主导作用，并势不可当地成为当时英国的第一大能源。

17—18世纪时，英国煤炭工业的发展远远超过了其他国家，成为世界上最大的煤炭生产国和出口国之一。得益于煤炭的大规模、强劲的竞争和创新，以及英国国内高度发达和稳定的市场经济[1]，英国市场上煤炭的售价全世界最便宜。1560—1800年，英国北部的诺森伯兰和达勒姆煤炭产量增长了66倍。这些地方大部分煤炭的出口都是运往伦敦，伦敦在这时期处于快速发展期，对各种燃料的需求很大。[2]

钢铁对工业革命期间取得的进步至关重要。早期的炼铁工业需要将木炭和铁矿石混合在一起烧制，因此会消耗大量的森林资源。18世纪中期，英国人发明了煤转化为"焦炭"的技术。这种制作焦炭的方法类似于原木烧炭，而在烤制的过程中，化学杂质被去除，因此煤也能够被用来炼铁了。用煤炼制的焦炭以及蒸汽动力在高炉鼓风中的应用，促进了英国钢铁等原材料生产的迅猛发展，摆脱了对昂贵且稀缺的木材的需求，廉价的煤炭最终成为至关重要的工业能源。[3]

1800年前后，英国的煤炭产量已是其他国家总和的两倍以上，在全球煤炭产量中占有举足轻重的地位。英国在18—19世纪初期的工业化进程中，因为拥有庞大的煤炭产业，而且煤田接近地表，靠近水路，煤炭的价格优势明

---

① Brown H P, Hopkins S V. A Perspective of Wages and Prices [M]. London, UK: Routledge, 2013.

② Brown H P, Hopkins S V. A Perspective of Wages and Prices [M]. London, UK: Routledge, 2013.

③ Kirk-Othmer. Encyclopedia of Chemical Technology (4th ed.) [M]. John Wiley & Sons Inc., 1993.

显，大大降低了工业生产成本。特别在矿区附近，煤炭价格更加低廉，英国工厂得到进一步发展，生产能力显著提高。[①]廉价的煤炭成就了英国一个又一个经济奇迹，成为当时英国经济发展的坚强后盾。

低廉能源是成就国家复合发展优势的基础。能源成本优势可以使国家或地区在国际贸易和金融竞争中抢得先机。由此，大宗能源交易货币绑定往往成为国家崛起和本国货币充当国际货币的助推剂。由于蒸汽机发明和煤炭的大量利用，英国成为19世纪全球煤炭、各类制成品和服务的最主要出口国，吸收的世界其他国家的出口总额比重在1863年超过了30%。随后1860—1914年，在世界贸易的商品总额中约40%是以英镑计价和结算的。[②]

自17世纪90年代以来，英镑作为英国国内和海外交易的主要货币，可以自由兑换黄金和其他外汇，在英国的殖民地以及贸易伙伴国广泛使用。英镑在国际贸易和金融中起到了举足轻重的作用，并在19世纪成为世界主要外汇之一。1816年，英国率先通过《金本位制度法案》，19世纪末20世纪初金本位制度在西方国家逐渐得到确认，英镑发展成为世界历史上第一种国际通用货币。英国凭借英镑和金融霸权，在国际金融事务中拥有最大的话语权，拥有金融规则的制定权，既可以此谋取私利，亦可以此打压他国。

由于廉价的能源能够长期保持足量供应，高工资经济模式也就顺理成章地长期维系下来了。[③]英国工人的工资水平比法国工人高1/3，日常开销是一般法国人的3倍以上。整个工业革命期间，名义工资总体上升了，但在1813年左右出现了一个拐点，之后经历了约70年的小幅波动和微弱下降，到19世纪末期才重新达到1813年的水平。[④]到工业革命尾声时，平均水平已经大约是工

---

①　Allen R C. The British industrial revolution in global perspective [ M ]. Cambridge University Press，2009.

②　Deane，P. The first industrial revolution [ M ]. Cambridge University Press，1980.

③　朱世光. 从社会经济环境解读英国工业革命发生的动力 [ J ]. 历史教学（上半月刊），2017（003）：59–62.

④　Clark，Gregory. A Farewell to Alms：A Brief Economic History of the World [ M ]. Princeton University Press，2005.

业革命开始时的2倍。但是名义工资没有涉及物价的变化，还不能从根本上体现实际购买力和生活水平。

衡量个体的经济状况和生活水平时，实际工资水平比工资本身更具有代表性。英国的实际工资在16世纪下降，但后来开始缓慢上升，直到19世纪初民众工资达到了较高的水平。[①]19世纪中期，无论是按人均GDP还是实际工资来衡量，英国的收入都是最高的。彼得·林德特、杰弗理·威廉姆森认为，1819—1851年，所有蓝领工人实际工资增长了80%，整个工人实际工资增长了116%。[②]高水平的工资使得英国大多数人口的生活条件更加优越，有富余的金钱用来支付教育和相关培训的费用，英国人的知识储备和能力水平都有了显著提高，也推动了各种新发明、新技术、新工艺的出现。

### 2. 技术驱动

1623年，英国议会颁布《垄断法规》，规定了发明专利权的主体、客体、专利有效期等[③]，成为世界上第一部正式而完整的专利法，从而促进了有效的知识产权系统的建立。1688年，英国资产阶级和新贵族发动"光荣革命"，推翻了国王詹姆斯二世的统治，确立了君主立宪制，标志着英国资产阶级革命取得了胜利。

18世纪后期，英国通过七年战争（1756—1763年）维持了欧洲大陆均势格局的稳定，摧毁了法国和西班牙的海上力量，夺取了法国在北美大陆和印度的几乎所有殖民地。温斯顿·丘吉尔称七年战争后"英国在欧洲之外成为海上和陆上的主人"。随着英国殖民地的扩张和海外市场的成熟，手工工场的生产能力已经无法支撑日益增长的商品需求。为了应对这一挑战，最早出现迫切需求的纺织业开始革新，以瓦特蒸汽机的改良和广泛使用为标志，英国进

---

① Allen R C. The great divergence in European wages and prices from the Middle Ages to the First World War [J]. Explorations in economic history, 2001, 38 (4): 411–447.

② 赵虹. 英国工业革命中工人的生活标准问题 [J]. 北大史学, 2001 (1): 31.

③ 曹交凤. 第一次工业革命结束前英国的专利制度 [J]. 学理论, 2010 (11): 2.

入了技术变革时代。

早在 1733 年，约翰·凯伊发明了纺织工业中的飞梭，它是一种对旧织机的简单改良。由于其实用性和高效率，很快就在纺织业各部门中普及开来。飞梭的广泛使用造成了纺与织的不平衡，使棉纱变得供不应求，产品的成本大大高于其他制成品，这也刺激了人们去寻找并使用更快的纺纱方法。[1]1764年英国纺织工詹姆斯·哈格里夫斯发明了珍妮纺纱机，经过多次改进后，随着纱数量的增加，纺纱机的效率得到了极大的提高。珍妮纺纱机在各工厂迅速推广，从根本上缓解了一度困扰着英国纺织业的"纱荒"。[2]

随着飞梭、珍妮纺纱机等机器的发明，生产规模得以扩展，分散的家庭作坊、手工工场转向纵向一体化的工厂模式，工厂制这一新兴的要素组织形式由此建立起来。分散型的农村手工业转变为集中型的城市大工业，进一步提升了工业生产效率。然而，工厂的地点却有局限性。18世纪初，风车和水力是唯一使机器运转的动力源，所以早期的工厂都选择靠近河流的地方作为厂址。这种依赖自然界的能源限制了生产。只有制造出能够适应社会工业化需求的能源动力机器，才可能在国际竞争中赢得先机。

早期的煤矿开采工业难以解决排水问题和透水事故的发生。[3]在 13—16 世纪，煤炭工业的初期阶段生产力水平较低，开采方式还未完善，煤矿规模较小，主要以露天矿为主，排水问题并不显著。随着煤矿行业的迅速发展，矿井排水成了当时生产上急需解决的问题。利用地心引力进行排水是一种被广泛采用的方法，能够防止地下水位上涨、减少污染物排放，并且具备简单、可靠、廉价等优点。所以早期的煤矿是开在山上。随着开采深度的增加，人们通过挖掘横向的隧道将矿井水引入附近的山谷。在 1698 年（康熙三十七年），托马斯·塞维利注册了名为"矿工之友"的专利，制造出第一台成功商

① 杨松.近代英国棉纺织业发展研究（1760—1860）[D].陕西师范大学，2016.
② 罗长青.纺纱机的发明与演变 [J].发明与创新（学生版），2007（2）：1.
③ Berg M. The Machinery Question and the Making of Political Economy. Cambridge University Press, 1980.

业化的蒸汽机。这一发明很快就被应用于矿井排水，与最初采用马拉水泵的排水方式相比具有巨大的进步。

尽管塞维利的蒸汽泵解决了矿井排水的问题，但由于抽水高度的限制，这种蒸汽泵在使用过程中并未得到广泛的应用。随着采煤矿井的深入，地下水成了开采深层煤的主要障碍，对深度超过50英尺的矿井而言，仍需要采用其他方法来解决排水问题。[1]18世纪初，托马斯·纽卡门对蒸汽机进行改良，使用大气压力抽水，深层煤矿的排水问题得到有效解决，安全性大幅提升，促进了煤炭工业的良性发展。

纽卡门蒸汽机由于故障率高、笨重、热效率很低，仅适用于煤矿等燃料充足的地方，否则运煤速度无法跟上烧煤速度。詹姆斯·瓦特在系统实验的基础上，精确地计算了气缸的热效能，成功发明了带有分离式冷凝器的蒸汽机，其工作效率是纽卡门蒸汽机的3倍，耗煤量仅为后者的1/4，适用于冶金、铸币、纺织等各种制造业及轮船、火车等交通工具，直到今天也不可被完全替代。蒸汽机的发明和改良带来了举世瞩目的生产革命，推动着当时煤炭开采、矿产利用和其他相关产业的巨大发展。这也促进了人才、教育、技术、科学、制度等各个方面的蓬勃发展，并开启了世界工业化发展的新时代。

从1757年开始，英国的专利申请数量长期呈上升趋势，时间上与工业革命时期非常吻合，专利在很大程度上可以被视为这一时期发明活动的代表。[2]由于生产力增长的主要来源是创新，而创新又依赖于发明[3]，英国开始一步步引领能源革命进而推动了工业革命。

1820—1850年前后，由于英国、法国加来海峡地区和德国鲁尔地区的煤矿陆续被勘探开采，全世界从1830年煤炭消耗量占整个能源消耗量的不到

① Lionel Thomas Caswall Rolt. Thomas Newcomen：The Prehistory of the Steam Engine［M］. David and Charles，1963.

② Sullivan R J. England's "Age of Invention"：The acceleration of patents and patentable invention during the Industrial Revolution［J］. Explorations in Economic history，1989，26（4）：424–452.

③ Sullivan，R. J. The Revolution of Ideas：Widespread Patenting and Invention During the English Industrial Revolution［M］. The Journal of Economic History，1990，50（02）：349–362.

30%，发展到1888年的48%，尔后超过木材使用量，攀升成为主要能源。[①]与此同时蒸汽机真正开始大显神威，带动世界经济、社会产生连锁式飞跃发展。蒸汽机的发明从根本上改变了人类的动力来源和工业生产方式。[②]1850年，煤炭在英国能源消费中的比重高达92%左右，显示了煤炭在当时的能源体系中的重要地位。蒸汽时代和工业革命的到来推动着英国飞速前行，使其在之后的几百年里进一步地超越了其他国家。

英国工业革命是一场从传统手工业向机械化大规模生产的巨大转变，推动了工厂的兴起和英国城市化进程。1801年，英国还只有1/3的人口住在各类城镇，而2万人以上的城镇居民数量仅占全国人口的1/6。到19世纪中期，城镇人口已达全国人口半数，2万人以上城市的居民数量占1/3。英国在世界上首先开始城市化，并最终成为第一个城市化国家。工业化的自身需求，需要有良好的外部条件，对基础设施的要求也越来越高，需要便捷和高效率的交通，使得英国工业与城市良性互动，实现发展。

### 3. 巨匠引领

詹姆斯·瓦特开启了工业革命的大门，开辟了人类利用能源新时代，人类进入"蒸汽时代"。蒸汽机能够把煤炭这种矿物能源燃烧的热量转化为推动机器运转的动力，实现了由化学能到机械能的大规模转化，让煤炭从取暖燃料转变成为机器动力。煤炭生产推动了蒸汽机的诞生，而蒸汽机的发明和改良反过来又促进了煤炭生产和利用，大量地运用到各个工业门类。

瓦特采用的是一种不同于传统凭经验进行生产的方式，将科学融入生产过程中，逐步细化和改进技术，创立了一种科学化的生产模式。瓦特之所以能够采用这种方式进行发明创造，其思想源自他对于生产、技术、科学这三者之间的相互关系的认识。

---

① 史丹，王蕾.能源革命及其对经济发展的作用［J］.产业经济研究，2015（01）：1–8.

② Smil，Vaclav. Energy in world history［M］. Routledge，2019.

图7　詹姆斯·瓦特，绘于1792年，藏于英国国家肖像馆

　　早在瓦特开始研究蒸汽机之前的一个世纪里，欧洲正处于一个科学鼎盛的时期。1687年，英国科学家艾萨克·牛顿发表了《自然哲学的数学原理》，详细阐述了万有引力定律和三大运动定律，被认为是人类智慧史上最伟大的一个成就。牛顿运用万有引力定律和三大运动定律，将地球和其他天体的运动量化计算，实现了精准预测行星位置和运动方式的可能，结束了人类思想中充斥迷信和恐惧的时代，告诉人们自然界存在着可识别的规律。这一认知振奋了人们，促进了科学的发展，铺平了后续科学研究的道路，为工业革命提供了科学的钥匙。

　　比技术革新影响更深刻的是经济社会运行规则的变化。当瓦特和博尔顿对蒸汽发动机进行最后完善时，亚当·斯密正在修订《国富论》。这本经典之作可以视为一种思想动力引擎，推动经济财富不断增长，使得工业革命并非止步于单纯发明机器和制造产品，而是对社会发展产生了真正的革命性影响。亚当·斯密提出的"看不见的手"理论被新兴阶层的代表瓦特和博尔顿所推崇至神圣地位，因为他们从中获得了最大的利益。随着他们在西方议会中占据多数席位，亚当·斯密的理论开始对这些国家的政策产生深刻的影响，从而形成了自由主义经济模式，为工业革命的推进缔造了一个新的经济秩序。

# 第三节　大英帝国发展提速

当煤炭发展成为英国能源消费结构中的第一大能源时，英国煤炭产量与运输量飞速增长。为了高效运输、利用煤炭，英国在工业革命期间建立起了四通八达的海运的运输网络，但不足以满足激增的运输量需求。由于彼时陆路运输路况非常艰难，多在泥地与沼泽中前行，于是英国大力兴建陆上运输网络。

## 1. 运输网络

作为工业发展的重要组成部分，交通运输对制造产品的成本和可用性有着不可忽视的作用，同时也是推动工业革命发展的重要因素。通过建设运输系统网络，制成品、原材料和食品得以快速可靠地运输至各地，其中煤这一重要能源的运输尤为突出。这一运输系统网络主要由运河和铁路构成。18世纪中后期，英国掀起了一股"运河热"，在工业区之间修建运河，开辟了中央工业区。

虽然19世纪的交通状况使英国货物运输更加便捷，但随着新兴制造业城市的快速发展，现有的交通设施已经不能满足其对于庞大原材料的不断增长的需求。为此，工业资本家们开始将目光投向了建设铁路，因为相比于运河边需要马拉平底船来运输货物，铁路可以通过马拉火车车厢实现更高效、更快捷的运输，更有利于支持工业的持续发展。[①]

在铁路早期，马匹作为动力源拉动列车在平滑的铁轨上行驶，使得列车可拉动更多的货物。但随着运量和里程的增加，马匹所提供的动力已经越来

---

① ［美］巴巴拉·弗里兹著，时娜译. 煤的历史［M］. 中信出版社，2005.

越难以满足运输需求。①铁路运输的原理在18世纪末就已经开始使用了，英国的一些矿山使用了铸铁轨道的有轨马拉矿车。蒸汽机的使用还推动了地面上的车辆，真正的突破始于第一条蒸汽机车铁路的修建。

除了采煤层越挖越深外，煤矿主还不得不到离伦敦越来越远的地方寻找新煤矿，增加了煤从矿井口运到水陆码头的成本。蒸汽机既可以把煤从矿井中提出，也用于短距离推动煤车。因此，许多煤矿开采领域的工程师开始探索把蒸汽机应用于铁路的方法。理查德·特里维西克、约翰·布伦金索普、威廉·赫德利等人参与了有关英国铁路发展的试验。其中，最值得一提的是乔治·史蒂芬森，他赢得了"铁路之父"的称号。

1825年，乔治和罗伯特·史蒂芬森父子开通了从"煤都"达灵顿到河岸城镇斯托克顿之间42公里长的铁路。1830年，第一条完全由蒸汽机车带动的公共铁路从利物浦到曼彻斯特开始运营，这标志着"铁路时代"已经到来。在接下来的近一个世纪中，铁路在英国的运输领域占据了主导地位。在1830年，英国只有几十英里的铁路，到1840年就超过4500英里，至1850年超过了2.3万英里，这种快速的铁路发展成为英国工业革命的重要标志之一。铁路的发展刺激了煤、蒸汽机和钢铁的需求。1830—1850年，铁的产量从68万吨增长到225万吨，煤的产量从1500万吨增长到了4900万吨。②

## 2. 世界工厂

英国历史见证了新型生产技术的发展，通过制造发动机来利用新的、潜在的优势能源，改进国内运输方式的推广，普及有效的商业组织形式，加强商品市场和要素市场之间的紧密联系。一系列的变革推动了英国工业革命的进程，让它成为全球工业化浪潮中的关键角色。

---

① Christian W, Blood, Iron and Gold: How the Railways Transformed the World [M]. Public Affairs, 2009.

② ［美］马立博著，夏继果译. 现代世界的起源：全球的、环境的述说，15—21世纪：第三版［M］.商务印书馆，2006.

　　1851年，第一届世界博览会在伦敦隆重召开，预示了工业化生产时代的到来，标志着英国成为全球的制造业和贸易的中心，其市场和帝国也向全球延伸。随着英国大国地位的确立，这种局面一直持续到19世纪晚期。英国成为世界工厂的主要因素在于：一方面，工业革命完成使得英国机器的使用得到了广泛的推广与普及，蒸汽机广泛应用于纺织、钢铁等多个行业，为英国成为世界工业生产第一大国形成了强大的物质基础；另一方面，英国拥有强大的海军和殖民地，从而能够掌控全球贸易和运输，使其在输出世界工业品和先进技术方面处于统治地位。英国向其殖民地输出工业制成品，同时从殖民地获得原材料和廉价劳动力，这种商业模式实现了资本的积累和扩张。因此，英国成为全球主要的工业产品、先进技术与设备供应商，而其他国家则主要充当英国原材料供应商和廉价商品的市场。①

　　工业革命以后，英国经济竞争力大大增强。为了扩大市场，实现高额利润，英国确立了单方面的自由贸易政策，旨在构建以英国为中心的国际分工体系。为了推行自由贸易政策，英国采取武力手段迫使多个国家开放市场，从而形成一个以英国为核心的商业贸易圈，快速扩张成为一个日不落的帝国。

　　在19世纪20年代，尽管英国的制造业已经处于世界领先地位，但英国仍对工业品保持着非常高的关税。②随着英国制造业竞争力的提高，英国制造商为了获得更广阔的国际市场和扩大全球商品交易，对自由贸易的需求逐渐增加。为此，英国开始逐步取消国内的贸易保护主义政策，积极推动对外开放的步伐。

　　1846年英国废除了政府维护土地贵族利益而颁布的《谷物法》，1849年废除了保持近200年的《航海条例》。这些法令的废除在英国近代史上具有划

---

　　①　Cain，P. J. & Hopkins，A. G. British Imperialism：Innovation and Expansion，1688–1914［J］. History Reviews of New Books，1994，22（4）：162–16.

　　②　任继球. 世界工厂的挑战与应对：基于英美制造业的比较研究与启示［J］. 全球化，2021（03）：68–85+135–136.

时代的意义，它标志着自由贸易原则对关税保护主义的胜利①，也标志着工商业资产阶级对土地贵族的胜利。②1848年，英国有1146种应纳关税商品，但到1860年已经下降到只有48种。在1875年，英国完全取消了对制造业进口产品的关税，这意味着所有制造业产品都可以自由进出英国，从而使自由贸易政策得到了巩固。③英国一直沿用自由贸易政策至第一次世界大战爆发，成为美国等国家工业制成品的重要出口市场。④

　　煤炭作为英国得以崛起的基础资源之一，为英国第一次工业革命的成功提供了关键的能源和原材料。煤炭的大规模开采和使用推动了英国工业的快速发展，带来了更高的生产力水平和更广阔的市场。同时，煤炭的应用也推动了英国技术和科学的进步，并为其经济和军事实力的提升奠定了坚实的基础。总之，煤炭作为英国的重要资源，确实功不可没，它促进了英国第一次工业革命的成功，并为英国政治、经济、技术、军事等多个领域的崛起提供了有力的支撑。

①　滕淑娜，吴婷婷，朱新顺. 自由还是保护：19、20世纪英国围绕关税与贸易问题的争论［J］. 聊城大学学报（社会科学版），2024，（02）：141–149.
②　杨桂琴. 十九世纪后半期英国出版物研究［D］.北京印刷学院，2013.
③　张云宜. 十九世纪上半叶英国的自由贸易运动［J］. 史学月刊，1984，（04）：89–94.
④　任继球. 世界工厂的挑战与应对：基于英美制造业的比较研究与启示［J］. 全球化，2021（03）：68–85+135–136.

# 第六章
## 被贫煤扼住咽喉的高卢雄鸡

随着全球范围内工业化的加速推进，世界各国对能源的需求也日益增大。煤炭作为主要能源之一，成了各国争夺的焦点。在英国蒸蒸日上、形成"世界工厂"之时，法国面临着煤炭资源短缺的困境。煤炭资源的短缺使法国在工业化进程中处于不利地位，也间接影响了法国经济、社会、军事和科技的发展，并在与英国的博弈中渐落下风。

## 第一节　荣光不再——发展滞缓的法兰西

产品、交通和市场是工业革命时期影响国家经济水平提升的三个要素。工业化产品只有通过交通运输在市场上完成交易，才能够实现整个工业流程的闭环，实现资本积累。第一次工业革命时期，产品的生产效率决定了生产数量，而生产效率提升的关键就是通过蒸汽机的发明与使用实现动力革命。在交通运输领域，运输工具的成本、速度、载货量、便捷程度成为衡量运输工具的主要标准，铁路的产生与发展决定了一个国家工业化的程度与水平。产品的销售是产品生产的最终目的和归宿，只有拥有广阔的国内外销售市场，借助便捷的交通工具实现对产品的倾销，才能实现资本的积累。而作为动力来源的煤炭，是第一次工业革命中影响产品、交通、市场的关键因素。

### 1. 煤炭缺乏

法国作为欧洲农业强国，积累了雄厚的实力，长期与一衣带水的英国明争暗斗。英国工业革命开始后，法国虽然进行效仿，但囿于政治、经济、资源等多种因素的影响，工业化进程波折且缓慢，逐渐与曾经并驾齐驱的英国拉开了差距。在阻碍法国工业化进程的诸多因素中，煤炭资源的短缺扮演了重要角色。法国地域辽阔、土地肥沃，气候温和、雨量适中，农业和畜牧业发展条件优良，但对工业发展而言更重要的矿产资源则较差。

由于法国的煤矿少、煤层深，主要产煤地离铁矿和工业中心比较远，导致其煤炭开采费用和运输成本居高不下。19世纪40年代，法国圣大田煤矿的当地煤炭售价为每吨15法郎，这些煤运到巴黎后价格就上涨到了每吨40~59法郎，推高了工业用煤的成本，妨碍了工业的发展。[1]

法国的煤产量从1815年的90万吨增加到1913年的3990万吨，而同期英国的煤产量从1620万吨增加到2.75亿多吨，德国从120万吨增加到2.47亿多吨。而且法国煤的储量较小，品质较低，能够用于炼焦的煤资源更少。法国为支撑工业化发展，需要长期从国外进口煤炭。1820年，法国煤炭进口量占消费总量的20%。此后40年间进口煤炭占比持续上升，1860年高达41.83%。1870—1890年，法国进口煤炭所占比例虽然有所下降，但仍然保持在较高水平。由于煤炭资源禀赋不佳，法国进入蒸汽时代的速度受到限制，在大国竞争中失去先机。

表4　1789—1870年法国煤炭的生产量、消费量和进口量

| 年份 | 生产量（万吨） | 消费量（万吨） | 进口量（万吨） | 进口量在消费量中的占比（%） |
|------|------|------|------|------|
| 1789 | 23.0 | 45.0 | — | — |
| 1815 | 88.2 | 110.0 | — | — |
| 1820 | 109.4 | 130.0 | — | — |
| 1827 | 169.1 | 222.6 | 54.0 | 24.26 |
| 1830 | 186.3 | 249.4 | 63.1 | 25.30 |
| 1840 | 300.0 | 425.7 | 125.7 | 29.52 |
| 1850 | 443.4 | 722.5 | 279.1 | 38.62 |
| 1860 | 830.0 | 1427.0 | 597.0 | 41.83 |
| 1870 | 1333.0 | 2143.2 | 830.4 | 38.74 |

[1] Colin Heywood. The development of th French economy (1750–1914), Cambridge University Press, 1992：24.

## 2. 工业变革

法国是个有着优秀传统手工业的国家。在法国大革命爆发前，手工工场就十分发达，丝、毛、麻等纺织品以及花边、绦带、服装、首饰、器皿、地毯、瓷器、精美家具等奢侈品行业为国家创造了大量财富。当时的生产方式主要围绕家庭式作坊展开，人们借助风力畜力和简单的工具进行生产，这种生产方式效率低、成本高。随着蒸汽机和各种工具的普及，传统的生产方式也随之改变，机器化、大规模的工厂制度逐渐取代了小规模、手工业的生产，工人的分工也不断细化，工人之间的配合协作使得大规模流水线式作业成为可能。但钢铁、冶金等重工业的资源消耗大、能源要求高、工序烦琐且技术门槛高，必须以大工厂生产方式为依托。

在机器使用上，法国拥有的蒸汽机数量虽然有所增加，但增幅不大。1815年法国拥有蒸汽机约200台，1832年仅达到525台，1848年达到4850台，且主要集中在纺织业。纺织业在法国工业中仍占绝对优势，纺织机器的使用提高了劳动生产率，1816年平均每台纺机每天可纺2公斤棉花，1847年增至14公斤，但纺织业机械化水平仍普遍较低，1846年，法国纺织机器的总数为3.1万台。法国有企业逾50万家，可是使用蒸汽或电气动力的企业却很少，绝大多数企业不使用机械动力，即便使用机械动力，其马力数也是小得可怜。

工业革命发展最显著的表现是工业产量增速。据统计，法国工业的年增长率在1815—1820年为3.74%，1820—1825年为3.05%，但从1825—1830年增速放缓，仅为1.46%。在七月王朝时期，工业增长率又回升，1830—1835年为3.36%，1835—1840年为3.07%，1840—1845年为3.36%，在这以后则陷入经济危机。法国由于煤炭资源缺乏、动力来源不足，无法支撑大工厂生产，不像英国那样有一个明显飞跃的阶段，而是一个渐进的过程。

法国的煤炭资源缺乏导致其需要进口大量煤炭支撑冶金、铸造业等行业发展，但是随着工业革命的深入推进，即便依靠进口也很难满足工业发展对煤炭的需求，因此法国铸造业在很大程度上仍要依靠木炭，这就导致了法国的铸铁质量和数量与英国相比劣势明显。自1815年起法国开始引进英国的焦炭炼铁法、蒸汽鼓风法、搅炼法等新技术，使用焦炭的高炉逐渐替代使用木炭的高炉。但冶金业整体水平还较低，1847年的钢产量仅为1.3万吨。至1850年，法国的铸铁仍有很大一部分依靠木炭进行生产。

表5　1819—1870年法国冶金业的高炉数量和铸铁产量[1]

| 年份 | 高炉数量（个） | | 铸铁产量（吨） | |
|---|---|---|---|---|
| | 使用木炭的高炉 | 使用焦炭的高炉 | 使用木炭生产的铸铁 | 使用焦炭生产的铸铁 |
| 1819 | — | — | 110500 | 2000 |
| 1825 | 379 | 14 | 194166 | 4000 |
| 1830 | 379 | 29 | 239257 | 27300 |
| 1835 | 410 | 28 | 241484 | 48314 |
| 1840 | 421 | 41 | 270710 | 70063 |
| 1845 | 353 | 79 | 246400 | 137000 |
| 1850 | — | — | 229400 | 176000 |
| 1860 | 282 | 113 | 316000 | 582000 |
| 1870 | 91 | 142 | 1178000 | |

　　1812年，法国的生铁产量仅为10万吨左右。1821—1847年，法国的生铁产量从20万吨增至59万吨，增长近2倍。同期英国生铁产量从1821年的40万吨猛增至1847年的200万吨，增长4倍。由于法国生铁产量较低，不能满足国内铁路修建的需求，因此，直至19世纪中叶，法国还需要从英国进口铁轨。1840年，法国铁路总里程仅有400公里，而英国已达2000公里，美国则高达5000公里。[2]法国没有形成规模化铁路运输网络，交通运输主要依靠公路和运河。

　　在政府的大力支持下，至1848年，法国已经拥有3.4万公里的国家公路和3200公里的运河。[3]虽然水路运输一定程度弥补了铁路运力的不足，但是铁路运输的运程、运力、运速和成本远非水路运输可以比拟，导致法国煤炭运输

　　① ［意］卡洛·M·奇拉波主编，王铁生等译. 欧洲经济史·第四卷上册·工业社会的兴起［M］. 商务印书馆，1989：46.
　　② 沈坚. 近代法国工业化新论［M］. 中国社会科学出版社，1999：153.
　　③ 楼均信. 试论法国的工业近代化［J］. 杭州大学学报（哲学社会科学版），1991（03）：99–109.

成本达到煤炭开采成本的2~3倍。1830年前后，法国国内产地的煤价为每吨15法郎，经卢瓦尔河运抵米卢斯后提高到每吨45~55法郎。[①] 由于煤炭资源的劣势，法国在与其他资本主义强国的竞争中处于劣势。

### 3. 英法争霸

工业化大幅提升生产效率，从而导致产品数量呈现指数增长趋势。但要将生产优势转化为价值实现，就必须实现商品的大规模有效倾销，而倾销市场则为其中的关键。在工业革命起步阶段，谁能占领市场，谁就能获得产品销售的先机。对大规模产品销售而言，国内市场极易出现饱和，无法持续满足商品倾销的需要。因此，对处于工业化进程中的国家而言，争夺国际市场就成为快速实现资本积累的关键。

在第一次工业革命时期，争夺海外市场的主要方式是抢占殖民地。16世纪，法国国王资助的航海家乔瓦尼·达·韦拉扎诺和雅克·卡蒂亚开拓了欧洲跨过大西洋直达北美洲的航线，由此揭开了法兰西海外殖民地扩张的序幕，对外贸易的重点也由地中海转移到大西洋。17世纪，法国在美洲建立了加拿大和路易斯安那两个殖民地，在印度沿海建立了本地治里、昌达那加等贸易站，在西印度群岛夺取马提尼克及瓜德罗普两个岛屿，在非洲侵略马达加斯加、占领戈雷及塞内加尔河口，法国建立了庞大的殖民帝国，触角遍及新旧大陆。

在法国殖民扩张过程中，英法两国之间针对殖民地的抢夺日趋白热化，乃至四次兵戎相见：奥格斯堡同盟战争（1689—1697年）、西班牙王位继承战争（1702—1713年）、奥地利王位继承战争（1740—1748年）及七年战争（1756—1763年）。这些殖民地战争由海战主导，强大的舰队成为决定战争成败的关键因素。

---

① ［意］卡洛·M·奇拉波主编，王铁生等译.欧洲经济史·第四卷上册·工业社会的兴起［M］.商务印书馆，1989：42.

图8 英法战争中法国军舰"复仇者号"沉没①

17世纪，英国煤炭开采有大幅增长，产量从1550年的200万吨增至1700年的300万吨，②煤作为燃料广泛地应用在各种工业部门，这个时期的大炮、火药、硝石、明矾及盐的生产也有显著的进步。而法国由于煤炭资源短缺，工业化尤其是重工业的发展滞后于英国，导致战舰配备的火炮质量、火炮射速不及英国海军，舰艇缺乏战时稳定的煤炭动力供应，舰队的战斗力与英国相比稍显逊色。尽管英法两国在工业产量方面相近，但法国人口是英国人口的3倍以上，且法国工业热衷于生产奢侈品，而英国工业生产则以纺织品及金属制品为主，英国工业的发展，既有利于建设强大的海军，也有利于成为对法战争的强大经济后盾。

英法战争使得法国海军的损失巨大。七年战争后，法国虽然被允许保留其在印度洋沿岸的几个贸易站，但是不能在印度维持军队，法国在印度的势力几

---

① 图片来源：https://www.loc.gov/pictures/resource/cph.3f06488/
② 刘祚昌，王觉非.世界史·近代史编（上卷）[M].高等教育出版社，2001：253.

乎全部被英国排挤出去；在北美，法国只剩下纽芬兰沿岸两个小岛及西印度几个岛屿；在南美，法国只保留圭亚那这个据点，英国则夺取了整个圣劳伦斯河流域及密西西比河以东的广大土地以及格林纳达岛。至此，英国的殖民地遍布全球，成为名副其实的"日不落帝国"，正式取代了法国的海上霸主地位。

## 第二节　为煤炭而战

在步入工业社会后，各国对支撑本国工业化发展的能源需求越来越大，当本国拥有的资源无法持续满足工业化发展需求时，各国之间很可能会爆发以争夺能源为核心诉求的战争。法国一向是以军事能力著称的国家，在长期封建统治中，其依靠强大的军事能力取得了一系列战争的胜利，不断扩大自身版图和殖民地。能源既是法国进行战争的重要导火索，也是决定战争成败的关键因素。

### 1. 战争之源

19世纪50年代是法兰西第二帝国的极盛时期，拿破仑三世统治下的法兰西为了开辟新的市场，对外疯狂地实行掠夺扩张政策，一面出兵突尼斯，一面又把触手伸向了亚洲。亚洲中南半岛的越南、老挝、柬埔寨三国蕴藏有丰富的矿产资源，极具战略地位。越南是东南亚第三大矿物生产国，煤炭资源储量多、品质高。"越南国内，除广宁省外，北太省太原、河南宁省儒关、谅山省禄平以及红河上游沿岸地区均有煤，总储量达220亿吨。"[①] 法国控制了越南，也就控制了越南的煤炭等资源输出，并拥有了入侵中国南部的"跳板"。

18世纪下半叶，法国在北美和印度的殖民势力被英国排挤出局后，控制越南就成了法国向东方扩张的首要目标。法国国王路易十六根据在越南等地传教的百多禄主教[②] 的奏议，制订了变越南为法国殖民地的"法兰西东方帝

---

① 汤玉华. 东南亚煤炭资源分布、煤质评价及其应用 [J]. 建材世界，2011，32（4）：5.

② 百多禄是皮埃尔·约瑟夫·乔治·皮诺在越南时使用的名字，常以皮诺·德·贝尔内（Pigneau de Béhaine）或皮埃尔·皮诺克斯（Pierre Pigneaux）的名字出现在西方文献中。

国"的计划，企图通过侵占越南抵制英国在亚洲的商务优势，开辟一条通向中国西南和中部的侵略道路。

法国于1858年9月1日炮轰岘港，挑起战争。翌年2月，法西联军主力南下，攻占西贡，1862年6月，法国强迫越南签订了《西贡条约》，割让边和省、嘉定省、定祥省和昆仑岛，开放岘港、大叻港、广安港，赔款白银288万两，并给予法国自由传教与通商的特权。1867年6月，法军又侵占永隆、安江、河仙3省。至此，越南南部领土全部沦陷。随后法国在1873年和1882年又两次入侵越南，在越南建立法属印度支那殖民地。在法属印度支那殖民地建立之初，法国投资位于越南北部的鸿基煤矿，大量的煤在海防港向外输出，支持了法国工业化的能源需求。

1870年，在法国和普鲁士之间爆发的普法战争。法国战败后，被迫与普鲁士签订和约，赔款50亿法郎，加上战争损失，总计资金损失达200亿法郎，致使经济发展资本投入严重失血；同时，法国割让煤铁矿蕴藏丰富的阿尔萨斯和洛林，使经济发展所需资源严重缺乏；再加上赔款付清以前，德国占领法国北方6省，使法国国内市场进一步缩小。所有这些，使工业资源本就不丰富的法国雪上加霜，极大地延缓了法国经济的发展，使法国第二次工业革命进展缓慢。

## 2. 战力比拼

快速投送兵力、保障后勤补给对整个战场运转支撑、作战体系整体功能发挥、作战效能精准释放的作用凸显。在第一次工业革命前，大多数士兵需要靠肩膀扛负作战所需物品，徒步奔赴战场，无论是进攻战还是防御战。这种行进方式严重限制了部队的行动范围和耐力，并且长途跋涉对士兵的体力有着极大的消耗。

随着工业革命的推进，铁路的发明有效解决了士兵和给养运输的问题，铁路的机动性、灵活性、高效性能够将士兵和给养点对点精准高效输送，并且有效节省了士兵的体力精力，使其运输到前线后即刻能够投入战斗。工业革命后，欧洲各国意识到铁路对于战争胜利的重大意义，纷纷加强铁路系统的构建。1860年，普鲁士全国铁路的一半都被收归国有，20年后更是全部被收归国有，"1866年，普鲁士每天动用12列火车运兵，一个星期内就把近卫军团从柏林部署到普奥边界前线"[①]。而法国在同一时期由于缺乏优质的煤炭和铁矿资源，钢铁行业进展迟缓，铁路铺设缓慢，这直接导致其在1870年的普法战争中由于铁路网不够发达，在战争中增兵和补给不力，最终不敌普鲁士而战败。

历史上英法两国长期争斗，因此法国需要建设强大的海军，以应对海上劲敌英国。舰艇是海上作战的重要工具，而制造一艘舰艇所耗费的成本巨大。大多数军舰的原材料是钢铁，一艘军舰往往需要成千上万吨钢铁才能打造而成。因此，要实现舰艇的迅速扩充，提升海军战斗力，必须以强大的钢铁产业作为支撑。而对工业资源匮乏的法国而言，本国煤炭的数量和质量无法为冶炼优质钢材提供有力的支撑，这就导致其在军舰制造方面处于劣势。1870年法国海军拥有铁甲舰58艘，其余的如铁肋木壳、铁皮、纯木质舰艇有95艘。同一时期，英国已拥有200余艘先进的蒸汽动力舰船，总吨位达60万吨。到19世纪末，法国海军实力始终排在英国之后，占据世界第二的位置。直到第一次世界大战爆发前的1912年，法国海军共有大小军舰315艘，总吨位94万吨，海军人员5万余人。而此时德国海军总吨位已达到115万吨，美国海军总吨位也达到100.9万吨，法国海军实力已从世界第二跌至第四。

# 第三节　不甘落后，技术赶追

在英国引领第一次工业革命后，英国的崛起激发了法国深入探究的兴趣，法国开启了基于英国工业革命成功经验的研究。法国通过对比自身资源禀赋，认识到煤炭是制约法国工业化进程的重要因素。在此基础上，法国在科技层面推进理论与产业融合的研究，意图通过科技创新突破工业发展的桎梏。

---

① ［英］约翰·基根. 战争史［M］. 中信出版社，2018：378.

### 1. 贸易暗战

工业革命期间，法国人在重化工行业颇有建树，诸多化工产品的生产具有非常强的竞争力，较好地将产业技术进步和科学理论研究结合了起来。法国试图通过引进英制机器、吸引专业人才、雇用外国工人等途径，应对来自英国的挑战。通过不同政策和手段，英国制造的各种工业机械进入法国境内。政府鼓励重要产业领域的技术人才到法国工作和移民，放松外国人在法国境内兴办企业的限制，以吸收新进的专业技能、技术发明。同时，法国通过调整本国产业政策，加强中央政府财力，建立有利于国家发展的良好环境。以上政策和措施以对英国工业发展模式的理解为基础，旨在提升法国产业和商业竞争力，从而应对来自英国的挑战。

美国独立战争结束后，法英两国于1786年9月签署《伊甸条约》，相互承认对方最惠国地位，大幅降低双边关税。1788—1789年，法国各地涌现出不少新的、先进的纺织机器，棉纺等行业的机械化程度有了相应提升。法国产业界对《伊甸条约》中一些有针对性的条款感到不满，法国政府对此做出迅速回应，采取提高某些英国纺织品的税率、严格执行缉私等措施，通过合法的行动消除贸易上的不公平，使这些措施转变为具有长效的政策。

《伊甸条约》使纺织等行业受到强烈冲击，但也给敢于迎接挑战的地方政府、企业家带来历史机遇。一些企业家从英国引进技术和人才，地方政府和个人提供配套资金，购买英国先进技术设备，配备给地方企业。地方机构采纳中央政府首先推行的政策，促进技术和科技知识在国内扩散，对于推动技术转移的英国企业家，法国地方政府给予津贴。

面对英国技术的挑战，法国地方精英表现活跃。从18世纪60年代中期开始，法国亚眠商会主席摩根就从英国购入珍妮纺纱机并雇用技术工人生产棉绒产品。18世纪80年代末，摩根又招收多批英国工人，帮助建造机器，培训法国技工。他的工厂在法国最早拥有骡机，产品质量可与英国货媲美，随后他又建造了水力飞梭。亚眠地方政府机构提供资金，推动技术共享，促进技能传播。来自皮卡迪大区的企业家向亚眠学习，有效推动了当地的纺织机械化。亚眠的情况构成了一个缩影，类似情况在上诺曼底等法国其他地区也普遍存在。

## 2. 技术追赶

第一次工业革命的关键技术是以煤和铁为基础的，由于法国煤资源缺乏，关于煤和蒸汽的技术显然不会出自法国，而且当这些技术要在法国推广时，必然也受到煤的数量和价格的制约。为了弥补上述缺陷，应对自然资源不足的挑战，法国形成了自己独特的技术体系。

法国在能源替代方面独具特色。法国在发展蒸汽动力的同时，积极开发其他动力，以"换道超车"的方式弥补蒸汽动力上的差距。水力是较为古老的动力，但法国人通过技术改造，使它获得新生。1832年，斯特法努瓦·弗尔内隆对水轮进行改进，发明了一种离心式的涡轮，叶片经过科学精密计算，减少了对水能的浪费，平均提高效率70%。1840年，封丹发明了一个平行转动的涡轮，可以被水从下部冲动，扩大了水力的工业运用范围。另一个方面的改进是增加水的落差，以此提高水的冲力。[①]法国的水动力并没有因为蒸汽动力的使用而退出历史舞台，甚至在一定程度上弥补了热动力的不足。

其次是冶炼行业技术发展。法国各地区情况不同，所用的铁矿质量存在差别，各地的炼铁法都是因地制宜的，木炭炼铁经过当地长期摸索已成为一项成熟的技术，引进英国煤炭炼铁则必然需要长期试验才能达到原来的质量要求。法国有些企业甚至因为原封不动地引进英国炼铁技术而一度破产。到1850年，法国用焦炭冶炼的铁仅占总产量的46%。大部分工程师认为用木炭炼出来的铁才是高质量的。但在1850年后，发展速度突然加快，到1864年，煤炭炼铁的比重达到90%。[②]此后在冶金方面采用新技术的速度大为加快，1856年贝塞麦炼钢法被

---

① ［法］布罗代尔，［法］拉布鲁斯.法国社会经济史（第三卷）［M］.法国大学出版社，1982：491–492.

② ［法］阿兰·贝尔特朗，［法］帕斯卡尔·格里赛.1815—1914年法国的经济增长［M］.商务印书馆，1965.

发明，1861年就引入法国并迅速普及。随后，法国工程师皮埃尔·马丁将德国西门子兄弟所发明的储热器加以改进发明了马丁炉，创造了平炉炼钢技术。19世纪80年代初，托马斯炼钢法使洛林高磷铁矿高效应用，造成法国冶炼中心的转移。

在大力发展冶炼行业技术的同时，法国加快发展铁路交通。铁路经营者从最新技术的采用上寻找出路，1860—1870年，采用优质钢轨、电信号系统和电照明系统、复式火车头、连续制动、转向架等先进技术。因此，第一次工业革命在核心行业发展的迟滞反而激发法国人进行科技创新的动力和激情。通过探索工业发展规律，法国实现了工业核心领域的技术突破和转型，一定程度上弥补了资源的劣势和短板。

## 第四节　步履蹒跚迈向现代社会

能源革命助推了第一次工业革命，煤炭的广泛使用成为推动生产变革的核心动力，而生产的变革又与社会各方面紧密相连，进而推动了社会的快速转型发展。法国由于缺少丰富的煤炭资源，导致工业革命中丧失先机，延缓工业化进程，而这对于法国社会带来一系列的连锁反应，不仅减缓了城市化发展、带来人口规模的缩小，还间接影响了法国工人运动的广泛深入开展。

### 1. 城市化滞后

城市化是衡量一个国家现代化的重要标志，是国家工业化发展程度的重要体现。纵观包括法国在内的欧洲近代史，欧洲国家的城市化一般是由工业化推进的，换言之，国家工业化的过程同时也就是城市化的过程。而在工业化对城市化推进中最重要的因素就是劳动密集型产业的发展，这种产业需要大量劳动力作为支撑，由此劳动密集型产业发展程度高的地区，对人的需求程度也较高，当既有城市人口无法满足生产需要时就需吸纳广大乡村地区人口。而围绕劳动密集型产业的人口规模，逐渐其周边就会出现一系列配套基础设施及一系列服务，在这种地区更容易出现城市化雏形。

19世纪是法国工业化快速发展的时期，同时也是法国的城市化和城镇建设开始进入高速发展阶段的时期。在此之前，法国基本上还是一个农业国，作为第一产业的农业是国民经济的主要基础，而农业生产方式在从15世纪末到18世纪初的200多年里，均是以粮食种植占统治地位的混合种植为主，几乎没有发生过什么变化。有学者甚至认为，"大约在1500年确定耕地的田地和使用的森林以及在此后若干年逐渐稳定下来的所有的村庄，甚至到18世纪末叶仍几乎保持原状。"与之相应，农村在城乡格局中也一直占据着主要地位。

尽管中央政府设在首都巴黎，各省权力机构所在地也都设在城市，但权力的基础却根植于乡村，大部分出身贵族的议员即使生活在城市里，但其资金基础仍在农村。加之城市的经济力量弱小，还不足以影响乡村，因而实际上仍然是农村主导、制约城市，这时期法国的城市具有中世纪城市的特点，其政治意义大于经济意义，对乡村的影响力极为有限。例如，虽然农民进城务工的现象早就存在，但由于农村社会传统结构仍较为健全，因而一直到19世纪初，农民即便进城务工也基本上是季节性或暂时性的，一旦需要便可再度返回农村安身。

在工业革命带动下，城市化的出现与发展构成了19世纪中后期法国的一大重要社会现象。第一次工业革命后，随着蒸汽机的发明和煤炭的使用，冶金等一系列重工业得到快速发展，其带来的人口集聚效应也不断加强，从而推动城市化的快速发展。随着城市化进程的演进，城市人口迅速增长，城市规模急剧扩大。

1811—1821年，法国的城市数量由422个增至455个，城市人口从420万增至459万[①]，增速缓慢。1830—1840年，随着工业增长速度的加快和交通运输条件的改善，大量农村人口流入城市，推动了法国城市化进程。然而，法国由于煤炭、铁矿等资源的缺乏，导致在重工业行业存在先天的劣势，工业化的速度和规模都逐渐与他国拉开差距，从而导致城市化进程的滞缓。虽然这一时期法国的城市化取得不俗成就，但从总体上看，与英国和德国相比，

① 陈恒.西方城市史学［M］.商务印书馆，2017.

法国的城市化进程缓慢。1840年，英国城市人口比例已达48.3%，而法国1870年城市人口仅占25%。因此，由于煤炭资源处于劣势的原因，导致工业化发展滞缓，从而使法国工业化进程进展缓慢。

## 2. 人口萎缩

人口是衡量国力的一个极其重要的标志，也是成为超级大国的一个重要指标。法国是世界上最早出现人口危机的国家。19世纪以前，法国长期在欧洲保持着人口和领土面积优势。凭借着法国优厚的地理环境，气候条件，在农业时代使得法国得以滋养众多人口，保持人口优势。

在1300年，法国人口1600万，英格兰只有区区350万人，英法两国的人口差距使得英国始终无法在英法百年战争中取胜，吞并整个法国。在1700年，也就是法国太阳王路易十四时期，法国人口超过了2150万，英国则仅有545万人，德国境内1410万人，地大物博的俄国也仅有1300万人，法国当时占到了欧洲总人口的1/3。到法国拿破仑时期，欧洲每6个人中就有1个法国人，法国依然保持着明显的人口优势。

法国长期得天独厚的人口优势，造就了19世纪前法国长期的辉煌和荣耀，使得法国长期拥有比邻国更多的常备军。太阳王路易十四时期，拥有40万常备军，足足是英国的6倍，占全欧洲常备军数量的1/3。正因如此，太阳王能多次发动大规模战争，称霸欧陆。拿破仑时期，在扫荡欧洲的过程中，拿破仑自己也坚信人口增长对国家昌盛极其重要的作用，采取许多措施鼓励人口增长。然而，法国在拿破仑战争后，人口却出现了停滞。在1850年，德意志诸邦的人口基本与法国持平，但20年后普法战争时，德国人口已增长至4100万，而法国只有3600万人。

整个19世纪，法国人口增长一直低迷。第一次世界大战前夕，德国人口已经达到6690万，而法国只有4000万人，仅仅增长400万人。法国彻底丧失了人口优势，也让国势发生改变，这也是法国普法战争失败，并导致欧洲大陆霸主地位易位给德国的重要原因。

### 3. 工人觉醒

随着工业革命的展开，法国工人的数量不断增加，阶级意识开始增强，但是，由于法国工业革命的展开是渐进式的，无产阶级内部成分也较为复杂。由于新旧经济形式并存，既有现代化工厂，也有旧式的手工业企业，所以，在无产阶级内部有手工业者，也有手工业企业的雇工和工厂工人。

手工业者和工厂工人在行为和思想上有很大区别，许多手工业者受过教育，他们关心自身的教育和孩子的教育，生活态度严谨。在法国工人中，这部分人占大多数。同时还存在地域上的差别，在布列塔尼和南方大多数地区没有大工矿企业，所以工业无产阶级的力量就较弱。无产阶级力量发展不均衡，导致工会的建立与发展存在地域上的差异，无法使劳工权益惠及全体劳动者。并且这种差异导致劳工在思想上的不统一，这使得法国劳工运动在很长一段时间内都分散为多个小团体，人与人之间的敌对让这些团体无法团结一致。

迫于第二国际及其主席埃米尔·王得威尔德的压力，"法国社会党"同"法兰西社会党"在1905年合并成立了"统一社会党"，取名为"工人国际法国支部"，成为第二国际在法国的分部。而英国作为工业革命的先驱，工人阶级队伍快速成长成熟，在17世纪末就出现了工会组织，并在工业革命后快速发展壮大，到19世纪工会势力尤其壮大，成千上万的人成为会员，在每个英国家庭历史中，至少可以找到一个活跃的工会会员。

因此，在19世纪，法国劳工力量的分散导致了劳工运动中力量的分散化，这是一段时期内劳工运动没能取得最终胜利的因素之一。例如，1831年与1834年，里昂发生了两次规模很大的起义。里昂是法国有名的丝织业城市，丝织工人约有3万人。1826年发生了剧烈的丝织业恐慌，丝织业资本家便借故降低工人本来就很微薄的工资。1831年，里昂工人极力要求增加工资，劳资双方订立了一个工资协定，但不久后资本家就违反协定，不履行协定。1831年11月21日，为了抗议资本家破坏工资协定，里昂工人宣布罢工，进而演变成武装起义，占领了里昂全城有10天之久。

因当时工人缺乏组织，不善于利用自己的胜利果实，没有把政权掌握在自己手中，只是建立一个参谋部来监视地方长官的行动，结果起义在12月被由巴黎调来的政府军镇压下去了。1834年，里昂工人又发生了第二次暴动，引发这次暴动的原因是1833年年末到1834年年初，里昂的丝织业又发生了新的恐慌。在这种情况下，资本家打算降低工人工资，于是工人又以罢工相抗，然而最终仍旧难以逃脱失败的命运。劳工运动的失败是多种政治经济社会因素综合作用的结果，但是由于工业化发展不均衡导致的劳工力量分散使其在劳工运动时无法迅速凝结成巨大合力，这成为法国工人阶级队伍成长的阻碍因素。

# 第七章

# 殖民地上诞生的美利坚

在哥伦布踏上美洲大地之前，印第安人早已在这块土地上繁衍生息逾万年。随着欧洲殖民者的到来，在北美大西洋沿岸建立了13个英属殖民地。美国独立战争后，统一的国家、稳定的政治环境，为美国工业的发展奠定了基础，而美国的自然环境和资源矿产条件则为工业革命创造了良好的温床。共享着欧洲工业革命的成果，美国很快就开启了工业化进程。得益于煤炭的开采和利用，蒸汽机在美国得到了改良与进步，美国的国力在能源、工业、经济的循环促进中日益增长。

## 第一节　殖民地时期的历史条件

自哥伦布发现美洲新大陆后，欧洲殖民者开始对美洲原住民进行血腥的征服与奴役。伴随着原住民的悲惨命运，殖民者攫取了大量财富。北美大陆缺乏贵金属矿藏，但是土地肥沃、地广人稀，导致了殖民时期的美国产业以农业为主。在美国南方甚至出现了大批黑人奴隶。北美移民和英国的利益摩擦日益尖锐，最终引发北美独立战争，美国独立建国，工业开始快速发展。美国的自然条件、资源禀赋为工业革命的来临提供了优良的基础，纺织业为美国的工业革命拉开了序幕。

### 1. 美洲劫难

风力驱动多桅帆船的发明，助力欧洲国家在15世纪开启了大航海时代。

1499—1501年，意大利探险家亚美利加·韦斯普奇对哥伦布发现的新大陆进行考察，证明这块大陆并非欧洲人普遍认为的亚洲的一部分，而是一块全新发现的大陆。

欧洲殖民者的到来使美洲大陆的原住民遭受了灭顶之灾。率先到来的西班牙殖民者认为印第安人是"野人"，是他们所信仰的上帝的敌人，开启了血腥的殖民征服、掠夺和统治，幸存的印第安人成了他们的奴隶。然而，印第安人的厄运并没有到此结束。真正让他们遭遇灭顶之灾的不是刀剑和奴役，而是传染病。天花、麻疹、水痘、黑死病……欧洲人已经对这些病毒有了免疫能力，他们将这些病毒带到美洲，感染对这些疫病没有丝毫免疫能力的印第安人，成片的村庄和部落变成无人区。

西班牙人在美洲获得的财富让其他欧洲国家眼红不已。此后的300年中，西班牙人、荷兰人、法国人和英国人接踵而至，竞相瓜分这片大陆资源。17世纪，英国经济与国力提升赶超其他各国，也成为在北美的最大殖民者。1607—1733年，英国在北美东起大西洋沿岸西迄阿巴拉契亚山脉的狭长地带建立了13个殖民地，形成了美国建国之初版图的雏形。

新英格兰的清教徒，1703年在他们的立法会议上决定，每剥一张印第安人的头盖皮和每俘获一个红种人都给赏金40镑；1720年，每张头盖皮的赏金提高到100镑；1744年马萨诸塞湾的一个部落被宣布为叛匪以后，规定了这样的赏格：每剥一个12岁以上男子的头盖皮得新币100镑，每俘获一个男子得105镑，每俘获一个妇女或儿童得50镑，每剥一个妇女或儿童的头盖皮得50镑！①

在殖民时期，殖民者们在这块土地上凭着优势侵略征战，彻底改变了昔日美洲的文化风光。欧洲各国的大商人、大地主们，派遣代理人到殖民地经营投机商业，或者亲身进入殖民地，攫取源源不断的财富。可以毫不夸大地说，美国原始积累的历史，就是一部印第安人的血泪史。

---

① ［德］马克思.资本论［M］.人民出版社，2004.

### 2. 生存根基

近代早期，葡萄牙、西班牙和荷兰等欧洲殖民者秉持重商主义的理念，率先以商业贸易开路，把掠夺贵金属视为首要目标。对英国来说，北美缺乏拉美那样的金银矿产，再加之地广人稀，更难以展开贸易往来。于是，英国的殖民政策开始由商业殖民向农业殖民转变，在国家层面越来越关注英国人在北美殖民地的生存和定居问题。

当时英国有两个影响力较大的商业公司，分别是弗吉尼亚公司和普利茅斯公司，为英国在北美大陆有规模、有计划发展农业殖民保驾护航。率先向北美殖民的是弗吉尼亚公司，1607年在北美建立了第一块英属殖民地，弗吉尼亚殖民地，为英国人的殖民活动提供了榜样。另一块大殖民地位于东北部的新英格兰，是英国清教徒建立的。1620年，102名英国清教徒为了躲避国内宗教迫害，搭乘"五月花"号从英国出发抵达北美洲，建立了英属普利茅斯殖民地，这些人被称为"清教徒始祖移民"。

农业是北美殖民地的生存根基，是北美殖民地时期最重要的经济部门。在殖民者来之前北美的农业就很发达，印第安人广泛种植玉米，而且还懂得施肥的技术。除了玉米，印第安人还种植南瓜、豆子、西葫芦、甜瓜、番茄、胡椒、向日葵和烟草等。

移民们到达北美新大陆的第一件事情就是解决吃饭问题。他们从欧洲带来的粮食和各种物资都是非常有限的，不定期的船运也很难提供足够的补给品。第一批移民在他们刚刚安顿下来后，就立刻开垦土地、播种粮食。他们向印第安人学习了很多种植经验，解决了温饱问题。虽然移民们的耕种技术和生活水平远远不如当时的欧洲国家，但在人身自由和北美洲广阔的"自由土地"的双重驱动下，拓荒者的生产积极性非常高，该地区农业发展迅速，农产品的品种数和产量都大幅度增加。到17世纪末18世纪初，北美殖民地不仅出口小麦，而且还出口大米。

同时，北美大陆南方气候条件适宜且土地肥沃，非常适合种植烟草。在以弗吉尼亚为代表的南部英属殖民地，许多大地主纷纷从非洲运来大批奴隶，建立烟草种植园，使南方的农业走上了完全不同的发展道路。烟草种植利润极高，大量烟草的出口成为南部农业的第一财源。

### 3. 走向独立

北美殖民地的移民大部分来自英国，对英国的情况比较熟悉，无论是在经济上还是技术上都有着密切联系。然而，18世纪60年代在英国发生的工业革命的火种，却迟迟未在北美殖民地点燃。美洲大陆并不缺乏支撑工业革命的能源基础，早在公元10世纪，印第安人就已在美洲大陆发现了煤炭。在能源、技术都有保障的情况下，究其工业革命无法发生的根本原因，在于北美殖民地的经济发展没有独立自主的统一的国家政权的保护。英国的殖民政策日益成为北美殖民社会经济发展的严重阻碍。

1765年，英国国会通过的《印花税法》，企图向北美13个英属殖民地征收内部直接税。根据此税法，北美殖民地的居民在每一个经济和文化活动中都要缴纳赋税，这无疑触动了北美殖民地社会各阶层的利益。英属北美各殖民地几乎在同一个时候，举行各种集会来抵制《印花税法》的施行，但《印花法案》最终还是在1765年11月开始生效。人们群情激奋，愤怒地冲进了皇家关税吏和首席法官哈钦森的官邸，大肆打砸家具，焚毁书籍文件。在巨大压力下，《印花法案》在1766年3月被取消。虽然殖民地居民取得阶段性胜利，但英国仍保有对美洲殖民地征收新税的权利。英国国会随后又接连通过了《汤森税法》和《茶叶税法》，使英国政府同北美殖民地的矛盾达到十分尖锐的程度，一场反殖民主义的革命战争犹如箭在弦上，一触即发。

1775年，在马萨诸塞州列克星敦点燃战火，爆发了美国人民反抗大英帝国殖民统治的北美独立战争。1776年7月4日，在费城召开了殖民地联合会议，组成"大陆军"，选举乔治·华盛顿任总司令，发表《独立宣言》，宣布美利坚合众国正式成立。1783年独立战争结束，英国签订《美英凡尔赛和约》，正式承认美国为独立国家，并将阿巴拉契亚山至密西西比河这一大片归印第安人所有的土地交于美国。

独立战争的胜利，为美利坚合众国取得政治上和经济上的独立创造了必要的前提，美国迎来了"煤钢时代"。

### 4. 变革前夜

美国位于北美洲南部，东面是大西洋，西临太平洋，幅员辽阔，资源丰富。同时气候温和，土地肥沃，耕地面积超过23.7亿英亩，森林覆盖面积居资本主义世界第二位。境内河流密布，水利资源丰富，内河航运发达。包括煤炭在内的重要矿产储藏量在世界上名列前茅。西部有广阔的草原，是发展畜牧业的重要基地。美国还拥有漫长的海岸线和优良的港口，海上航运四通八达。在独立战争之后，美国已具备发展工业革命的种种优渥条件，是工业革命的理想摇篮。

同英国一样，美国的工业革命也是从棉纺织业开始的。殖民时期，殖民地的棉纺织业一直使用的是旧式纺轮和织布机，以家庭手工为主。与拥有先进纺纱机的英国对比，纺织业一直处于落后状态。

为了打破英国的技术封锁，美国人试图通过各种非官方渠道引进英国的纺织机。1775年，费城展出了英国的珍妮纺纱机，这可能是美国历史上最早的一部珍妮纺纱机。在这以后，在费城和马萨诸塞的伍斯特等地的棉纺织业都有了相当大的发展，建立了一些小型工厂。但由于技术和管理上的不成熟，这些小型工厂最终都以倒闭告终。直到塞缪尔·斯莱特在美国本土造出新型纺纱机，并仿照英国管理体制建立了纺纱厂，美国的工业革命才正式拉开帷幕。

## 第二节　煤炭的开采与工业革命浪潮

早期工业革命所需的动力离不开煤炭的供给。美国煤炭资源储量居全球第一，早在公元10世纪北美印第安人就有开采煤矿的记录，而大规模利用煤炭则要等到17世纪中叶欧洲移民的到来。美国独立之后生产力得到大幅释放，社会对煤炭的需求推动了煤炭业的快速发展。电力的使用进一步拓展了煤炭的使用场景，提升了煤炭的重要程度。在很长一段时间里，煤炭都是美国的主要燃料，是其经济繁荣的动力保证。得益于煤炭的开采和利用，蒸汽机在美国得到了改良与进步，推动了美国水陆交通的发展。早期的蒸汽机在美国受成本和效率的影响，在与其他动力的竞争中并不占优势，直到技术革新后，才逐渐推广开。

### 1. 煤炭工业

美国是全球煤炭储量最丰富的国家，占全球资源的23.2%[1]，煤炭开采赋存条件十分优良。煤炭的大规模开采与使用，不仅解决了能源短缺的问题，更为蒸汽机的广泛应用提供了动力源泉，从而推动了铁路、钢铁、造船等多个行业的飞速发展。[2]

北美大陆早期采煤活动可以追溯到公元10世纪，印第安人在现亚利桑那州东北部地区开采煤炭，并用煤烧制陶器。但随后的几个世纪中，煤炭并未得到大规模使用，木材一直是主要能源燃料。直到16—17世纪，随着木材价格日益上涨，人们纷纷转而购买煤炭，使很多地区的煤矿得到开采。17世纪中叶欧洲移民的到来，掀开了近代煤矿开采的历史。

早在美国建国前，法国移民在向密西西比河进发的远征探险中，就沿伊利诺伊河发现了含煤地层。1701年，詹姆斯河畔的曼内肯地区也发现了煤炭矿藏。1736年绘制的地图表明，在现马里兰州和西弗吉尼亚州边界附近、沿波脱迈克河上游已有几处煤矿开采。1750年以前，在现宾夕法尼亚州、俄亥俄州、肯塔基州和西弗吉尼亚州地区均发现有煤田。在这个时期，煤炭开采方法主要是沿煤层露头线手工挖掘、人力装运，用途主要是铁匠炉燃烧锻造和农民室内取暖做饭。

1776年美国独立后，特别是南北战争后，全国统一、政治稳定、政策开明，生产力得到很大解放，工农业迅速发展。煤炭成为支持国民经济发展的主

---

[1] 英国石油公司（bp）.bp世界能源统计年鉴.2021.详见：https://www.bp.com.cn/zh_cn/china/home.html

[2] 潘克西，濮津，向涛.中国煤炭市场集中度研究——中美煤炭市场集中度比较分析［J］.管理世界，2002（12）：77-88.

要燃料和动力源，各行各业对煤炭的需求量大增，促进了煤炭生产的发展和技术装备的进步。[①]从19世纪开始，美国煤炭工业进入了稳步发展时期。1810年，美国开采了1.76万吨烟煤和0.2万吨无烟煤。1818年宾夕法尼亚州斯密斯兄弟矿首次使用炸药爆破采煤，显著提高了生产能力。从此美国煤炭开采量迅速增长，每十年翻一番或三倍。1839年发明的蒸汽单斗铲，成为露天开采的有力工具，后来发展成为美国露天煤矿的主要机械设备，显著提高了煤炭露天开采和剥离能力。为改善煤矿安全，1857年宾夕法尼亚州阿施兰附近的路卡斯德尔矿装用了第一台通风机。与此同时，煤炭在各工业部门的应用越来越重要。自1830年起的100多年中，美国铁路蒸汽机车一直使用着煤炭。1860年，美国钢铁厂开始用焦炭代替木炭用于炼铁，显著提高了炼铁能力，并很快得到了推广；到1875年，美国钢铁厂已全部用焦炭炼铁，促进了宾夕法尼亚州地区炼焦煤的发展和整个美国东部阿巴拉契亚煤田的开发，使匹兹堡成了美国乃至世界著名的钢铁煤炭基地。1860年美国开始用煤造气点灯，在巴尔的摩市街区照明。1870年美国开始将无烟煤压制成煤砖供工业和民用。这些都进一步扩大了煤炭市场。1882年发明家托马斯·爱迪生在纽约建立燃煤电厂后，更进一步促进了煤炭生产的发展，这一创举，不仅使电力成为各种产业赖以生存、千家万户不可或缺的方便廉价能源，而且也促进了燃煤电厂的不断发展。自那时起直至现在，燃煤电厂一直是煤炭工业的最大用户。[②]

　　社会对能源的需求量节节攀升，推动了煤炭业的快速发展，电力的使用进一步拓展了煤炭的使用场景，提升了煤炭的重要程度。美国丰富的煤炭储量为其经济繁荣提供了能源保障。可以说，自19世纪工业革命以后到20世纪中叶，煤炭一直是美国国民经济发展的主要动力保证，促进了美国从一个后进的农业国发展成为世界上经济最强大的国家。[③]

———————

①　潘克西，濮津，向涛.中国煤炭市场集中度研究——中美煤炭市场集中度比较分析［J］.管理世界，2002（12）：77-88.

②　潘克西.煤炭产业组织研究［D］.复旦大学，2003.

③　黄学利.中国煤矿劳动安全规制问题研究［D］.辽宁大学，2010.

### 2. 蒸汽动力

煤炭的开采与使用，促进了蒸汽技术在美国本土的改良与发展。虽然工业革命起始于英国，但作为前英属殖民地的美国，在独立战争后承接英国工业革命的果实，并将其进一步改良优化，推动了自身发展，较为典型的是蒸汽船的发展。

纵观人类历史，在第一次工业革命之前，人们出行主要依靠水流、风力、畜力或徒步。在河面上逆流而上是一件尤其耗时耗力的事情。因此，美国东部的江河，如哈德逊河、特拉华河和康涅狄格河一直未被充分开发利用。其中哈德逊河是通往广袤北部地区的主要动脉，那里有着一望无际的农田。早期的移居者，还有后来拖家带口的荷兰人、德国人，持续移居边境地带。不过，从纽约前往奥尔巴尼逆流而上的150英里水路，乘坐帆船的话，需要长达7天时间。这段旅程耗时费钱，通常是为了定居河谷的单程旅行。落后的运输条件对商业和通信的制约，促使纽约州议会想办法鼓励人们开发用于江河航运的蒸汽动力。18世纪80年代，约翰·菲奇发明了蒸汽船。在船上安装了蒸汽机后，可以在人类历史上第一次实现"随需推进"。但此时蒸汽船的主要燃料还是"木材"，其重量和能量供给限制了蒸汽船的利用，无法实现长途运输。后来罗伯特·R.利文斯顿与纽约州签署条款，如在一年内开发容量达到20吨、逆流航行时速达到4英里的蒸汽船，纽约州将为他的风险项目授予20年的垄断经营权。

在垄断经营权的吸引下，利文斯顿开始投资商业蒸汽船的研发工作，并最终在法国找到了解决方案——罗伯特·富尔顿的蒸汽船实验，利文斯顿给予了富尔顿蒸汽船试验极大支持。富尔顿对蒸汽压力驱动螺旋桨技术进行性能优化，并从英国的詹姆斯·瓦特工厂定做一个大型燃煤蒸汽发动机，最终帮助利文斯顿拿到了垄断经营权。1807年8月，富尔顿的"北江号"蒸汽船准备试航，从曼哈顿出发，经历32个小时抵达了奥尔巴尼，逆流航行速度接近每小时5英里。船抵达奥尔巴尼后掉头，在30个小时内回到出发地。

蒸汽船的成功试航深深影响了美国的发展。自成功后没过多久，密西西比河、俄亥俄河等各条大河上就有蒸汽船穿梭于上下游之间，运输货物和乘客。随着蒸汽船的成功，利文斯顿和富尔顿获得了纽约州的垄断经营权，也促进了交通运输行业的发展。第一年的秋天，"北江号"蒸汽船已经推出了客运价格表，从纽约到奥尔巴尼一天一夜航程的客票价格为7美元。几年内，这一商业项目增加了曼哈顿和沿河其他地点的渡轮服务，并组建和运营了一支船队，有些船只的排水量几乎达到了第一艘蒸汽船的两倍。同时，依托自己的影响力，富尔顿也在1812年英美战争期间成功地向美国海军推销了一艘价值32万美元的"富尔顿一号"蒸汽船。

同样，路上行驶的蒸汽机车也是蒸汽技术改良的另一重要事件，对美国的发展有着更为深远的影响。18世纪末，美国已经开始研制在陆地行驶的蒸汽机车。1786年，奥利弗·埃文斯曾经向宾夕法尼亚州议会请求制造蒸汽机车的专利权。[①] 但是，那时候没有人想到轨道对于蒸汽机车是必不可少的。一直到英国人乔治·斯蒂芬森在狭轨铁道上试验蒸汽机车以后，人们才认识到铁路和火车不可分离的关系。

1803年，奥利弗·埃文斯在费城马尔斯工厂试制美国自己的第一台蒸汽机，为制造蒸汽机车和汽船铺平了道路。不久以后，其他地方的工厂也开始生产蒸汽机。根据1820年的统计，在利奇菲尔德、纽约、匹兹堡、斯托本维尔、辛辛那提和路易斯维尔等地，都有蒸汽机制造厂。1828年，仅匹兹堡一地就有6家铸造厂专门生产蒸汽机，约拥有工人100名，每年可以生产20台到30台蒸汽机。

机车的制造和投入使用是在英国发明蒸汽火车以后。美国一方面从英国购买机车，一方面加紧国产火车头的研制工作。1829年，特拉华哈德逊运河公司从英国引进两台机车，其中一台叫作"斯突勃里治狮子号"。[②] 这台机车从1829年8月8日开始在该公司所属煤矿专用铁路线上行驶。同年，彼得·科杨在巴尔的摩制造了第一台试验性蒸汽机车。1830年，纽约彼得科柏工厂制造成功美国自己的小型机车"陶森号"。同一年，另一辆蒸汽机车"查尔斯顿

---

① 丁平. 论美国以铁路建设为中心的运输革命及其影响［J］. 内蒙古师范大学学报（哲学社会科学版），2000，29（1）：6.

② 孙南洋. 19世纪美国交通运输业发展的历史轨迹探究［J］. 产业与科技论坛，2016（3）：4.

良友号"也在纽约西点翻砂厂制造成功。随后约克、宾夕法尼亚等地开始生产蒸汽机车。从1832年到1834年，鲍德温、莫里斯都建成了蒸汽机车车辆厂。1835年，阿列根尼山以西的第一家蒸汽机车厂在匹兹堡落成。19世纪三四十年代，美国已经可以生产相当数量的蒸汽机车，并且开始向欧洲出口。这一时期，美国的机械师还在俄国开设了第一家铁路工厂。圣·彼得堡到莫尔斯科的铁路就是美国的工程师建造的。美国的一家商行向这条铁路先后提供了162台蒸汽机车、2700辆货车和客车。1850年以前，单是诺里斯蒸汽机车厂每年就可生产40台。那家工厂到1857年一共制造了937台。1860年美国生产了将近470台蒸汽机车，其中有75%的蒸汽机车是费城和帕特森两地制造的。

### 3. 产业革命

蒸汽机是工业革命深入发展的重要标志。但是，在美国由于水力资源十分丰富，工业革命开始后相当长一段时间，工厂动力仍然以水力为主，而且还有所发展。美国的第一任财政部部长亚历山大·汉密尔顿提倡开发水力，发展制造业。在他的支持下，1791年新泽西州组织了一家公司开发帕塞伊克瀑布的水力资源。这家公司从州政府得到6平方英里土地和在那块土地上建设城镇的权利，后来在这个地方建起了帕特森城。经过几年的开发，1807年这里已经建成12家棉纺织厂、3家毛纺织厂、3家机器制造车间和几家翻砂厂。

梅里马克河在美国的工业革命中起到了重要的作用。19世纪，数个城市沿着河边建立，目的在于利用其水力资源来修建纺织厂。梅里马克工业公司制定了开发梅里马克水力资源的庞大计划。开头几年，梅里马克公司负责整个新城市的建筑和水力资源的开发管理。后来专门成立一家船闸和运河公司来管理水力。梅里马克公司虽然只有60万美元的资本，但是经营有关水利的直接项目和间接项目，范围很广，利润很高。它以每英亩20～30美元的价格购进土地，却以每平方英尺1美元的高价卖出。这家公司通常同时向厂方出售土地和水力。平均一家占地4英亩使用54.5马力的工厂，需要付出14336美元。到1835年，已经有2500马力投入使用。在这块荒凉的土地上出现了一个新兴的工业城市——洛维尔。

从马萨诸塞州的洛维尔沿梅里马克河顺流而下，在不远的地方又出现了一个更大的工业中心——劳伦斯。这里建立了一个1629英尺长、35英尺厚、水的落差为26英尺的堤坝，可以向工厂提供9000马力。沿海两岸在很短的时间内建立了许多大型工厂。

随着工业革命的发展，利用水力的技术也不断提高。1840年以前，工厂主要使用旧式木制水轮机推动机器，水流的力量没有充分利用。富兰克林研究所和一些机械工匠对水轮机进行了多次改进，新型的改良水轮机不断出现。政府曾经为这个项目颁发了大约300张专利状。

1843年，乔治·基奔在福克河上为一家印刷厂安装了第一台新型水轮机。1844年，尤赖亚·博伊登为洛维尔的一家公司设计了一种75马力的大功率水轮机。两年后他又为这家公司制造了3台190马力的水轮机。这种水轮机比以前所使用的水轮机都优越，因而得到迅速推广，劳伦斯的大型工厂里也装上了这种水轮机。

然而，使用水力毕竟要受到地区的局限，在缺乏水力资源的地区和水力资源开发较早已经达到饱和状态的地区，都不得不寻求和采用新的廉价动力。例如，大约到1830年，新英格兰的所有能够提供水力的小河流两岸均已遍布工厂，几乎找不到可以设置新厂的合适地点。1840年，在伍斯特和普罗维登斯之间的布莱克斯通地区，就有94家棉纺织厂、22家毛纺织厂、34家机器制造车间和铁工厂，共有约1万名工人。

1804年，奥利弗·埃文斯发明高压蒸汽机。与瓦特的蒸汽机相比较，埃文斯的蒸汽机结构简单、容易操作，但燃料消耗量较大。这同当时美国缺少技术力量和燃料来源丰富的特点是相适应的。埃文斯制造的蒸汽机很快受到各地工厂的欢迎，但是受限于当时的技术条件，生产蒸汽机的过程是十分缓慢的。1812年，由埃文斯制造的10台蒸汽机投入使用，简直供不应求。普罗维登斯的一家毛纺织厂安装了蒸汽机，康涅狄格最大的毛纺织厂也采用埃文斯的蒸汽机带动全部纱锭。南部和西部地区开始使用蒸汽机带动木锯和打场机具。这种蒸汽机一般具有10~20马力的功率，在12小时内可以锯木板5000英尺，打谷240蒲式耳，每台价值6000美元。

埃文斯蒸汽机的发明和使用是美国动力革命的一个重要里程碑。不久以后，在匹兹堡、路易斯维尔、辛辛那提以及东部的一些城市开始生产这种蒸汽机。美国的动力结构因而发生了重大变化。内战前，没有工厂使用蒸汽动力的准确统计数字。根据1820年的统计材料，大约有12家使用蒸汽动力的工厂，其中包括毛纺织厂、造纸厂和锻压铁工厂。1831年，在新英格兰地区马萨诸塞、罗德岛两州以外的124家工厂都在使用水力。马萨诸塞的169家工厂中有39家使用蒸汽机，但这39家中有32家是印刷所。在罗德岛，有128家纺织厂使用水力，总共提供1.2万马力，4家纺织厂使用蒸汽，总共提供800马力。

在新英格兰地区由于水力资源丰富、价格低廉，蒸汽机的推广使用比较迟缓。在宾夕法尼亚的情况就不同了。在161家工厂中有57家使用蒸汽机，其中包括4家棉纺织厂、2家毛纺织厂和大量的锻压铁工厂。1833年，在匹兹堡共有90台蒸汽机在运转，可以提供2600马力。纺织厂拥有7台、玻璃厂拥有6台、木材厂拥有10台，其余大部分蒸汽机都属于冶铁工厂。

19世纪的前30年，水力仍然是美国工业的主要动力，但是蒸汽机已经得到初步的运用，而且保持稳步上升的趋势。这种趋势在冶铁业、玻璃业、漂染业和印刷业中表现最明显。

成本过高是进一步推广蒸汽机的严重阻碍。据1839年统计，宾夕法尼亚伊斯顿城的工厂使用水力和蒸汽力的年耗费，按马力计算为23美元：105美元，而在洛维尔则为12美元：90美元。所以，首先推广使用蒸汽机的是那些产煤地区。1850年以前，在匹兹堡和圣·路易斯之间的地带有1万到2万纱锭是靠蒸汽运转的，北卡罗来纳和亚拉巴马也使用匹兹堡生产的蒸汽机带动纱锭和织布机。

19世纪40年代，曾经在新英格兰掀起一场关于在纺织业中使用蒸汽机的经济价值的争论。结论是使用蒸汽机带动的纺织机速度均匀，产品质量好。这段时间，在纽贝里波特、塞勒姆、普罗维登斯等地兴建了一批使用蒸汽动力的大型纺织厂。

不过在19世纪上半叶，美国蒸汽机的数量还是比较少的，一直到南北战争以后才普遍推广。

# 第三节　蒸汽时代奠定"美国式道路"发展基础

工业革命的兴起与交通运输网息息相关。保障原料、商品的顺畅流通才能让经济健康发展。独立战争胜利后美国开始重视国内交通网的建设与改善。交通的改善包含了公路、内河航道以及铁路的建设。蒸汽船的发明和使用，让水路交通网的运输能力极大增强，这又推动了水路交通网日益完善。尔后火车的发明和铁路的兴建被视为美国交通运输的最大变革，源源不断的人员、物资被运输到美国各处。美国刚独立时领土面积不过今天的1/4，通过西进运动不断推进其西部疆界才有今天的版图。工业革命促进了交通的发展，交通的发展又加速了西进运动的进程，西进运动带来的广大发展空间又刺激了美国人口的暴增以及城市化的进程，而这又反哺了工业化的发展。

## 1. 铁路与航运

交通运输事业的发展同美国工业革命的进程密切相关。美国地大物博，各种工农业原料极为丰富，国内也具有广大的销售市场。这对于发展经济是极为有利的。但是，如果没有发达的、便利的水陆交通运输网，这些有利的因素就不能真正发挥作用。由于英国的殖民统治，美国的交通运输畸形发展，留下了深刻的殖民地烙印，只有同英国经济联系密切的海运业比较发达，而殖民地内部各地区和各城镇间的交通运输却完全依靠崎岖道路、印第安人的羊肠小道和不多的几条水路来维持。①

美国独立战争取得胜利后，美国的国内交通运输问题显得特别突出，特别是处在工业革命前夕，工厂的建设、原料的供应和产品的运销都遇到了很

---

① 孙南洋. 19世纪美国交通运输业发展的历史轨迹探究［J］. 产业与科技论坛，2016（3）：4.

大的交通运输困难。于是，改进交通运输工具、改造和兴建道路成为能够顺利推进工业革命的关键。

改造和兴建道路的工作在殖民时期就已经开始，不过规模不大，而且缺乏整体规划，进展不快。大约到18世纪中叶，美国境内的驿道和重要道路都逐步经过修补、填平，出现了许多新建的乡间道路，此时陆运的重要工具是马车。

工业革命开始前后，一些私人企业取得所在州的特许状，修筑了相当数量的所谓的纳税道路。这种路在投入使用后，由私人企业在途中设立若干税卡，向路上行驶的车辆征收行车费。第一条纳税路是长66英里连接兰开斯特和费城的碎石路，它于1792年至1794年间落成，耗资46.5万美元，有良好的排水系统，可以同素负盛名的苏格兰筑路工程师麦克·亚当所修筑的道路相比。经营这条道路的费城兰开斯特纳税道路公司，从征收行车费中获得了很大的利润，引发了当时的筑路狂潮。到1811年前后，已有拥有资本总额750万美元的137家公司取得了纽约州颁发的特许状。在新英格兰各州也有约200家公司取得了特许状。[1]1838年，仅宾夕法尼亚州就拥有纳税道路2500英里，耗费筑路资金3700万美元。纳税道路一般都是短途的，但是在发展美国陆路交通运输事业中曾经起过积极作用。

1811年，由联邦出资修建的坎伯兰大道开工修筑，以马里兰州西部的坎伯兰为起点，伊利诺伊州的范代利亚城为终点，是从大西洋沿岸通往西部的一条交通要道。[2]坎伯兰大道于1852年最后建成，全长600英里，耗资700万美元，道路平坦、宽阔，行车速度提高，旅程时间大为缩短。例如从巴尔的摩到惠林的旅程，就从8天缩短为3天。在这条大道上，四轮大马车川流不息，疾驶而过，把大量的供应品运往西部，又从那里运出农产品和其他物资，货运量大幅度增加，运价下跌。

运河是联结内地水路交通的重要渠道。早在1760年，美国哲学学会就曾建议，在宾夕法尼亚、特拉华、马里兰一带沿着瀑布线开凿运河，沟通流入

---

① 张友伦. 评价美国西进运动的几个问题 [J]. 历史研究，1984（3）：16.
② 邹东颖. 后发优势与后发国家发展路径研究 [D]. 辽宁大学，2006.

大西洋的河道。<sup>①</sup>但是由于当时还不具备必要的条件，这个建议就被搁置起来。直到1789—1802年，才由一些私家公司根据需要陆续完成了这些小型运河的建造工程。

纽约的西部内陆公司建成了一个不大的运河和水闸系统，沟通了几条河流的航道，使载重15吨的船舶可以从莫哈伍克通达安大略湖。这样，大湖区的移民就可以通过这条水路，从阿尔巴尼和特罗依获得廉价的工业品。阿尔巴尼和特罗依及其附近地区的工业因而也得到迅速发展。

但是随着西部的开发，更为迫切的是打开一条把大西洋沿岸同俄亥俄河流域、密西西比河流域及大湖区连接起来的通道。为此纽约州拨款兴建了伊利大运河。该工程于1817年动工，1825年完成，全长363英里，有83道水闸。竣工时，克林顿州长在布法罗集会上发表演说，然后偕同运河委员及一些其他官员一起乘坐"塞内卡酋长号"船沿运河而下，驶往哈德逊河，途中两岸礼炮轰鸣，乐声不绝。船上载有两桶伊利湖水，在到达终点后倾入大西洋，表示伊利湖水已经同大西洋海水汇合在一起。伊利运河确实成为美国东北部和西部各州间行旅货运的交通纽带。从布法罗到纽约货运所需的时间从20天减到6天，运费从每吨100美元减到10美元。<sup>②</sup>运河也给纽约和沿河的城镇带来了经济繁荣。大约到1850年，纽约的人口和财富均已超过费城、波士顿、巴尔的摩等大城市而居于首位。

由于伊利运河贯通了阿尔巴尼到布法罗的水道，汽船可以从哈德逊河直达大湖区。过去，从纽约到路易斯维尔，需要先经水路到阿尔巴尼，然后舍舟登陆乘车到斯克内克塔迪，从那里再乘船航行，途中经过尼亚加拉瀑布和从伊利湖进入阿利根尼水系的时候，要两次上岸换乘船只，全程1500英里。伊利运河通航后，不仅沿途不必经由陆路转运，而且路程也缩短至1000英里，为水运交通提供了极大的便利。<sup>③</sup>西部移民点的农产品、木材、矿石、铁产品，

---

①　孙南洋.19世纪美国交通运输业发展的历史轨迹探究［J］.产业与科技论坛，2016（3）：4.

②　邹东颖.后发优势与后发国家发展路径研究［D］.辽宁大学，2006.

③　张友伦.评价美国西进运动的几个问题［J］.历史研究，1984（3）：16.

可以通过方便的水路源源不断地输往大西洋沿岸港口，使得内地的谷物加工业、木材业、冶铁业都得到了迅速发展。同时，西部移民点所需要的长筒靴、衣袜等日用品，也可以及时地从东部沿岸城市运来，也保障了移民初期的生活需求，助推了西部开发的进程。

汽船的发明和使用，推动美国国内初具雏形的水路交通网日益完善，并发挥越来越大的作用。直到19世纪中期，运河对美国国内交通的重要地位才开始被铁路所取代。

交通运输的最大变革是铁路的兴建和火车的发明使用。1795年，波士顿一家砖厂用木头建造了美国的第一条路轨，用于加工材料的运输。[①]1826年，宾夕法尼亚州派遣威廉·斯特里克兰到英国学习研究那里的铁路建筑经验。他回国后对铁路的便利进行了极力宣传。于是一些私家公司开始设计铁道和车辆。

1830年，美国开始按照英国标准建造自己的铁路，共建成铁路40英里，其中23英里可以通车。最早承建铁路的两个公司是巴尔的摩俄亥俄铁路公司和南卡罗来纳运河铁路公司。前者于1830年5月24日修通了巴尔的摩至埃利科特密尔的14英里铁路。后者于1830年1月开始建造自查尔斯顿至汉堡，并跨越萨凡纳河长达130英里的铁路。在随后的十年里，美国的铁路建筑事业克服了航运利益集团带来的阻力，取得迅速发展。短程铁路如雨后春笋，遍布大西洋沿岸地区。到1840年，美国铁路的总长度已经达到2818英里，仅次于英国而居世界第二位。

1840年以后，铁路的优越性越来越明显，逐渐取代了运河的地位。1840年只开挖了400英里运河，运河的总长度不过4000英里，而兴建的铁路却达到6000英里。到1850年，美国的铁路总长度为9021英里，超过英国跃居世界第一位，美国成为世界上铁路交通最发达的国家之一。

随着机车和车辆的不断改进，到19世纪中叶，美国的铁路不仅在交通运输事业中起着举足轻重的作用，而且成为整个国民经济中极其重要的部分。

---

① 丁平. 论美国以铁路建设为中心的运输革命及其影响［J］. 内蒙古师范大学学报（哲学社会科学版），2000，29（1）：106-111.

不过在1850年以前，铁路主要集中在东北部，而且都比较短。最长的一条是伍斯特到阿尔巴尼的西方铁路，造价为800万美元。在这以后，修筑铁路的规模越来越大，仅1849—1854年就有30多条比西方铁路更长的铁路建成。大东铁路、伊利铁路、宾夕法尼亚铁路、巴尔的摩铁路、俄亥俄铁路和纽约中央铁路的投资额都在1700万美元到3500万美元。西部的主要铁路密歇根中央铁路、密歇根南方铁路和伊利诺伊中央铁路的造价也超过了西方铁路，在1000万美元到1700万美元。到1856年，已经可以从纽约乘火车直达密西西比河。这时，主要铁路干线改筑双轨的工程也在迅速发展。

交通运输事业的发展同美国工业革命的进程是密切相关的。工业革命初期，铁路尚未建设，货物运转完全依靠运河和邮路。1811年，美国有各种能够通车的道路约3.7万英里。通过这种道路运货，运费高昂，又耗费时间。每一吨货物从阿尔巴尼运到布法罗需要20天，运费达100美元。经过运河运载货物比邮路经济，运载时间也大为缩短。从阿尔巴尼至布法罗的行程可以缩短10天，运费减少到每吨3美元。但是这种运输能力仍然远远不能满足工业革命迅速发展的要求。只有铁路这个强大的交通运输手段才能及时输送发展工业所需要的大量原料和制成品。《美国制造业史》一书的作者曾经这样写道："没有哪一个别的国家，工业状况像美国这样受到这种变化的影响。"庞大的铁路系统不仅促进了美国各州的工业发展，加快了工业革命的步伐，而且源源不断地把大批移民输送到边远的西部，使西部地区同工业发达的地区联结起来，对美国的整个经济发展产生了极其重大而深远的影响。

### 2. 西进运动

美国的广大西部国有土地就是通过不断扩张而形成的。美国在获得独立的时候，它的西部疆界只到达密西西比河，领土面积不过82.7844万平方英里，约相当于现有领土的1/4。但是，在半个多世纪西进运动中，经过几次明火执仗的掠夺和所谓的"购买"，美国的西部边界一下子就推进到太平洋沿岸，领土面积增加到302.56万平方英里（不包括阿拉斯加），成为世界大国。[1]

最早跨过阿巴拉契亚山脉的移民是沿着拓荒者先驱的足迹，从俄亥俄南部进入肯塔基和田纳西的。那时候，阿巴拉契亚山脉以西森林密布、河流纵横，交通极为困难。在俄亥俄河以南只有三条羊肠小道通往西部。这些小路需要顺穿过荒原、路过大云雾山区，跋山涉水，路途艰险。但无论如何，这些崎岖的小路把独立战争后的第一批成群结队的移民输送到旧西南部的广大地区。据1790年的人口调查，移殖肯塔基的人达到7万多，移殖田纳西的人也超过了3.5万。工业革命开始以后，特别是1793年轧棉机的发明给予了西进运动又一个推动力。轧棉机的发明使清棉效率提高几十倍，棉花的需求量因而大幅度增加。南部的种植园主都竭力发展棉花的栽培技术，扩大种植面积。原有沿海地区的土地数量不够，迫使种植园主们纷纷赶往西部，他们跨过了密西西比河，一部分小农沿俄亥俄河北上到西北地区寻找新的肥沃土地。

但是，要在这样广阔的土地上进行拓殖，依靠几条羊肠小道和战争时期开辟的临时通道是根本不行的，所以新的移民浪潮在19世纪初交通运输飞速发展的情况下出现。当时陆路交通主要是发展收费公路。这种道路在一定历史时期内起过非常重要的作用。最早出现的是独立战争后一些私家公司筹资修筑的收费公路。1794年，费城—兰卡斯特公路竣工。在此之后出现了一个筑路热潮，各州都有不少私家公司筹资修筑道路。到1838年为止，单是宾夕法尼亚一个州的私家公司就筹集了3700万美元，筑路2500英里。联邦政府也曾拨款修建一些交通干线。其中最著名的是坎伯兰大道。这条大道穿越马里兰、宾夕法尼亚和俄亥俄等州，使东西交通的条件大为改善，旅途消耗的时间显著缩短。巴尔的摩到惠林的路程从8天缩短到3天。西进移民可以取道惠林，再改由水路沿俄亥俄河航行。

在大规模修筑铁路以前，对西进移民来说，水路交通是更为重要的通道。许多大小河流都可以利用通航，在河流之间还可以通过开挖运河形成一个贯

---

① 张友伦. 评价美国西进运动的几个问题［J］. 历史研究，1984（3）：16.

通的交通网。早在18世纪后半期就曾经有人提出过开挖运河的计划，但是这个计划由于缺少资金长期未能实现。在独立战争后的20年里也只完成了一些小型运河，还不能起到沟通东西水路交通的作用。直到1825年连接东北部和西部的最大的一条运河伊利运河落成通航才改变了这种面貌。伊利运河不仅使航程缩短，而且降低了运费。纽约到布法罗的货运费每吨从100美元降到15美元。这样，它就把大湖区和纽约等东部大城市有效地连接起来了，从而打开了通往俄亥俄、印第安纳、伊利诺伊境内偏僻地区的通道。

伊利运河的落成给纽约州带来了巨大的好处。其他各州也纷纷效仿，筹集款项修筑运河，逐渐形成了四通八达的运河网。水路交通在西进运动中起到越来越重要的作用。这在汽船发明并投入使用后尤为明显。自从1807年富尔顿发明汽船到1846年，单是航行在西部河道上的汽船就有1200艘，每年运输货物价值4亿美元以上。

修筑运河不仅使重要的水路互相连接，而且也同一些收费公路连接在一起。当时通往西部的几条重要通道都包括水路和陆路几段路程。一条路是从东海岸出发，沿兰卡斯特公路和卡莱尔公路直达匹兹堡，然后取道俄亥俄河水路。一条路从阿尔巴尼开始，溯摩霍克河而上，经田纳西收税公路，同伊利湖、俄亥俄水路相连接。另一条路从巴尔的摩出发，通过一条收税公路到达坎伯兰，然后经坎伯兰大道直达俄亥俄河畔的惠林，同俄亥俄水路相通。只有从纽约出发的伊利河航线才基本上是一条水路。除此以外，在南部还有一些通往辛辛那提和路易斯维尔的道路。

1830年，铁路开始修建，并逐渐取代了运河和收税公路的地位，成为运送移民西进的主要通道。1850年，巴尔的摩—俄亥俄铁路、费城至匹兹堡的宾夕法尼亚铁路、纽约至阿尔巴尼的哈德逊河铁路的通车，为移民提供了便宜的、快速的交通手段，西进运动的规模也随之扩大。这时的移民已经越过俄亥俄州，向伊利诺伊、印第安纳、威斯康星推进，接着又越过密西西比河进入了密苏里、明尼苏达、艾奥瓦、堪萨斯和内布拉斯加等地。1848年加利福尼亚发现金矿以后，移民的洪流又涌向远西部，太平洋沿岸地区也出现了新的农业区域。

### 3. 城市崛起

工业革命促使航运铁路交通业的发展，使得西部广阔土地得到开发。土地资源的利用及工业成果的推广，也促使美国人口暴增及城市化发展。据统计，在美国独立战争后，总人口不到4000万，农村人口370万，5万人口以上的城市一个也没有。在1790年美国第一次人口普查时，美国8000人口以上的城市只有6个，人口最多的费城仅有4.5万人。[1]此时美国土地广袤，人口稀少分散。1784年第一座应用瓦特复式蒸汽机的纺纱厂诞生，改变了过去以水力作为工业动力来源的局面，美国社会的城市化运动才正式拉开帷幕。

美国工业革命确立了大机器生产及工厂制度，使得旧城市进一步扩大，同时又出现一批新的城市。工业革命是从纺织业开始的，棉纺织业的发展又带动了其他轻工业的发展，后来又进一步带动了重工业。由于工业革命的深入展开，农村人口涌向城市，城市人口与城市数量迅猛增长，新城市逐渐在西部崛起，如匹兹堡、辛辛那提、密尔沃基等。到1820年，城市人口已经达到50万之多，城市人口占总人口的7.2%。8000人以上的城市已增至13个，城市数目61个。到1870年，城市数目增至663个，城市人口占总人口的25%。

工业革命前吸引了大批外国移民来美国，成为美利坚民族的新鲜血液，同时扩大了人力资源。在工业革命之初，移民只有393万人，在1820—1860年，大约有5000万名移民来到美国，其中多数为劳动者，有船员、裁缝、矿工等。当时恰逢工业快速发展，美国需要大量的劳动力。这些移民在北部建城，在西部垦地。广大的移民不仅为工业革命带来了先进的科学知识和生产技术，而且对美国资本主义的经济发展起了巨大的作用。

在第一次工业革命期间，美国城市化进程与工业水平同步发展，初步完成城市化建设。这一时期形成的城市多数为近代工业基地，约1/4的人口生活在城市里，城市化对美国社会经济发展的作用巨大。以最大的城市纽约为首，美国初步形成一个城市体系，城市体系的形成加速了美国工业化的进程。

---

[1] 赵明杰.浅析美国的工业革命与城市化进程［J］.唐山师范学院学报，2005，27（1）：4.

# 第三篇 ▶ 第二次能源革命重塑世界格局

# 第八章

# 第二次能源革命与美国的崛起

随着近代大工业的飞速发展，蒸汽动力由于其自身的局限性越来越不能满足生产力发展的需要。[①]19世纪下半叶，以内燃机作为动力机和电力、石油作为新能源得到广泛应用为标志，实现了以电力、石油为能源投入的电动机和内燃机对以煤炭为能源投入的蒸汽机的替代。石油作为重要能源登上历史舞台后，第二次工业革命的面貌焕然一新。美国拥有大量石油资源，这一巨大优势使美国成为此次革命的引领者。作为油气与电力革命最大的受益国，美国凭借着油气与电力革命带来的经济发展，生产力出现了历史性的飞跃，并逐渐取代了英国，获得了在国际贸易上的霸主地位。进入帝国主义时代的美国开始大规模向海外扩张，美国充分利用石油优势，创建了新型军事机器。第二次世界大战导致英国、日本两大海权国家没落，美国海权就此崛起。同时，英镑与美元针对在国际货币体系中的主导地位展开了激烈争夺。第二次世界大战后美国获得压倒性优势，成为资本主义世界头号强国。布雷顿森林体系的建立正式确立了美元在国际货币体系中的主导地位。随着"石油—美元"计价体系的形成，美元成为国际大宗商品计价和交易的主要货币，石油美元的出现与广泛使用对于维系美元的国际货币地位发挥了不可替代的作用。

---

① 王师勤.能源革命在推动生产力发展中的作用［J］.经济问题，1985（11）：3.

# 第一节　内燃机和石油相结合将美国
# 推上世界经济霸主之位

石油作为重要能源登上历史舞台后，第二次工业革命打开了全新的局面，开辟了汽车与飞机的时代。汽车工业的发展与飞机试制和航行的成功，使得用油量激增，进一步推动石油工业进入快速发展时期。美国拥有大量的石油资源，在经济社会从以煤炭为基础向以石油为基础转型的过程中，这一巨大优势使美国成为此次革命的引领者。在内燃机的普及过程中，美国凭借着在石油产量上的优势率先实现了内燃机的大规模利用，建立了世界上第一个以汽车为中心的经济体系。作为油气与电力革命最大的受益国，美国凭借着油气与电力革命带来的经济发展，生产力出现了历史性的飞跃，美国利用石油垄断的优势，大量制造出口钢铁、汽车等现代工业制品，取代了英国在国际贸易上的霸主地位。

## 1. 液体黄金

早在南北战争时期，美国就以煤电和水电为动力启动了工业化进程，到1900年已基本实现工业化，成为世界上最大的煤炭生产国，并在加勒比海地区和菲律宾建立了最辽阔和最重要的两个殖民地。从资源禀赋来看，尽管此时的美国并不存在欧洲国家普遍面临的能源短缺问题，但也处在一个新经济全面展开的前夜——从以煤炭能源为基础的社会转型到以石油为基础的经济与社会。这个转型是一场人类社会的巨大革命，而该革命仅能由美国这个国家来引领，因为当时美国拥有大量的石油资源，却没有产业转型的掣肘。

1859年，艾德温·德雷克在美国宾夕法尼亚州打出了第一口现代工业油井，成为美国晋升全球舞台的一大契机。以后又陆续在俄亥俄、印第安纳、西弗吉尼亚、堪萨斯、加利福尼亚、田纳西、得克萨斯、俄克拉荷马等州发现了新的油田，美国进入了石油工业迅速发展的时期，这项新兴石油工业革新的顶点以炼出为内燃机提供动力的汽油作为标志。[1][2]石油在美国最初是被当作药品出售，当它作为能源被使用以后，就开辟了汽车和飞机的时代，使第二次工业革命出现新的面貌。

图9　艾德温·德雷克在美国宾夕法尼亚州打出第一口现代工业油井[3]

汽车工业的发展与飞机试制和航行的成功引发用油量激增，推动石油工业进入迅速发展的黄金时代。1865年石油产量250万桶，1880年为2600万桶，1900年为6360万桶，美国的石油产量在世界一直处于遥遥领先的地位。石油产量的迅速增长为有机化学工业发展奠定了基础，进一步提高了石油化工的产业地位。[4]在美国，通常将1859—1900年称为煤油时代，灯用煤油促进了

---

① 龚淑林.美国第二次工业革命及其影响［J］.南昌大学学报（人文社会科学版），1988（01）：67–74+101.

② ［美］H·N·沙伊贝，［美］H·G·瓦特，［美］H·U·福克纳.近百年美国经济史［M］.中国社会科学出版社，1983：37.

③ The original Drake oil well in 1861, Library of Congress Prints and Photographs Division Washington, cph 3a46443 //hdl.loc.gov/loc.pnp/cph.3a46443.

④ 龚淑林.美国第二次工业革命及其影响［J］.南昌大学学报（人文社会科学版），1988（01）：67–74+101.

石油工业早期的发展；1900年以后称为汽油时代，内燃机的兴起促进了石油工业因需求急剧增长而带来的大发展。20世纪初，美国实际上已经引领世界的石油生产。从它在世界石油生产中所占的份额来看，美国第一，俄国次之，委内瑞拉第三。从大约1900—1947年，美国主导着世界石油生产，在石油生产领域开发了大多数相关的技术。①

### 2. 燃油动力

第一次世界大战之后，由于内燃机的广泛应用，汽车工业、航空工业、农业机械化的发展，对能源提出了越来越高的要求。石油较之煤炭有许多优点，如运输方便、能量利用率高、污染程度较低、价格较低廉，因而它逐渐取代了煤炭在能源中的地位，为产业部门提供了更加方便、高效的电力与液体燃料，而且促进了新兴产业的发展，丰富了工业原料供应。要想构建全国性的经济，就需要四通八达的运输基础设施。在19世纪初，美国建设的运河网只覆盖了很小一部分国土，第一个全国性运输体系是铁路，铁路机车燃料由木材和煤炭过渡到柴油。第二个全国运输系统是公路以及小汽车和卡车，这个运输系统的建成无疑促进了美国经济的进一步发展。

石油炼制不仅为航运、陆运、航空行业提供高效率的燃料，而且还为纺织等加工行业提供了替代天然原料的化工原料，解决了天然原料不足的问题，极大地丰富了物质生产，使得工业生产体系由加工天然原料扩展为加工化工原料，产业链进一步延长，能源结构又一次发生了质的变化，即一次能源结构逐步由以煤炭为主转向以石油为主，生产与生活更多地使用二次能源。随着石油加工与开采技术的日渐成熟，内燃机得到了迅速的发展。20世纪初，美国实际上已经引领世界的石油生产，并且主导着世界石油相关技术的研发。②

---

① 约翰·R·麦克尼尔，格非.能源帝国：化石燃料与1580年以来的地缘政治［J］.学术研究，2008（6）：7.

② ［美］格罗弗、［美］康乃尔编，中国计划建设学会译.美国实业发展史［M］.上海社会科学院出版社，2016.

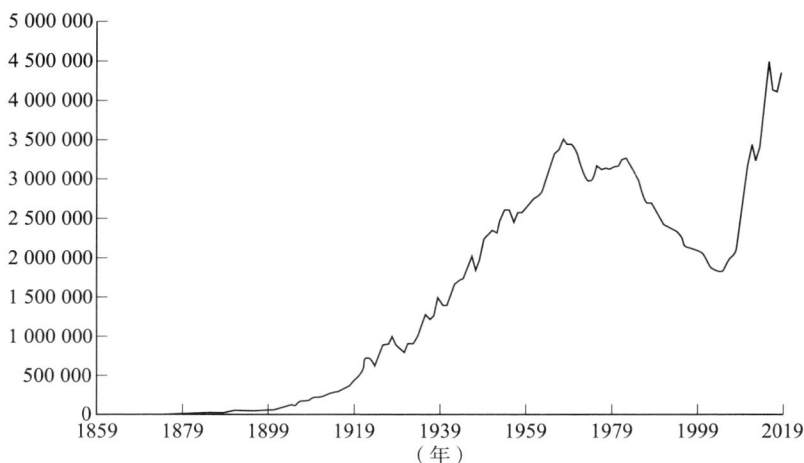

图 10　1859—2019 年美国原油产量（单位：千桶）[①]

　　大型发电站和送电网的建设、石油的开采与输油管道建设以及制造业内部工厂设备和生产的扩大，显著刺激了钢铁工业的发展。[②]在内燃机的普及过程中，美国凭借着当时在石油产量上的优势率先实现了内燃机的大规模利用，建立了世界上第一个以汽车为中心的经济体系。1903 年亨利·福特和朋友一起在美国钢铁之城底特律成立"福特"汽车公司，尔后在汽车生产中引入流水线，使生产成本大幅度降低，汽车价格很快降低到一般家庭都可以承担的程度。从宏观上看，内燃机的大规模利用表现为石油消费量的迅速增加。据统计，美国的石油消费量在1910 年后开始迅速上升，1920—1940 年，美国石油消费量增加了约 3 倍。与此同时，石油在美国能源消费中的比重也逐渐增加，1950 年美国石油消耗量占总能源消耗的比重已经达到 38.5%，首次超过了煤炭 35.7%。至此，石油成为美国能源消费结构中的主导燃料。[③]可以说，1920 年以后的美国工业化是建立在以石油工业为中心的得克萨斯州到以汽车工业为中心的底特律的这条轴心线上的。

---

　　①　数据来源：美国能源信息署，https://www.eia.gov/dnav/pet/hist/LeafHandler.ashx?n=PET&s=MCRFPUS1&f=A.

　　②　龚淑林. 美国第二次工业革命及其影响［J］. 南昌大学学报（人文社会科学版），1988（01）：67-74+101.

　　③　曹峰毓. 国际能源革命与中国的对策［D］. 云南大学，2019.

从19世纪70年代至20世纪初，以发电机、内燃机、电动机的发明与运用为标志的第二次工业革命爆发。内燃机使用液态能源，能源效率更高。发电机的发明使得人类所需的能源形式——光、热和机械动能都转换为电能，并可以通过电网远距离传送。第二次能源革命产生的两个结果：一是内燃机、发动机不像蒸汽机那样直接燃烧煤炭，而是使用由原油炼制的成品油，由此促进了石油炼制行业和发电业的发展。二是生产和生活中更多地使用"加工过"的能源，形成了能源原料和能源产品之分。①

### 3. 电力革命

以电力为代表的第二次工业革命兴起的时候，技术发明和创造的主要国家已由英国变为德国和美国。此时美国充分利用已有的理论突破和发明，不断改进创新，推出一大批实用性成果。1876年爱迪生在门罗公园设立了世界第一个工业实验室，在这里开始了他的弧光灯、白炽灯的试验。爱迪生通过1300多次试验，终于在1879年制造了第一只实用的白炽电灯泡，标志着电力革命时代的开端。电灯的发明导致了输电、配电、直流变交流、高压变低压等一系列技术与设备的发明和改进，1882年爱迪生又在纽约市珍珠街建筑了第一座商业火力发电站，装置了6部直流发电机，是当时世界上第一座较正规的大电厂，随后美国各地还建立起150多个小电站。1889年，3个分别生产电灯、发电机和传送电缆的分公司，合并成为爱迪生通用电气公司。

由于爱迪生的直流供电法传输电压过低，电力不能输送到一英里以外，不适合大规模传输和使用。1887年，塞尔维亚裔发明家尼古拉·特斯拉发明了交流电动机，设计了交流电系统，解决了电力工业发展的关键问题。1886年，乔治·威斯汀豪斯创办西屋电气公司，开始制造变压器、交流发电机和其他交流电器，用25万盏西屋牌电灯点亮了芝加哥世博会。美国是世界最早在工业领域对电力进行大规模应用的国家，早在1892年，美国已经建成了超

---

① 史丹. 论三次能源革命的共性与特性 [J]. 价格理论与实践，2016（01）：30-34.

过500座发电站，并在1898年进一步增加至2774座。[①]据统计，1913年英国占世界工业生产总值的比重为14%，德国为15.7%，美国为35.8%。进入20世纪后，美国工业用电量加速上升，截至1920年，工业已经成为该国最大的用电部门，电力消费量达到了总能源消费的一半。

在电力技术发明中，具有重大影响力的事件还有电话普及。尽管亚历山大·贝尔拥有电话的发明专利，但意大利裔安东尼奥·梅乌奇才是电话的真正发明人。[②]1880年贝尔电话公司成立，电话逐渐成为简便的通信工具。1910年美国使用的电话已达700多万台，1914年已经有1000万台。1920年贝尔系统的电话公司几乎拥有全国75%的电话。1925年建立了贝尔电话实验室，成为当时世界最大的工业研究实验室，"是美国电气工程的转折点"。[③]

凭借着油气与电力革命带来的经济发展，美国的生产力出现了历史性飞跃。美国的重工业在国民经济中占据主导地位，工业产值在1894年超过英国，跃居世界首位，实现了"弯道超车"，成为油气与电力革命最大的受益国。美国逐渐凭借石油垄断优势，大量制造出口钢铁、汽车等现代工业制品，取代了英国在国际贸易上的霸主地位。

## 第二节　生产手段的革命造就垄断资本主义

第一次工业革命使美国的经济结构与社会结构发生巨变，加速了美国的工业化与城市化进程。第二次工业革命以电力为主导技术，与内燃、冶金等新技术、新设备以及石油化工技术组成了新的技术工艺体系和新的生产管理方式，使美国的生产力实现了飞跃式的发展，工业化基本完成。电力、石油、

---

① 龚淑林.美国第二次工业革命及其影响［J］.南昌大学学报（人文社会科学版），1988（01）：67-74+101.

② 美国众议院第269号决议，2002. 详见：https://www.congress.gov/bill/107th-congress/house-resolution/269/text.

③ 龚淑林.美国第二次工业革命及其影响［J］.南昌大学学报（人文社会科学版），1988（01）：67-74+101.

钢铁在推动美国工业迅速发展的同时，也带动了矿业、交通运输业的发展，并进一步促进了农业的发展，最终美国成为世界头号工业强国。[①]经济结构的变化使美国社会阶层发生巨大转变，全国人口和资本主义国内市场明显扩大，对美国资本主义经济发展起到重要支撑作用。

### 1. 工业基地

在第一次工业革命期间，伴随着工业化的发展，美国的经济结构与社会结构发生了重大而深刻的变化，"以煤、铁和蒸汽为基础的新型工业经济取代了以农业和手工业为基础的经济体系。"[②]美国在新兴工厂工业的推动下，城市的数目和人口迅猛增长，美国有1/4的人口生活在城市里，多数城市成为近代工业基地，从而大大加强了城市的作用和意义，并以最大的城市纽约为首，初步形成一个城市体系，城市中的交通运输业的迅速发展进一步加强城市与城市，城市与城乡等的经济联系，使城市经济快速地发展起来，加速城市化进程。1860—1910年美国城市人口从600万激增至4400万[③]，1920年，城市人口是全国人口的51.4%，1930年增至56%。

随着第二次工业革命的深度发展和垄断组织的形成，一系列大中城市规模扩张迅速，美国的城市数目快速增加，各城市在相互联系的基础上形成了全国性的现代化城市体系，这一轮城市化的起点不同于从前，而是建立在东部工业的纵深发展和第一次工业革命的高起点基础之上，城市工业企业一开始就是大规模企业，能够更多地利用新技术、新产品。[④]随着工业化的实现，城市数量剧增，规模扩大，尤其是在西部地区。恩格斯指出："资本主义大工业不断地从城市迁往农村，因而不断地造就新的大城市"。[⑤]彼时的西部位于

① 杨发琼，吴志锋，杨敏. 美国二次工业革命及泰罗制、福特制背后的经济增长逻辑［J］. 时代金融，2017（2）：2.

② 马骏，刘亚平. 美国进步时代的政府改革及其对中国的启示［M］. 上海人民出版社，2010.

③ ［美］廷德尔、［美］施著，宫齐等译. 美国史［M］. 南方日报出版社，2012.

④ 赵明杰. 浅析美国的工业革命与城市化进程［J］. 唐山师范学院学报，2005，27（1）：4.

⑤ 韦建桦主编. 马克思恩格斯文集（第9卷）［M］. 人民出版社，2009：313.

美国经济区的边缘地带，在美国第一次工业革命时期，还是刚刚开发起来的农业地区，在工业革命深入发展的推动下，1860年才建造了10座炼铁炉，整个西部基本上是东北地区农产品和原料的供应地，也是东北部工业品的销售市场。在第二次工业革命时期，西部的主要城市呈现出跳跃性发展，这是美国工业化纵深发展的最直接反映。就整个西部而言，从1860年到1910年，城市人口总数由600万增加到4200万，城市化比例由20%增长到46%，高于全国平均水平（45.5%）。[①]西部地区用50年左右的时间，就基本实现了城市化，西部小城镇兴起的同时，大城市的发展更加迅速，几个地区性中心城市在很短时间内就完成了小城镇向一般城市再向地区性中心城市的过渡。譬如，旧金山原是一个小村落，1860年发展到拥有5600人口的城市；60年代末人口增长到15万，1890年再增至30万人，成为西部居统领地位的大商埠，在全国大城市中名列第9位；落基山东麓的丹佛，1860年在地图上还找不到它，到1900年其人口已超过13万，在山区各州城市中首屈一指；洛杉矶1870年仅是几千人的居民点，1910年人口达32万，成为在规模上仅次于旧金山的西部大城市，美国西部地区城市化速度之快，正是工业化时期的特有现象。[②]

## 2. 技术引领

美国工业跳跃式发展和企业的大型化、集中化，为第二次工业革命奠定了雄厚的物质基础。科学技术的发展受国家的经济水平影响和制约，科学技术只有以先进的生产力为基础，并同它相适应的生产关系中的生产实践相结合，才能转化为直接生产力。第二次工业革命改变了美国社会的技术体系，促进了经济的腾飞和工业化的基本完成。这次工业革命以电力为主导技术，它与内燃、冶金等新技术、新设备以及石油化工技术组成一个新的技术工艺体系和新的生产管理方式，使社会生产力出现一次质的飞跃。其发展速度之快、涉及范围之广，是蒸汽时代所望尘莫及的。1870—1913年，美国工业生

① 黄绍湘.美国通史简编［M］.人民出版社，1979.
② 杨荣.工业革命对美国城市化的影响［J］.安庆师范学院学报（社会科学版），2002，21（3）：3.

产增长了 8.1 倍，而同一时期英国增长 1.3 倍，法国增长 1.9 倍。[①]

随着工业革命的开展，美国许多行业取得了新的技术突破，与汽车行业相关的行业比如钢铁、石油都得到了相当程度的发展。英国人亨利·贝塞麦首创酸性底吹转炉炼钢法，标志着早期工业革命的"铁时代"向"钢时代"的演变。钢铁性质更加优良，既坚固又具有弹性，比现有的其他材料更便宜，从而为钢铁迅速打开了广阔市场。1860 年，钢铁工业已经成为规模庞大的一个部门。同时，伴随着鼓风炉容积的扩大，美国钢铁生产每年不断地攀升。[②]1860—1880 年，生铁产量由 8.35 万吨增长到 38.96 万吨，钢产量由 0.12 万吨猛增到 12.67 万吨；铁路长度 1860 年仅 30 万英里，1884 年仅铁路营业里程已达 12.5 万英里；1860 年美国工业产值在世界工业总产值的比重占 17%，不足英国工业产值的一半。1890 年则上升到 31%，英国下降到 22%。[③]1880—1920 年，钢产量由 126 万吨增长到 4280 万吨，占世界钢产总量的 59%，生铁产量由 389 万吨增长到 3751 万吨，占世界总产量的 58.6%。1902—1929 年全国公用和企业用的电站的发电量由 59 亿度增长到 1167 亿度，1880—1929 年石油产量由万桶激增到 10 亿桶，电力和石油已成为美国的主要能源。1929 年美国工业总产值在世界工业总产值中的比重达到 48.5%，超过了英、法、德、日四国工业产值的总和。

### 3. 垄断资本

19 世纪 70 年代后，当英法老牌资本主义国家开始暴露资本主义的腐朽性，经济发展步伐相对迟缓之际，刚刚摆脱奴隶制桎梏的美国却方兴未艾，进入经济增长的狂飙时期。1859—1899 年，全国企业数目增加了 2 倍，投资总额增长近 9 倍，工业总产值增长了 6 倍，美国成为世界上最发达的资本主义

① 徐玮. 略论美国第二次工业革命［J］.世界历史，1989（6）：10.
② 刘文明. 汽车产业兴起与美国现代社会变迁（1900—1929）［D］.湘潭大学，2015.
③ 中国科学院经济研究所世界经济研究室. 主要资本主义国家经济统计集（1848—1960）［M］.世界知识出版社，1962.

国家。在社会生产力高速发展的同时，美国企业日益向大型化、集中化发展。由于美国工业起步晚、企业规模大、技术设备新、竞争力强、重工业发达、工业的地区分布也比较集中，因此企业间的竞争短兵相接、异常猛烈，资本和生产集中得极为迅速。与其他国家相比，美国垄断组织出现得最早、发展得最快、垄断的程度也最高。早在1870年就在工矿业和铁路业中出现了称作"普尔"的垄断组织，1880—1890年是垄断组织的高级形式"托拉斯"的大发展时期。1887—1897年拥有100万美元以上的大公司有86个，其中二十几个大公司分别垄断了相关所在部门的生产和销售。垄断组织的产生是社会生产力发展的必然结果，以自由竞争为特征的小企业越来越不适应社会化大生产的需要，因此资产阶级对生产关系进行了局部的调整。垄断性企业的建立给社会带来许多弊端，激发广大工农群众和中小资产阶级的抗议。但是垄断组织将小型分散的企业联合为一个整体，促进企业一体化进程提高了管理效率。

第二次工业革命使得美国的生产力实现了飞跃式的发展，经济结构的变化也使得美国社会阶层发生了实质性的改变。农业人口大幅度减少，拥有自身财产的独立业主、商人等老式中产阶级也在消退，取而代之的是大企业里的管理人员、公务人员、技术和工程人员等新的白领阶层，以及半熟练工人。同时，大批外国移民来到美国，不仅带来了先进的科学知识和生产技术，也使全国人口和资本主义国内市场明显地扩大，这就对美国的经济发展起了巨大的支撑作用，推动了城市化的稳步过渡和高效发展[①]。

## 第三节　"制海权"国家战略将美国推上"世界警察"之位

进入帝国主义时代的美国将全面制海权作为国家战略目标，通过控制海洋进而控制陆地，开始大规模向海外扩张。美国充分利用石油优势，创建了

---

① 赵明杰.浅析美国的工业革命与城市化进程［J］.唐山师范学院学报，2005，27（1）：4.

新型军事机器，打造以石油为动力的海军，进而建立能源军事—工业复合体，在第二次世界大战中变得高效而强大。

## 1. 世界大战

英国近代海军的奠基人约翰·阿巴斯诺特·费舍尔率先认识到石油的军事重要性，认为"石油燃料将使海军战略发生一场根本的革命，它将是一个唤醒英国的事件！"在费舍尔与时任海军大臣温斯顿·丘吉尔的推动下，英国海军攻克重重技术困难，在全球最先使用燃油锅炉为海军主力舰艇提供动力。不同于煤炭资源的广泛分布，当时整个欧洲并不出产石油，这种舰船燃料供应的转变，对英国海军能源安全造成了极大的威胁。为此丘吉尔积极推动英国介入中东石油开采，从而获得稳定的石油来源。

19世纪末，进入帝国主义时代的美国开始大规模向海外扩张，将全面制海权作为国家战略的目标，通过控制海洋进而控制陆地。美国迅速利用了本国石油的潜在优势，创建了自己的新型军事机器。这种变化可以分为两个阶段：第一阶段就是打造以石油为动力的海军，推动舰船在不用补给燃料的情况下扩大军事活动范围，同时还减少了船上必须携带的非战斗人员数量。第二阶段是在日本偷袭珍珠港后建立了军事—工业复合体，创建了一个完全以石油为燃料的军事机器，以及包括空中力量、海上力量和陆上的机动性等三方面内容的能源密集型先进军事体系。美国《全国工业复兴法》和经济刺激方案带动海军扩建浪潮，通过凯恩斯"看得见的手"方式，政府无论是战争用品的生产、公共建设、还是财政货币政策，都成为GDP的参与者，甚至贡献者。战争高峰时期，美国海军战舰达50759艘，飞机40392架，航空母舰34艘，海军陆战队66.9万人。[1]

1913—1950年，美国为整个世界演绎了煤炭时代到石油时代的巨大变迁，燃油内燃机的进步急速带动了石油需求总量，美国石油产量占煤炭能源使用量由6.3%飙升至96%。美国迅速利用石油的潜在优势，建立了能源密集

---

① 吴学军，南湘. 美国海军的历史与现状［J］. 军事历史，2003（01）：57-61.

型军事—工业复合体。在美国有相当部分石油企业，设置有军工生产部门，用实际行动诠释"战争是有利可图的"，其为石油而战。

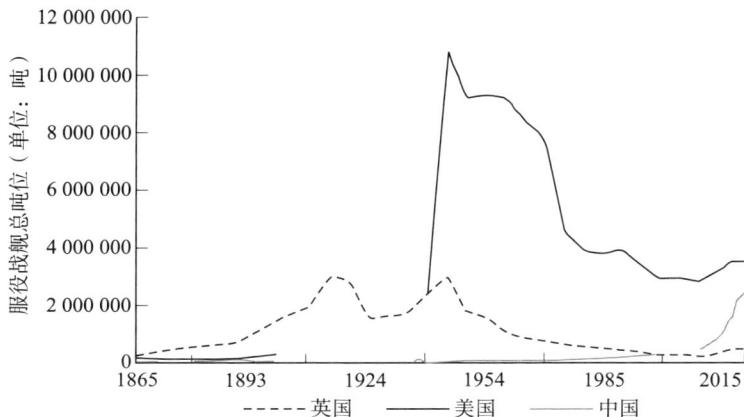

图11　1865—2019年美国服役战舰总吨位对比[①]

　　第二次世界大战导致英国、日本两大海权国家没落，美国海权就此崛起。战后美国在经济总量上远远超过英国、法国、德国，并超过整个西欧经济总产值的总和，成为名副其实的全球经济霸主。直至20世纪60年代末，美国凭借明显的海上优势，在美苏争霸中处于上风。冷战期间，美国海军在诸如朝鲜战争、越南战争等侵略战争中发挥了重要作用。冷战结束后，美国凭借无与伦比的综合实力，真正成为全球霸主，美国军方使用的石油比世界上任何其他机构都要多，是世界上最大的石油消费者。[①]

## 2. 战争机器

　　石油可以直接应用于美国的军事发展，就像煤炭直接用于英国的军事一样。美国迅速利用了石油的潜在优势，创建了自己的新型军事机器。这种变化可以分为两个阶段。第一阶段就是打造以石油为动力的海军。对海军舰船来说，石油比

---

　　①　美国的忧思科学家联盟（Union of Concerned Scientists）报道：每年，美国军队消耗超过1亿桶的石油，来为其船只、车辆、飞机和地面作战装备等提供动力。假设每加仑石油可行驶25英里，那么，这些石油足够环绕地球400万次。详见：https://www.ucsusa.org/resources/us-military-and-oil

煤拥有更多优势，因为单位重量的石油蕴藏的能量更多。它可以推动舰船在不用补给燃料的情况下扩大活动范围，同时还减少了船上必须携带的人员数量。

第二阶段是美国在1942年建立了自己的军事—工业复合体。1941年日本偷袭珍珠港后，美国迅速启动了庞大的战争机器，其核心是在加利福尼亚、西雅图、弗吉尼亚以及底特律等地建立了海军造船厂。美国造船厂生产的5700艘舰船中有700多艘是油轮。加利福尼亚的贝克特尔—麦康船舶公司是主要油轮供应商，33天就可以造出一艘2.28万吨位的油轮。底特律还制造了数以万计的卡车、坦克和飞机。短短的几个月内，所有的汽车厂都摇身一变转产军事设备，创建了一个完全以石油为燃料的军事机器和包括空中力量、海上力量和陆上的机动性等三方面内容的先进军事体系。显然，这是一个能源密集的军事体系，使得美国在第二次世界大战中变得高效而强大。

### 3. 海上霸权

美国海军的航母设计与建造方面，均受到1922年《华盛顿海军条约》和1930年《第一次伦敦海军条约》的限制。1939年9月1日德国入侵波兰，第二次世界大战爆发，上述海军军控条约随即失效，埃塞克斯级航空母舰的设计方案也在此时被确定下来。随后的提康德罗加级巡洋舰根据战争经验改动了舰体设计，加装高射炮强化防空火力，全舰长度由872英尺增至888英尺，因此也被称为长舰体埃塞克斯级。而独立级轻型航空母舰是由于战争初期，美国亟须航母力量用以对日作战，但是埃塞克斯级航母建成尚需时日，为了快速扩充海军航母力量，罗斯福总统批准把9艘克利夫兰级巡洋舰改装为独立级航母。[1]第二次世界大战期间的美国海军战列舰以高航速为特点，这一设计理念的产生有以下几个原因：首先，美国海军在发展战列舰的初期，便受到了约翰·阿巴斯诺特·费舍尔"战列巡洋舰"概念的影响。面对广袤的太平洋，重装甲和大口径火炮组成的航速较慢的设计方案显然不太适用，轻装甲和高

---

① 戴博元.第二次世界大战时期美国海军发展研究［D］.西北师范大学，2019.

航速则受到青睐，而且装甲厚度的削减并不意味着舰只防御能力的降低，正如费舍尔所说，"速度就是装甲"。①此后美国的战列舰则沿袭了这一传统；其次，发动机技术的进步与装甲材料的发展破除了技术上的障碍，使得美军可以在使用更轻的装甲的同时，达到更好的防护效果；再次，来自潜在的主要竞争对手的压力，使美国海军不得不提高战列舰的航速，"根据1936年的海军情报，日本帝国海军长门级战列舰的速度超过26节，而大和级战列舰的速度预计比它还要快得多"②；最后，在经历了关于海军应按船型还是任务进行舰队组织的辩论之后，以任务为导向的特遣舰队成为太平洋战争期间对日本法西斯作战的基础。在航母的建造方向被确定为大量的小型快速航母集群的前提下，战列舰必须跟上航母的航速。因此，1937年开始修建的北卡罗来纳级战列舰的航速为27节，1940年的南达科他级战列舰提高到了30节，而1941年的依阿华级战列舰已经达到了史无前例的35节。所以，在太平洋战争期间，速度成了战列舰设计与建造的首要指标。

太平洋战争期间，美国海军战列舰大致可以分为1921年前建造入役和1937年后建造入役两个部分。第一部分战列舰中有8艘在日本偷袭珍珠港中被击沉或击伤，但是在珍珠港事件后，有6艘被打捞修复，继续服役。在太平洋战争前期，这批战舰多在大西洋地区执行护航任务或中立巡逻，在1942—1944年间均进行了现代化装备改装，加强防空火力和鱼雷防护能力，完成改装后执行支援两栖登陆的任务。③

第二部分是10艘新建的战列舰，分别为北卡罗来纳级、南达科他级和衣阿华级快速战列舰。其中，北卡罗来纳级是美国海军根据《第二次伦敦海军条约》建造的第一级快速战列舰，在南达科他级服役之前，北卡罗来纳级是当时为美国海军快速航母编队护航的唯一战列舰。两艘舰均采用了当时较为

---

① McBride, W. M. Technological Change and the United States Navy, 1865–1945 [M]. JHU Press, 2000：113.

② Spector R H. Listening to the enemy：key documents on the role of communications intelligence in the war with Japan[M]. Scholarly Resources, 1988：9.

③ 戴博元. 第二次世界大战时期美国海军发展研究 [D]. 西北师范大学，2019.

先进的火控雷达，大幅度提高了主炮的远距离命中率，这也在后来的瓜达卡纳尔战役中得到了验证。

在潜艇建设方面，从20世纪20年代开始美国国内关于如何运用潜艇的争论，持续了近20年。在最初的争论中，"一部分军官想将潜艇的身量缩减至800吨，主要用于海岸防御和布雷。另一部分则主张按照1930年《第一次伦敦海军条约》规定的2000吨的上限建造大型潜艇，用以紧密配合舰队行动"。①因为1930年《第一次伦敦海军条约》的限制，美国海军潜艇的总吨位不得超过5.27万吨，所以这次争论在当时关乎美国海军舰艇将如何建造与发展，是建造数量较少的大吨位舰队潜艇，还是建造大量的小型潜艇。最终，美国海军在20世纪30年代末采纳了折中方案，即"建造1450吨左右的中型舰艇，其使命是针对敌军战舰进行独立的消耗战，这样的潜艇可以脱离舰队和海岸巡逻队单独行动"。②1936年，美国海军做出决定，建造1450吨的中型潜艇，命名为重牙鲷级潜艇。1940年，美国海军在重牙鲷级的基础上开始建造2000吨的小鲨鱼级潜艇，加上在战争期间开始建造的白鱼级潜艇，以及战争后期建造的丁鲷级潜艇，这三种型号的潜艇构成了美国海军在第二次世界大战期间的主力潜艇。③

表6　美国海军部力量的提升（1899—1916）④

| 年份 | 花费（单位：百万美元） | 海军兵力 | 海军陆战队兵力 | 主要作战舰只 |
|---|---|---|---|---|
| 1899 | 64 | 16354 | 3142 | 36 |
| 1904 | 102 | 32158 | 7584 | 29 |
| 1908 | 118 | 42322 | 9236 | 62 |
| 1912 | 135 | 51357 | 9696 | 64 |
| 1916 | 153 | 60376 | 10601 | 77 |

---

① ［美］贝尔著，吴征宇译.美国海权百年：1890—1990年的美国海军［M］.人民出版社，2014：163.

② Gary E. Weir. Building American Submarines（1914—1940）［M］. Naval Historical Center, 1991：23–46.

③ 戴博元.第二次世界大战时期美国海军发展研究［D］.西北师范大学，2019.

④ ［美］阿伦·米利特、［美］彼得·马斯洛斯基、［美］威廉·费斯著，张淑静等译.美国军事史：1607—2012［M］.解放军出版社，2014：262.

2019年6月，美国海军海上系统司令部电力舰艇办公室发布新版《海军电力与能源路线图》，细化了舰艇装备对未来电力与能源系统的需求，进一步明确了未来舰艇将使用12千伏直流电系统，强调了舰艇电力系统应能够支撑激光武器、防空反导雷达、电磁导轨炮等高能耗装备用电需求，突出了以储能为核心的能量库系统，并提出了与海上无人系统相关的电力需求。[①]

# 第四节　"石油—美元"计价体系造就美元霸权

英镑时代逐渐落幕与美元霸权强势崛起的背后，是英美两国在国际货币体系中主导地位的激烈争夺和漫长博弈。第二次世界大战后，美国获得压倒性优势，成为资本主义世界头号强国，英国经济实力更加衰落，以英镑为中心的世界货币体系难以维系。布雷顿森林体系的建立正式确立了美元在国际货币体系中的主导地位。在该体系下，美国央行将黄金作为储备，而其他各国的储备通货主要是美元，同时，美元盯住黄金，多国货币与美元挂钩。20世纪70年代，美元与黄金脱钩后，美元成为石油唯一计价货币，"石油—美元"计价体系的确立，使美元成为国际大宗商品计价和交易的主要货币。石油美元对于维系美元国际货币地位发挥了不可替代的重要作用。

## 1. 美元崛起

新航路开辟前，世界各国实行不同的货币政策。新航路开辟后，随着国际贸易往来日益频繁，对于一种在世界范围内适用货币的需求逐渐凸显。1694年，英格兰银行开始发行纸币英镑，1英镑等于20先令，1先令等于12便士。1717年，英国议会将"基尼"金币的名义价值确定为21先令，此后，"基尼"金币成为主要流通货币，黄金和英镑实际上挂钩，英国实质性进入金本位时代。1816年，英国通过"金本位制度法案"，以法律形式正式确认金

---

① Richardson J M. Naval Power and Energy Systems, Technology Development Roadmap（US Navy Power and Energy Leap Forward）[J]. Naval Sea Systems Command, 2019.

本位制（以黄金为本位币的货币制度）。

伴随着大英帝国霸权的扩张，金本位从英国走向世界，短时间内，黄金成为世界上绝大多数国家市场上流通的货币。18世纪中后期，第一次工业革命爆发，英国成为世界工厂，英国在资本主义世界的霸主地位完全确立。19世纪80年代，金本位成为国际货币体系的基础，形成一个具有国际性规模的货币制度——国际金本位制，这也是人类历史上最早的、统一成型的国际货币体系。英镑成为国际结算中的硬通货，不仅在英国殖民地和附属国广泛使用，而且被其他国家用作外汇储备和对外结算货币，在国际金融领域里占据了霸主地位。

第二次工业革命中，英国被美国、德国赶超，逐渐丧失了世界工厂地位。在美国成为全球最大单一经济体的30年后（1899年），全球外汇储备份额英镑64%、法郎16%、德国马克15%、其他6%（美元大约1.5%）；在美国成为全球最大经济体的43年后（1913年），全球外汇储备份额英镑48%、法郎31%、德国马克15%、其他6%（美元大约2%）。美元占区区2%的市场份额[①]，对当时已经做了43年"全球第一"且已经完成全面工业化的美国而言，打破英镑霸权的目标看起来依然遥遥无期。随着1914年美国联邦储备系统的建立，以及第一次世界大战阻碍了欧洲各国的黄金自由兑换，进一步推动美元替代英镑和黄金，成为世界各国争相持有和存储的国际货币。

第一次世界大战使英国经济受到重大打击，英属殖民地纷纷独立，英国的霸权地位受到严重挑战，美国崛起为世界头号经济强国，国际金融中心开始从伦敦转向纽约，英镑的影响力被美元蚕食。1929年在美国成为全球最大单一经济体的59年后，全球外汇储备份额英镑38%、美元54%、德国马克与法郎及其他为8%，美元对英镑已经形成了压倒性的优势。1929—1933年美国发生金融危机，大萧条不仅在美国国内造成紧缩，也刺激了美国资本从国外撤回本国，使欧洲陷入流动性短缺的危机之中，造成西方世界严重的经济大萧条。大萧条期间英国的财政赤字已经达到国民生产总值的两倍。1932年

---

① Q3 2021年全球外汇储备中人民币占比2.4868%，数据来源：https://data.imf.org/?sk=E6A5F467–C14B–4AA8–9F6D–5A09EC4E62A4

9月21日，英格兰银行不再支付黄金，英国放弃金本位制，英镑大幅贬值，整个世界都在抛售英镑，兑换黄金，重创以英镑和金本位构筑起来的"英国治下"的国际经济体系。

英镑的衰落和美元的崛起背后，是英美两个国家之间旷日持久的较量。面对摇摇欲坠的国际经济体系，作为旧体系领头羊的英国和当时早已成为世界最大经济体的美国都出台了各自的对外经济战略。以1934年《互惠贸易法案》为标志，美国打着重建世界经济繁荣和缔造永久和平的大旗，意欲在国际经济领域实施一场"新政"，旨在主导世界经济体系与国际和平。面对危机和每况愈下的国际地位影响，英国制定了退而自保的战略，放弃自由贸易，组成以英国为核心、以英帝国为防线的"帝国特惠制"，通过大量双边支付和贸易协议，维持和扩展英国的经济势力范围。[①]

第二次世界大战爆发后，英国在军事和战略物资方面全面依赖美国的援助，完全失去了与美国抗衡的资本，为美国问鼎世界经济霸权带来了新的机会、战略和动力，加速了这一权势转移过程的完成。美国借第二次世界大战领导者和战略物资提供者之便，一举取代英国成为国际经济体系中的领导国家。战后的美国成为资本主义世界头号强国，英国经济实力进一步衰落，英国成为美国的债务国，英镑地位更加衰败，以英镑为中心的世界货币体系难以维系。

第二次世界大战后，在与法西斯主义斗争时，大国之间结成的联盟很快被苏联和西方世界之间的冷战所替代。此后的20年国际政治的主要任务是进行自我调整，以适应美苏对抗的新形势。[②]为了应对苏联，美国以军事力量为后盾，并以多元化原则为基础制定了体现美国利益的规则，并建立了自由资本主义世界的政治经济秩序。与19世纪英国主导的金本位制相比，第二次世界大战之后的布雷顿森林体系在组织结构、运行方式等方面发生了重大变化。其运行结果尽管保证了一段时期内国际金融体系的稳定，但最终维护的是美

① 张振江.从英镑到美元：国际经济霸权的转移（1933—1945）[M].人民出版社，2006.
② [美]科什纳著，李巍译.货币与强制：国际货币权力的政治经济学[M].上海人民出版社，2013：206.

元霸权。因此，即使在后布雷顿森林体系时代，国际金融体系运行方式发生了重大变化，但布雷顿森林体系的遗产仍然保障了美元霸权继续维持。[①]

### 2. 绑定黄金

两次世界大战使美国黄金储备与贸易顺差迅速增加，英镑作为国际贸易、投资、金融交易、储备货币的地位江河日下。在美国占据全球3/4的黄金储备与拥有强大的经济、军事实力的条件下，为确立美国的全球金融霸权，同时考虑到战后多国对稳定汇率、刺激出口、复苏经济的诉求，美国借机推出"怀特计划"，经过多国协商，布雷顿森林货币体系应运而生。

1944年7月，44个国家在美国新罕布什尔州布雷顿森林镇召开会议，确立了第二次世界大战后的国际金融新秩序，即布雷顿森林体系。布雷顿森林体系的实质是一个多边的、以美元为基础的国际支付体系，其核心内容是"两挂钩、一固定"，即美元与黄金挂钩，每盎司黄金等价于35美元，各国货币与美元挂钩，实行汇率紧盯制度。至此，以美元—黄金挂钩为基础的金汇兑本位制度确立，以美元为中心的国际货币体系形成。布雷顿森林体系以黄金为参照，以美元为中心，建立了各国货币间的兑换关系，为美国过剩物资和资金进入欧洲打开了通道，推动了战后欧洲的重建和经济腾飞，并确立了现代国际贸易体系，促进了国际贸易的发展和全球经济的相互依存。

布雷顿森林体系是以美国经济在全球经济中的霸主地位为基础，其自身存在着难以持续的问题，这就是著名的"特里芬难题"。按照美国经济学家罗伯特·特里芬的说法，如果美元与黄金要保持固定比价，其他货币与美元保持固定汇率机制，美国的经常账户就必须保持顺差或维持平衡，否则人们对美元的信心就会丧失。同时，为了维持全球经济与贸易的扩张，需要把美元输送到世界各地，满足世界对美元的需求，美国的经常账户又必须是逆差，此种"两难困境"决定了布雷顿森林体系难以可持续发展。[②]

① 李向阳.布雷顿森林体系的演变与美元霸权［J］.世界经济与政治，2005（10）：14–19+4.
② 李向阳.布雷顿森林体系的演变与美元霸权［J］.世界经济与政治，2005（10）：14–19+4.

20世纪50年代，美国的生产性投资出现停滞，而其他西方发达国家的经济迅速恢复，导致美国实体经济在与西欧和日本的竞争中逐渐丧失优势。美国多次爆发美元危机，加上军费开支巨大与国际收支恶化，美国经常项目赤字严重，而美元发行量无节制地迅速扩大，美元信用受到挑战。外国政府和私人企业为了回避美元贬值的风险，持续大规模向美联储兑换黄金，导致美国黄金储备大规模外流，撼动了布雷顿森林体系的基石。在黄金储量不足的情况下迫切需要货币贬值以缓解贸易逆差的持续扩大，美元与黄金的固定兑换关系有必要进行调整。其结果是，1971年美国不得不推行"新经济政策"，不再履行布雷顿森林体系下美元与黄金之间的固定汇率和自由兑换义务，宣布美元大幅贬值，布雷顿森林体系随之瓦解。在经济与政治双重施压下，其他发达国家被迫实行浮动汇率制度。

### 3. 石油美元

为了打破西方国家对国际油价的掌控，掌握自主定价权，1960年沙特、伊朗、委内瑞拉等产油国联合成立了石油输出国组织，协调和统一成员国石油政策，维持国际石油市场价格稳定，确保获得稳定收入。1973年10月，第四次中东战争爆发，阿拉伯国家纷纷要求西方国家改变对以色列的庇护态度。随着石油输出国组织中的阿拉伯成员国对支持以色列国家实行石油禁运政策，国际石油价格急剧增长，对西方国家经济造成重创，给世界工业增长造成了巨大的打击。

1974年8月，美国在能源供给侧与沙特阿拉伯秘密签署了"不可动摇协议"。沙特阿拉伯承诺只接受美元作为本国石油的标价和交易货币，以换取美国对沙特王室政权的支持和保护。同年11月，美国在能源消费侧倡议成立了代表西方石油消费国利益的国际能源署（IEA），将石油消费国组织起来建立统一战线，共同应对可能出现的新的石油危机。美元锚定石油，其汇率与国际油价高度负相关，美元成为国际大宗商品计价和交易的主要货币。

1975年，美国陆续与石油输出国组织成员国达成协议，将美元确立为石油唯一计价货币。"石油美元"体系的巩固意味着美国能够有效地部分控制世界石油市场，对于维系美元国际货币地位发挥了不可替代的作用。初期，"石油美元"环流主要发生在美国、石油输出国组织、欧洲和日本之间。美国通过购买石油、商品和服务输出美元，沙特阿拉伯等国家向美国购买军火并投资美国国债将美元流回美国。随着后期亚洲对石油需求量的增加，"石油美元"环流参与国进一步增多，世界各国不得不像储备黄金一样储备美元，因为如果没有美元就无法从国际市场购买石油。

从布雷顿森林体系瓦解到20世纪80年代中期是美元霸权的调适期，日本与欧洲货币在国际金融领域的地位不断上升。进入1980年以后，美国政府实施经济复兴计划，在降低通货膨胀率和失业率方面取得了明显的效果，但也使美国经济出现了新一轮的失衡，贸易逆差和财政赤字不断扩大。1985年，美国、英国、日本、德国和法国在纽约广场举行会议，签订了历史上著名的"广场协议"，此协议要求美元对这几国的货币相继贬值，以此来解决美国的贸易赤字问题。"广场协议"迫使日元和主要欧洲货币大幅升值。结果是美国的经常账户得到了改善，到20世纪90年代初期基本上实现了平衡。[①]

自20世纪末至今，虽然天然气、太阳能、风电等各类新能源逐步崛起，但石油仍旧是世界上需求量最大的能源。随着原油期货和期权等金融衍生品的出现，石油美元的流通性与重要性进一步提高。近年来，美国以美元作为武器对产油国实施制裁，松动了"石油美元"的基础，加速了能源贸易"去美元化"。伊朗开始在石油贸易中使用欧元和人民币结算，印度积极推进与俄罗斯开展卢布—卢比结算，俄罗斯能源贸易正改用卢布和人民币等结算，金砖国家和东盟等新兴经济体推动本币结算。尽管"去美元化"是一个历史过程，但这个过程已经开始。

---

① 李向阳.布雷顿森林体系的演变与美元霸权[J].世界经济与政治，2005（10）：14-19+4.

# 第九章

# 从煤炭到石油，从大不列颠到美利坚

能源的高效开发和利用是推动工业革命的基础力量。英国将煤炭开发与蒸汽动力相结合，成为最早的资本主义工业化国家，成就了"日不落帝国"的辉煌。然而，堪称老牌资本主义国家的英国，由于资源禀赋、社会政治、经济危机等诸多因素交织影响，未能在第二次能源革命进程中抢到能源转型发展的先机，主导世界经济发展的重心开始向美国倾斜。

## 第一节　英国能源转型发展的先天劣势

英国，这个工业革命的发源地，曾在能源领域引领世界。然而随着19世纪下半叶以石油和电力为代表的全球能源结构转型，日不落帝国的诸多先天劣势开始显现。在19世纪下半叶到20世纪初，英国多地出现煤炭资源枯竭的现象，这使得煤炭产业面临严重的生产压力。由于大量燃烧煤炭，英国的空气污染导致的死亡率急剧上升，引起了社会各界对环境问题的关注。

### 1. 红利耗尽

英国煤矿埋藏浅，开采成本低，又靠近通航水域，廉价煤炭的大量使用使英国摆脱了因木材短缺而受到的资源约束，也标志着人类从利用有机能源向利用矿物能源转变。能源技术的进步对于推动工业革命具有重要意义，工业革命使英国成了世界工厂。1820年，英国占世界工业生产总额的一半，把其他国家远远甩在后面。1840年，英国工业生产产值在世界工业生产产值中占45%，法国占12%，美国则占11%。之后，英国这一比重虽然由于其他资本主义国家工业的发展而有所降低，但是一直到19世纪70年代，英国在世界工业生产中仍然占据优势地位。[①]然而，煤炭作为一次化石能源，在利用效率、技术创新等方面具有较多限制，在由煤炭向石油的能源转型过程中，英国成为输家，美国登上了称霸世界的舞台。

工业社会的运转离不开石油，石油被称为"现代工业的主要能源"。缺乏石油资源，相当于工业发展的命脉被别人抓在手里。在20世纪六七十年代之前，"贫油国"的帽子一直是困扰西欧国家最大的能源问题。英国有许多煤矿，但1970年北海油田进入油气勘探的丰收期以前，英国本土并未发现明显的油气资源的迹象，这限制了英国早期石油工业发展。所以，尽管英国是老牌资本主义国家，但世界现代石油工业的起源却不是从英国开始的，英国只能在海外寻求石油。英国在缅甸建立了缅甸石油公司，之后又帮助英国人威廉·诺克斯·达西在伊朗建立了英国—波斯石油公司（英波石油公司，后来的英伊石油公司、BP公司），随后又通过英波石油公司插手伊拉克石油开采，还在墨西哥扩展石油事业。总之，英国早期石油工业主要是在国外，而非国内。[②]

在整个19世纪，英国对寻找石油资源和发展本国的石油业并没有十分重视。因此也就谈不上有一套明确的方针政策，其中有本土资源禀赋的限制，也有客观发展条件的困扰。综合来看，主要有以下几方面的因素：一是思想观念上的束缚，当时石油的主要用途是炼制成煤油作为照明的燃料，其次是制成供机器等用的润滑剂或作为燃料代替煤炭使用。它在经济上尤其在军事上的重要性还远没有像后来那样发展起来。二是英国本土有丰富的煤炭资源和发达的煤炭工业，不像意大利等其他一些能源缺乏的国家迫切需要寻找新的能源。三是英国本土石油资源的匮乏，陆上未发现明显的油气资源的迹象，而且寻找石油所需投资和所冒风险都很巨大，在海外尤其如此。四是进口资

---

① ［德］库钦斯基.资本主义世界经济史研究［M］.生活·读书·新知三联书店，1955：41.
② 江文娟.略论英国石油工业的早期发展［J］.内蒙古农业大学学报（社会科学版），2009，11（6）：3.

源的难度进一步加大，进口石油对英国的外贸平衡和国际收支未形成负担。[①]

### 2. 路径依赖

在19世纪末20世纪初，英国建立了数千个煤矿，其煤炭产量在1913年达到顶峰，当时有3024座深矿、110万煤炭工人，采煤量超过了2.9亿吨（英国能源与气候变化部，2015年）。在1921年和1926年，英国出现了两次大罢工，导致煤炭大幅减产，其程度甚至比第一次世界大战导致的减产更加严重，但是在战争期间的1923年，英国煤炭开采量也达到了2.8亿吨，已经非常接近最高历史记录。1947年，英国煤炭行业国有化（创建了国家煤炭委员会），年均开采量依然达到了2亿吨（其中1.9亿吨开采于深井矿），战争后又出现了两次高峰，分别为1952年和1958年的2.3亿吨。

从其工业设施和技术路线来看，英国钢铁业所使用的机械都是按照烧煤的方式设计的。煤炭生产是一个复杂的系统工程，它涉及的程序很多，主要有开采方式、运输、提升、筛选等工艺以及排水、通风和照明。18世纪以前英国的采煤技术还处于原始阶段。大多数煤炭是从地表或是地表以下几英尺的地方获得的，主要依靠的仍是手工劳作以及简单原始的工具。安全技术方面，排水、通风已经开始引起人们的关注，但大多数煤矿是依靠自然力量，利用水沟或水渠排水；通风方面除了自然通风外，有些地方甚至没有任何通风措施。这一时期也有很多进步的方面，例如钻杆、链斗式提升机，以及爆破工作，这些技术进步都是在煤矿开采范围日益扩大的基础上逐渐发展起来的。[②]到19世纪90年代之前，英国已在围绕煤炭利用的基础设施上投入了数十亿英镑。如果要转向石油，就必须改造它花费巨资建成的基础设施。所以，英国无论从技术上还是经济上都闭锁在以煤为核心的体系中，推倒重来对英国当局来说代价巨大。

---

[①]　江文娟.略论英国石油工业的早期发展［J］.内蒙古农业大学学报（社会科学版），2009，11（6）：3.

[②]　吴云霞.论近代英国采煤技术的发展［D］.陕西师范大学，2011.

### 3. 能源转型

美国、俄国的石油工业都是因为煤油需求而发展起来的，其石油工业在石油的煤油灯时代就发展壮大并垄断了世界市场，而英国的石油工业则是在内燃机发明后，应海军的技术革新需求才逐步发展起来的，而且英国的石油政策最初也只是为了保证海军燃料供应而制定的，并非传统的煤油需求。

19世纪80年代至20世纪初，世界科学技术有了进一步的重大发展：以石油为燃料的内燃机研制成功；汽车、飞机等以这种内燃机为动力的机动运载工具相继问世。石油工业进入了一个崭新的时代：它自己的汽车和飞机的时代；它成为当代世界各种机动运载工具的最重要的能源的时代；它由一种一般的矿产品变为具有最重要的经济和军事意义的战略物资的时代。[1]

就英国而言，从20世纪初开始到第一次世界大战爆发的这一段时期，正是英国政府最终确定本国石油政策并开始在海外开展大规模石油资源争夺的时期。英国石油政策的主要内容是保障英国在军事上对石油的需求，在本国和世界各地储备大量石油，并以低廉和稳定的价格从各石油公司获得充分的石油供应，设法直接控制本国的石油公司、国内外的石油资源和石油业务。这一政策成为英国政府从此长期奉行的政策。

英国确立了本国的石油政策后，开始在世界范围内寻找石油资源。英国的一些企业和个人也参加了全球范围内的石油合作与经营活动。例如，壳牌运输与贸易有限公司的创始人塞缪尔兄弟，最初是在伦敦开设珍宝古玩商店并从事远东贝壳运输贸易的商人。从19世纪70年代末起，塞缪尔就开始从罗希尔集团购入一部分沙俄的煤油运到远东销售，同洛克菲勒集团进行了激烈的竞争。到90年代中期，他的业务已发展到很大的规模，并于1896年成立了壳牌运输与贸易公司。为了避免被强大的标准石油公司所吞并，1907年壳牌石油公司和荷兰皇家石油公司合并成立了荷兰皇家/壳牌集团（荷兰股权占

---

① 邓蜀生.关于美国华人历史的几点思考［J］.世界历史，1988（01）：116–127.

60%，英国占40%）。同时，在英国的殖民地缅甸也发现了石油，1886年一个苏格兰商人组成伯马（即缅甸）石油公司，从事缅甸石油开发，尽管缅甸的石油产量还不到世界总量的1%。[①]

鉴于以上情况，世界的石油工业在19世纪有了迅速的发展，世界石油的产量从无到有，到1900年时已达到了2043万吨。虽然有人像洛克菲勒那样依靠石油骤成巨富，引起许多人的羡慕，但直到19世纪末，英国基本上还没有建立自己的石油工业，比美国落后了40年之多。这并不是说当时英国统治阶级没有意识到石油潜在的重要性。作为西方世界的头号强国，英国海军是当时世界上最强大的海军。在当时的科技和工业条件下，海军是英国保持自己的头号强国地位和所谓"日不落"的大英帝国各部分间联系的重要工具，是英国同其他国家进行角逐的重要手段。因此，英国统治阶级对于一切可能影响到它的海军力量的新的科技成果一直十分敏感。当时，英国的皇家海军中就有一些高级将领较早就看到了在军舰上用石油（燃料油）代替煤炭作为燃料的巨大优越性，因而不断尝试推动军舰燃料煤改油。

## 第二节　能源转型中政治和社会发展的束缚

19世纪末到20世纪初，英国经历了一次重大的能源转型，这一转型过程不仅涉及能源技术和经济的变化，也更深刻地影响了英国的政治和社会发展。生产力的提高使得工人阶级的生活条件得到了改善，工人阶级开始要求参与政治决策，并要求建立民主制度。政府开始保护工人的权益，包括提高最低工资标准、建立工会组织、加强劳动法规等措施，对英国社会的发展和进步起到了重要作用。随着工业革命的深入，发展资本主义制度的弊端也逐渐暴露。

---

① 陈依范. 美国华人［M］. 工人出版社，1984：59-60.

### 1. 发展羁绊

19世纪60年代以后，随着第二次工业革命的兴起，美国、德国和法国迅速崛起，成为英国必须认真对待的竞争对手，引发英国经济、政治和社会产生了剧烈的震荡和变革。经济上，英国的工业垄断地位逐渐丧失，尽管其经济总体上仍处于升势，但相对衰落之势已显。从1873年国际性经济危机开始，英国的经济处于长期的波动状态，在之后的24年中，伴随着两次商业恢复的是商品价格的一路下跌；政治上，民主化的趋势较为明显。[①]自1832年议会改革之后，英国的政治化进程处于不断发展之中，其中包括了选举权的扩大，文官体系的建立和地方政府的改革；社会上，劳工运动在宪章运动后再次活跃起来。

英国从煤炭向石油的转型进程中受到政治和社会发展的掣肘。19世纪中期开始，由于经济和政治民主化的发展，英国的工人运动有所缓和。然而，随着19世纪80年代经济"大萧条"的到来，工人的大量失业导致了新工会运动的产生，大量非熟练工人加入工会以争取自身的经济、政治利益。思想上，传统的自由主义开始遭到越来越多人的质疑，以亚当·斯密和大卫·李嘉图为代表的古典经济学也遭到了猛烈的攻击，社会主义思潮在19世纪80年代开始在英国重新流行起来。

英国工人阶级的历史是从18世纪后半期蒸汽机和纺织机的大规模应用开始的。在19世纪中期之前，英国社会工人阶级运动的主体为手工工人，其所进行的斗争一般被称为激进运动。而这一运动随着手工业的衰落淡出了历史舞台，最明显的标志就是英国宪章运动的失败。虽然这一激进运动代表了英国工人阶级进入一个自发的、具有强烈斗争意识的阶段，但参加这一运动的工人却普遍将自己生存的现状归结为国家赋税的压迫，因而热衷于政治权利的取得，而非推翻这一社会制度。这一运动虽然有起有落，但始终未曾中断。

随着英国成为世界霸主，其凭借着工业垄断地位拥有了前所未有的物质

---

① 毛杰.悉尼·韦伯社会主义思想与实践［M］.社会科学文献出版社，2017.

财富，"英国工人阶级在一定程度上也分沾过这一垄断地位的利益"[①]。尽管这一利益的分配极不均衡，但相较于其他国家的工人阶级，英国工人阶级确实享受到了这一垄断地位带来的诸多好处。19世纪末，受法国大革命和英国国内政治形势变化的影响，原本不愿介入政治的工会改变了原有的经济斗争策略，成立政党参与议会政党政治。

英国作为第一次工业革命的发源地，不仅孕育了最具典型意义的工人阶级，也是最早出现有组织工会运动的国家。英国的政治面貌，不仅是生产力发展的结果，也是工人阶级自身斗争的成果。因此，英国社会中工人生活水平的提高，固然和社会整体生产力的进步和资本主义局部性的制度调整有关，但同样与英国工人阶级依靠自己的血汗斗争有关。

### 2. 劳资矛盾

进入19世纪后，随着工业化所引发的各种社会问题，工厂环境恶劣、缺乏劳动保障措施、工资水平低、工作时间长、大量雇用童工女工等现象得到持续关注。1802年英国颁布了《学徒健康与道德法案》，以纺织业工厂中的学徒工为主要保护对象，标志着通过国家干预以改善工厂工人的处境、协调劳资关系的"工厂立法"进程启动。"工厂立法"是英国在工业化转型时期为了调节劳资关系，缓解劳资矛盾而由议会制定并通过一系列法律，以规范工厂工人的作息时间、年龄下限和工作环境，立法保护的对象包括女工、13岁至18岁之间的青年工人及13岁以下的童工。工资问题不是"工厂立法"关注的对象，而是依据市场供求关系的变化，由工人和资本家雇主自行解决。

在英国工业化时期，工人工会的活动主要是为了解决"劳动报酬"问题，"工厂立法"主要是为了解决"劳动时间""劳动环境"等问题。19世纪上半叶，随着"工厂立法"的深入，来自资本家雇主方面的抵制逐渐增强。资本家依托雇主结社组织，通过院外游说、政治施压、请愿和社会调查等手段，

---

① 中共中央马克思恩格斯列宁斯大林著作编译局编译. 马克思恩格斯选集（第1卷）[M]. 人民出版社，2012年.

对英国议会的"工厂立法"活动进行干预和阻挠。如果一时难以将"工厂立法"扼杀于议会中，则采取各种手段规避法令，使其无法顺利实施。[①]

经过两次工业革命，维多利亚时代晚期的英国虽然在生产力上独步天下，但资本主义剥削和压迫已经积累成为明显的社会动荡，周期性经济危机不断发生，加速了社会阶级的两极分化。从1873年开始，英国进入经济"大萧条"时期，经济增速放缓，工业霸权受到新兴工业国家快速增长的挑战。从19世纪70年代早期到第一次世界大战前夕，英国工业产量平均每年增加1.7%，然其工业生产增长率却在不断降低，从1860—1870年的33.2%，滑落到1870—1880年的20.8%，再到1880—1890年只有17.4%。[②]其在世界制造业产量中的份额也在不断下降，从1880年的22.9%下跌到1900年的18.5%，已落后于美国的23.6%。

具体到特定行业的增速，无论是煤、生铁还是纺织业，英国都远逊于美国和欧洲大陆国家。1870年以前，英国的煤产量占世界一半以上，超过法国、德国和美国产量的总和，而这一比例在不断下降：从1871—1880年占45%，到1881—1889年只占38.5%。1889年美国产煤2.4亿吨，已超过英国的2.25亿吨。[③]此种情况同样发生在生铁制造业上，到20世纪初德国和美国的生铁产量都已大于英国。在1901年，美国的钢产量已接近英国的3倍，在1902年则是整整3倍。在纺织业方面，虽然直到19世纪90年代，英国兰开夏郡的产量仍居世界第一，但无论是棉纱还是棉布的产量增速都远远落后于欧洲大陆和美国。

经济"大萧条"使先前经济高速发展掩盖的社会问题表现得日益严重，失业率居高不下、失业范围广、失业人数多且影响大，民众生活苦不堪言。社会学家查理斯·布斯经过10余年的长期调研，遍访伦敦各区的街道，发表了长达17卷本的《伦敦人民的生活与劳动》，对当时伦敦的贫困状况进行了

---

① 尹建龙，王超. 英国工业化转型时期工厂立法进程中的雇主组织及其影响［J］. 湖南科技大学学报（社会科学版），2015，18（06）：70-73.

② 王觉非. 近代英国史［M］. 南京大学出版社，1997：621.

③ 蒋孟引. 英国史［M］. 中国社会科学出版社，1988.

全景式的展示。伦敦东区大约30.7%的人口生活处于贫困状态，"他们的生活是一种奴隶般的生活。极端的贫困，食物极其粗糙，没有任何稳定的职业，也难以创造任何财富。作为个人，他们无法改变这种现实"。[①]

### 3. 工人运动

英国工会组织出现于17世纪末，而它的发展壮大却是工业革命之后的事。1824年，《结社法》被废除，工会组织合法化，工人获得了结社和罢工的权利。1829年成立的"联合王国工厂纺纱工总工会"是英国第一个全国性的工会组织，也是工厂工人组建工会的最早尝试。1834年，空想社会主义先驱罗伯特·欧文组织了"全国大团结工会联合会"，它支持各地的罢工活动，一时间罢工活动遍及英国。

宪章运动时期，英国工人阶级为追求自身的政治权力，迸发出了极大的热情，揭开了同资产阶级争夺政治权力斗争的序幕。宪章运动衰落后，英国工人阶级的革命热情消散，工会成了主要的工人运动形式。1851年建立的"机械工人混合工会"是一种新形式的工会，被韦伯夫妇称为"新模范工会"[②]，这种工会有比较严密的组织结构，主要通过与资本家进行劳资谈判而不是罢工来达到自己的经济诉求。"新模范工会"很快被其他行业所模仿，标志着英国近代工会的形成，工会运动也成为英国劳工运动的主流。

1868年召开了第一次工会代表大会，参加工会代表大会的多数是"新模范工会"，各工会在代表大会上协调立场、交换观点、介入政治活动。1874年英国大选，两位工人候选人在自由党的帮助下竞选成功，成为英国国会最早的工人议员。这以后，工会在大选中一般都支持自由党，"自由—劳工联盟"逐步形成，工人阶级已经成为一支政治力量。

19世纪末期，随着"大萧条"带来的大量失业和社会贫困问题，自宪章

---

① Charles Booth. Life and labour of the people in london［M］. Macmillan & Co., 1896.

② ［英］伟特立斯·韦伯、［英］锡德尼·韦伯编著，陈建民译. 英国工会运动史［M］. 商务印书馆，1959：100.

运动失败后沉寂的英国工人运动重新开始发展起来，英国相继出现了一批新工会，如"码头工人工会""煤气工人工会"等，称"新工联主义"。"新工会"的出现，是英国工会运动史上一个重大转折。在新工会领导下，罢工活动进入新的高潮期，各种罢工此起彼伏，其中以1889年伦敦码头工人大罢工影响最大，大罢工再次引起英国人对维多利亚时代英国贫穷问题的关注，被视为英国工人运动的一个里程碑。

1900年2月，工会代表大会特别会议在伦敦召开，讨论组建工人阶级政党。出席会议的除全国各工会外，还有社会主义团体费边社、社会民主联盟和独立工党的代表。会议决定建立"劳工代表权委员会"，任务是帮助和组织工人阶级候选人参加大选。1906年，"劳工代表权委员会"正式更名为"工党"，宗旨是在议会里实现独立的劳工代表权。

英国工人运动走过两百多年的风雨路程，从一开始与资产阶级合作，到要求经济权利，到反对宪法，再到试图暴力夺取国家政权，及至最后组成政党参与国家统治。在这一系列的发展历程中，工人阶级的阶级意识不断强化，不论是工人阶级的政治组织形式，还是他们所创办的报刊、宣传册，乃至他们在生活中所展示出的精神以及生活方式，都形成了独具特色的英国工人阶级文化。他们在这些具体表现形式中探讨自己的斗争方式，宣扬自身的政治理想，将不同团体、不同地域的工人阶级和劳动群众团结聚合在一起。

# 第三节　战争阴霾笼罩下的经济危机

第二次能源革命推动了工业生产的大发展，促进了经济的快速增长和城市化进程的加速。然而，这也导致了各国之间经济发展的不平衡。一些国家，如美国和德国，在工业革命中迅速发展起来，成为世界经济强国；而一些传统的工业国家，如英国和法国，则逐渐失去了竞争优势。这种经济发展的不平衡推动了帝国主义和殖民主义的扩张，也导致了各国之间的贸易摩擦和竞争，加剧了世界动荡。工人阶级数量的增加也导致了社会不平等和矛盾的加剧，工人阶级开始要求改善生活条件，扩大政治参与，引发社会变革和政治动荡。与此同时，全球经济遭受重创，能源需求大幅减少，一些传统的能源产业陷入困境。然而，这也为水电等可再生能源产业的快速发展提供了机遇。由于能源供应紧张，企业和个人都开始更加注重能源的节约和高效利用。

### 1. 经济凋敝

自 19 世纪 70 年代开始至 19 世纪末，英国经济总体上处于不稳定的状态。1873—1896 年，英国经历了一个长达 24 年的商品价格不断下跌的过程，被称为"大萧条"。在世界范围内，英国以往的工商业霸主地位日益受到挑战。1870 年英国在国际贸易上仍占绝对优势，比法国、德国、意大利总和还多，如果加上殖民地的对外贸易，则超过法国、德国、意大利和美国的总和。此后，这种差距在慢慢缩减，到 1889 年，德国的外贸比 1880 年增长 1 倍多，美国增加近 1 倍，而英国只增加 74%。[①]

从 19 世纪 80 年代开始，英国制造品出口在世界贸易中的份额就开始不断缩小，从 1881—1884 年的 43% 下降到 1899 年的 34.5%。而从 19 世纪 70 年代开始，英国的制造品出口增长率已远远落后于美国、德国、法国等国。[②]1883 年不列颠科学促进协会南港大会上，该协会的经济组主席英格利斯·鲍格雷夫说："英国获得巨额利润的日子已经过去了，有些大工业部门的发展停顿了。几乎可以说，英国正进入停滞状态。"[③]

英国经济发展速度的下降和工商业霸主地位的衰落，固然有战争的影响，但主要是由于其工业垄断地位的丧失而造成的。英国作为世界上第一个完成工业革命的国家，凭借其工业垄断地位，占领世界市场，并获取巨额利润。而到 19 世纪末期，英国近 100 年的工业垄断正在被新兴的资本主义国家逐渐

---

① 蒋孟引.英国史［M］.中国社会科学出版社，1988.

② Roderick Floud, Paul Johnson edited. The Cambridge Economic History of Modern Britain［M］. Cambridge University Press，2004: 83.

③ ［德］恩格斯.英国工人阶级状况［M］.人民出版社，1956.

打破。1867年召开的世界博览会表明，英国在技术上的优势地位已完全被德国、美国、法国等新兴资本主义国家赶超。

伴随着工业垄断地位消失，英国的世界贸易市场被逐渐侵蚀，正如1886年"调查工商业萧条委员会"的报告作出的结论："我们作为世界主要工业国的地位，不像从前那样地被确认无疑了，外国正开始在许多过去我们垄断的市场成功地同我们展开竞争。"[①]恩格斯认为"英国的工业垄断是英国现存社会制度的基石。甚至在保持着这种垄断的时期，市场也赶不上英国工业日益增长的生产率；结果就是每隔十年就有一次危机。而现在新的市场一天比一天减少，连刚果的黑人也被迫接受曼彻斯特的印花布、斯泰福郡的陶器和伯明翰的金属制品这种形式的文明了。更何况这种市场正一天天被新兴的资本主义国家慢慢侵蚀。"[②]战争破坏了国际经济秩序，在19世纪兴起的国际经济随着第一次世界大战的爆发而结束。

## 2. 战争创伤

第一次世界大战是帝国主义国家经济政治发展不平衡的必然结果，导致了殖民地的重新瓜分，但随着经济的发展变化，殖民地的作用已不像第一次世界大战前那么重要，真正困扰各国经济发展的主要问题是市场不足。因此，第二次世界大战前曾经历了一场旷日持久、异常激烈的争夺市场与生存空间的商战。当时，各国国内生产与消费的矛盾已无法解决，社会大多数人生活在贫困之中，购买力低下，而生产又急剧扩张，如果不出口，生产必然停滞，失业必然扩大，进而导致社会动荡、政局不稳，威胁到各国政府的统治。因此，几乎每一个国家都采取以邻为壑的政策，牺牲其他国家以改善本国的情况。

1929—1933年大危机是迄今资本主义经济史上历时最长、最严重的周期性经济危机。本次经济危机始发于美国，随即席卷整个资本主义世界，大批企业倒闭破产，成千上万的劳动者失业，自由体系市场几近崩溃。随着生产

① 蒋孟引.英国史［M］.中国社会科学出版社，1988.
② ［德］恩格斯.英国工人阶级状况［M］.人民出版社，1956.

停顿和企业大量破产，英国工业公司的利润降低了28.6%，失业人数急剧增长，整个资本主义世界的失业人数一度高达3000万。

20世纪30年代的大危机使各资本主义国家的经济遭到严重的打击，英国、法国等诸多欧洲国家的经济一直在危机和萧条中挣扎。这场大危机不仅造成了大量人员失业和物质财富损失，还宣告了自由放任体制的末日，美国、英国、法国加强了政府对经济的干预和调节，而意大利、德国、日本相继走向法西斯道路。总的来看，两次世界大战都是由市场经济运行过程中的矛盾和运行故障造成的。

第二次世界大战后，英国政府致力于"福利国家"的建设，采取了一系列改革措施，包括个人社会福利和教育等多方面的改革，这一系列改革使得英国工人阶级在物质生活水平上有了显著提高。工人阶级首次开始拥有同中产阶级一样的生活物品，因此在英国蔓延着"富裕社会"和"无阶级"的神话。此外，由于大英帝国解体后英国民族性的重建与英国现代化的转变，再加上"第二次世界大战"后美国文化的入侵，催生着"英国性"的诞生。所有这一切都使得经济问题在"第二次世界大战"后的英国凸显。①

1945年的英国工党在大选中以压倒性优势获得胜利。工党的竞选宣言是"让我们面向未来"，它指出持久的社会改革不能"建立在虚弱的经济基础上"，新政府通过适当的国有化开始了从战时的现代化转向和平年代的经济变革。接受美国贷款以及1948年实行的马歇尔计划，缓解了可怕的财政困境。②尽管在"第二次世界大战"后压倒一切的社会经济现实是战争的结束和全世界范围的经济膨胀，富裕和繁荣的主题却无法完全描述1950年的英国社会。自动化和机械化只是使劳动的本质发生了些许改变，体力劳动虽然不再艰巨了，但更多的是精神的耗费，以及单调重复的劳动。机械生产打破了熟练工人和少数技术专家之间的界限，取代了许多过去只能依靠个人天赋和个人判

---

① 李丽.英国工人阶级文化与教育思想研究［D］.浙江大学，2018.

② Richard E. Lee. Life and Times of Cultural Studies：the politics and transformation of the Structures of knowledge［M］. Duke University Press，2003：12.

断的技术，但是高新技术要求更高程度的合作，自动化的工作需要更高等级的文化、教育和意识。工人阶级的工资水平提高了，但是幸福的增长是不均衡的，非技术工人和社会其他阶层之间的鸿沟变大。

### 3. 帝国日暮

第二次世界大战后的英国和其他许多欧洲国家一样，都经历了一段困难时期。一方面，战争压制了消费者对基本生活用品、住房、奢侈品的消费需求，当恢复和平后，出现了需求膨胀的现象。另一方面，交战国大多数生产设备和基础设施被摧毁或被挪作军用，战时控制短缺商品的措施还在沿用。人们对消费性和投资性商品和劳务的需求大大超过有效的供给，能源短缺、燃料短缺，不能为大量人口提供稳定、充裕的生活供给，持续的需求过剩产生了巨大的通货膨胀压力。总之，英国和整个欧洲的经济都十分困难。

虽然战争期间英国工业生产得到较大的发展，1944年达到战时最高水平，超过1939年的25%，但是这种发展是依靠军事订货的增长和民用工业的缩减达到的。拿战时最高产量与1937年相比，飞机生产增加9倍，电力增加63%，载重汽车增加36%，造船增加31%，钢产量也有所增加。其他工业生产则普遍下降，以消费品生产的缩减最为严重，与1937年相比，战争结束时棉织品缩减60%，毛织品缩减37%，鞋靴缩减20%。战争初期，由于政府准备不足或事出预料，英国农业最感困难。战争爆发时，食品储备只有小麦50万吨，从1940年起，英国不得不对主要粮食实行定量配售制，贸易总额和出口额都被美国超过。

经过两次世界大战以及在此期间的危机与萧条时期，在整个经济削弱和衰落的同时，英国的殖民统治体系也趋于瓦解。各殖民地出现了新的政治力量——民族资产阶级的力量和坚决为民族解放而斗争的无产阶级力量。第一次世界大战后，英国不但不允许殖民地民族自治，反而镇压民族运动。受俄国十月革命的影响，殖民地的民族解放运动蓬勃开展起来。到第二次世界大战爆发之后，英国的殖民体系开始出现瓦解的迹象。英国为了解决战争物资的急需，不得不在殖民地和自治领发展一些采矿工业和原料加工工业，加紧对殖民地和自治领原料资源和人力资源的掠夺，同时尽量限制殖民地和自治领的民族工业特别是机器制造业的发展，限制殖民地和自治领的民族工业发展。战争期间，英国的商品输入有40%来自殖民地和自治领，而英国对这些地区的商品输出则大为减少，这就形成英国对殖民地和自治领的巨额贸易逆差。战争结束时，英国欠殖民地和附属国的债务达27亿镑之巨。

经济的长期萧条和殖民体系的逐步瓦解，对自由市场经济造成严重挑战。面对第二次世界大战后国际地位和竞争力的下滑，英国有意以气候变化作为战略引领，通过新一轮能源转型和革命，提高本国的创新能力和国际话语权。作为大西洋最大的海洋岛国，英国较早地认识到全球气候变化的危害和影响，比如海洋变暖、冰川融化、海平面上升和极端气象事件增多。这些影响，不仅关系到某个国家的生死存亡，还关系到全人类的可持续发展。于是，英国紧紧围绕应对气候变化这一问题，致力于开辟一条新路径，把新一轮能源革命纳入应对气候变化的整体框架中来。[1] 英国推行新一轮能源革命，从宏观方面来说是为了应对气候变化，从微观方面来说是治理环境污染的需要。历史上，英国饱受大气污染之害，尤以1952年震惊世界的伦敦烟雾事件为最，短短几日之内，造成4000多人非正常死亡。惨痛的教训，迫使英国革新能源政策，加速能源结构的清洁转型。

经过近140多年的发展，煤炭、石油、天然气等化石原料至今仍然是全球主要的一次能源。作为老牌发达国家的英国，其百年一次能源的变迁，可以简单概括为从单一煤炭原料，到核能和化石能源并存，再到化石能源、核能和清洁能源三足鼎立结构的变化，这种变迁呈现出技术革命、市场基础和政策引导的特征。第二次世界大战以前，煤炭是绝对主要的一次能源，水能有不到10%的比例。随着石油资源的开发利用，1955年以后，石油作为一次能源在英国发电行业得到了飞速的发展。但20世纪70年代的石油危机和20世

---

① 张宪昌.英国能源革命的运行设计［J］.学习时报，2016.

纪80年代的煤炭矿工罢工造成的混乱，直接导致煤炭和石油作为一次能源供应在电力行业的应用发生了巨大的变动。20世纪90年代北海天然气产量的扩大，直接促使更清洁的一次能源天然气得到了迅猛的发展，自1996年起，天然气超过了石油，成为英国消费的第一大能源。尽管天然气已经成为主导能源，但作为化石燃料，终究难逃枯竭的厄运。千禧年后，英国开始论证生物质能发电大规模应用的可能性，并最终选择了建设改造和运营维护成本更低、配套设施及人员变动极低、燃料利用效率更高的大型燃煤电厂燃烧生物质原料的技术路线。

在由煤炭向石油的转型进程中，英国石油和天然气的使用量不断上升，导致煤炭开采量持续下降，到了1980年，煤炭开采量仅为130亿吨，其中122亿吨开采于深井矿。1984年煤矿工人大罢工，标志着煤矿时代的终结。2023年，英国仅保留三座燃煤电厂以确保充足的电力供应。英国的去煤化过程并没有完全遗弃煤电厂设施，而是对部分燃煤电厂锅炉进行了技术改造，改造后的燃煤电厂在保留绝大部分原有基础设施的同时，可以燃烧天然气和生物质燃料，这种方式与新建可再生能源发电厂相比较，极大地降低了成本，并延长了原有燃煤电厂的经济生命周期。

北海碳氢化合物的发现（1965年首次在WestSole油田发现天然气，然后1970年在Forbes大油田发现了原油）加速了英国煤炭开采量的下滑，短时间内就让英国成了世界领先石油生产国之一，以及世界上最大的天然气使用国之一（Hall& Atkinson，2016）。北海油田的开发才让天然气消费真正扮演重要角色：在绝对值上1970年到2000年增长了8倍。到1980年，英国是世界上第七大天然气生产国；它保持这个排名超过了10年，1999年它的产量达到峰值——137.4亿吨，位列全球第四名，占全球产量的4.4%。为保障能源供应安全，英国自1990年实施第一部非化石燃料义务法令起，积极促进核电和可再生能源发展，推动节能减排，走上了一条低碳发展、绿色发展的路径。

# 第十章
## 富煤少油的德意志

德国在19世纪末20世纪初成为"科学上的先导国家",资产阶级的崛起和发展推动了德国社会的现代化进程。随着工业革命的发展,德国社会出现了工人阶层。多元化的文化思潮引燃了德意志的民族意识,激发了德意志民族主义运动,新的社会阶级结构推动了德意志经济一体化进程,生产力和生产关系的转型为普鲁士最终实现对德国的统一奠定基础。在经济方面,德国通过能源转型推动经济转型,在钢铁、煤炭、电气等领域取得了显著的成就,但在1933年资本主义世界陷入严重的经济危机时,德国也受到了严重冲击,走向纳粹深渊。

## 第一节　科技力量铸就帝国之基

德国的科学技术发展受益于其相对完备的科研体系、高校与企业的紧密合作以及职业教育的高水平发展。德意志帝国时期,科学技术研究和发明取得巨大成就,主要得益于德国建立了一套完整、科学、多层次的科研体系。这个科研体系包括企业所属研究机构、大学研究所、专业学会、科研院所等不同层次的机构,它们相互促进、弥补不足,形成了有机的科研网络。高校与企业紧密合作,开设各种讲座,成为各种研究的中心。此外,技术教育的兴起填补了大学教育所忽视的实践环节,为工业化和现代化的发展提供了强有力的支持。高速工业化对就业人员的技术素养提出了更高的要求,培训和进修型职业教育成为客观需要。

### 1. 科技立国

为适应工业化发展的需要，德国的科学技术发展日益凸显出一种实用化和前沿化的趋势。帝国时期的高速工业发展，特别是基于第二次工业革命技术平台之上的电气、化学等新兴工业部门的建立和迅速扩张，都与科学技术的进步有着密切的关系。在这一时期，人们不仅注重前沿实用科技的开发和应用，以满足经济发展的需要，同时也大力加强基础科学的研究，以保证实用科学技术的持续开发能力和领先水平。到19世纪末20世纪初，德国已经成为"科学上的先导国家"，无论是重大科学技术成就的数量还是诺贝尔自然科学获奖人数，德国都遥遥领先于英、法、美等其他工业化国家。

表7　1851—1900年典型工业化国家科学技术力量的比较[①]

|  | 英国 | 法国 | 德国 | 美国 |
|---|---|---|---|---|
| 重大科学技术成就数量 | 106 | 75 | 202 | 33 |
| 诺贝尔自然科学奖获奖人数 | 8 | 11 | 20 | 2 |

德意志帝国时期的科学技术研究和发明之所以取得如此巨大的成就，主要原因在于德国建立了一套完整、科学的多层次科研体系。这一科研体系分为多个层次，其中最基层是企业所属研究机构，许多新发明和新发现都是在这些研究机构中完成的。除了企业所属研究机构，德国还建立了其他多个层次的研究机构，例如大学研究所、专业学会、科研院所等。这些机构既有自己明确的研究目标，又相互合作、彼此促进，形成了一个有机的科研体系。

各个高校在科研方面也十分活跃，它们与生产前沿挂钩，开设各种讲座，在"研究和教学统一"的原则下成为各种研究的中心。1867年成立的德国化学学会成为大学和工业研究之间的桥梁，在沟通大学研究和工业领域的需求方面起着十分重要的作用；达姆施塔特技术大学于1892年率先推出了电技术

---

① 宋则行，樊亢.世界经济史（中卷）［M］.经济科学出版社，1989.

讲座，以满足社会对电气科学的需要；克虏伯公司等企业也主动与高校配合，支持高校科研。有鉴于此，一些研究德国问题的学者曾感慨地指出："没有任何地方像德国那样，科学和技术结合得如此紧密"。

## 2. 人才强国

1815—1871年，德意志地区的人口增长较快。根据有关统计，到1871年为止[①]，德国的人口规模相应为：1817年为2500万，1831年为2964万，1841年为3298万，1851年为3562万，1861年为3800万，1871年为4099万，每平方公里人口密度由1816年的46人增加到了1870年的76人。

这一时期德国人口较快增长的主要原因在于：1815年以后农业经济的扩张在很大程度上增加了粮食的供给，提升了生存的机会；"营业自由"原则带来的手工业生产发展和第一次工业革命带来的工业化等，大幅度提高了农村和城市的人口吸纳能力；西欧地区工业化带来的经济繁荣也为德意志地区人口的增长提供了国际空间。

在庞大的人口基数下，为了满足社会生产领域中工业实际应用技术的需要，技术教育学校开始出现，成为日后德国的技术类大学的前身。早在18世纪晚期，德国已经出现了著名的弗赖贝格矿业学院等类似技术教育的机构。

1794年建立的法国巴黎综合技术学校成为德国建立技术教育类学校的榜样。拿破仑战争结束后，德国各邦陆续建立此类学校。1815年建立的维也纳综合技术学院开创了德国技术教育的先河。后来，斯图加特（1825年）、慕尼黑（1827年）、卡塞尔（1830年）、汉诺威（1831年）、不伦瑞克（1835年）、达姆施塔特（1836年）等地纷纷建立起这类技术教育学校。起初它们只是一种专科学校，主要用于培训工厂主、工程师等，19世纪中期以后才日渐学术化。

根据统计数据显示，1840年各类技术学校的学生达到757名，而到了1850年，这个数字已经增加到了1180名，此外，维也纳、布拉格等地还有

---

① 以1871年新建立的德意志帝国（包括阿尔萨斯—洛林）为界。

1000多名技校生。可以看出，新型技术教育的发展为第一次工业革命的开展和国家工业化提供了宝贵的人才基础。

德国技术教育的发展也得益于社会对技术人才的需求。第一次工业革命的推动使德国的产业发展迅猛，需要大量具备实践技能的工程师和技师。技术教育的兴起填补了大学教育所忽视的实践环节，为工业化和现代化的发展提供了强有力的支持，技术教育的学生毕业后能够立即适应社会生产的要求，并且为产业创新和技术进步作出贡献。

19世纪30年代以后，德国的大学经历了两个明显不同的发展阶段。第一个阶段是从1830—1831年到德意志帝国建立时期，在这个阶段中，大学的规模基本上处于下降和停滞状态。由于当时社会的压力和种种限制，大学生的数量并没有得到明显的增加。

第二个阶段即德意志帝国时期，综合性大学在校学生人数开始呈现高速增长的趋势。从1870—1871年的1.5227万人到1875年的1.6357万人，再到1880年的2.1432万人，学生人数不断攀升。到了1914年，学生人数已经增加到6万人以上。如果再加上技术大学等其他新型高校，高等教育的学生人数增长更加迅猛。以1872年为例，德国各类大学的学生人数（含旁听生）已经达到1.7954万人，而每1万男性人口中有8.83名大学生。到了1912年，各类大学的学生人数已经增加到7.171万人，每1万男性人口中平均有21.77名大学生。这样的增长幅度可见一斑。

这一变化背后的原因是多方面的。首先，社会转型使得人们对于知识和教育的需求日益增加，更多的人开始意识到高等教育的重要性，希望通过接受大学教育来提升自己的社会地位和获得更好的就业机会。其次，工业化和现代化的发展也推动了高等教育的扩张，新兴的行业和专业需要更多高素质的人才，相关专业的大学学生人数自然也随之增长。同时，技术大学等新型高校的兴起为更多人提供了接受高等教育的机会，进一步促进了学生人数的增长。

综上所述，高速工业化对就业人员的技术素养提出了更高的要求，从而使职业教育问题提上日程。它要求对相关从业人员进行职前培训，使之了解和掌握最新的技术进步动态，以便能够适应新的职业需要和要求。在前工业化社会，手工业中的学徒学习是职业培训的最典型方式，这种教育方式不仅提供了职业培训的机会，还体现了师傅对学徒的完全操控，呈现出"等级社会"的特征。然而，随着19世纪初资产阶级改革的推行，营业自由原则的实施使得这种培训方式失去了它的道德和社会基础。此外，工业革命使得企业的生产形式发生了根本性变化，生产领域中科技含量的提升使得专门劳动力的培训变得日益迫切，这种专门性培训显然无法满足传统手工业的培训形式。因此，新的工业方式的培训和建立进修型职业教育成为一种客观需要。19世纪中期以后工业界开始出现新的职业教育形式，以培养各类实用技术人才为目标的职业学校呈现快速发展的局面。

### 3. 煤炭转化

煤是由大量复杂的有机物和无机物组成的矿石，而石油主要成分也是碳、氢元素，其区别在于有机物含量高、分子量小和氢元素含量多。为了减少对进口石油的依赖，德国科学家开发了煤浆化技术，通过将煤转化为合成燃料油来满足能源需求，这一举措在德国的冶金、化学工业以及交通运输等领域取得了重要突破。石油合成工艺存在两条技术路线，分别是伯吉尤斯加氢法和费托合成，均由德国科学家首创，专利权归属于德国公司，生产原料均为煤炭、水和空气。

伯吉尤斯加氢法是在400~600摄氏度条件下，将煤混合在以前的液化回收的油中，然后使用氧化铁催化剂，将混合物与氢气在高压范围200~700个大气压下反应，轻质和重质液体馏分与灰分离，分别生成用于下次液化运行的汽油和油。

在第一次世界大战前后（1913年左右），弗里德里希·伯吉尤斯首次开展研究。尽管这一工艺可以使用任何碳质原料，但最常用的是德国产量丰富的褐煤。该工艺的最终产品包括优质汽油和可直接使用的航空燃油（因产量较低，航空燃油很少通过该工艺生产），该工艺后来由巴斯夫（Badische Anilin und

Sodafabrik[①]，简称为BASF）购买。使用该工艺的第一个大型工厂是洛伊纳化工厂，1927年开始运营，也是德国第一个石油合成工厂，建成时年生产约9万公吨合成石油，12年后战争爆发时，年产能达到了150万公吨，到1944年，年生产速度（以前四个月为基准）接近430万吨，年总产能达到500万吨。[②]

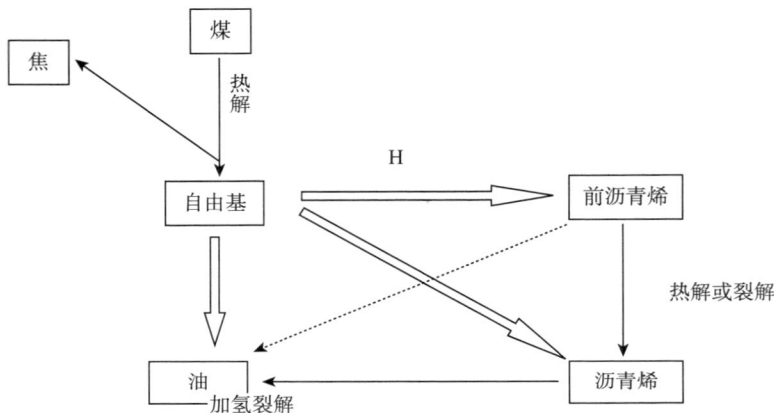

图12　伯吉尤斯加氢法（Bergius hydrogenation）的概述图

费托合成，又称F–T合成，是在200摄氏度和20个大气压的条件下，以合成气（一氧化碳和氢气的混合气体）为原料在催化剂和适当条件下合成以液态的烃或碳氢化合物的工艺过程。[③]

1923年，在鲁尔河畔米尔海姆市的威廉皇帝煤炭研究所（the Kaiser-Wilhelm-Institute for Coal Research at Mulheim）工作的德国化学家弗朗兹·费歇尔和汉斯·托罗普首次开展研究。由于工艺出现时期焦煤生产过剩，因此焦煤成为生产一氧化碳的主要原料。在该工艺的最终产品中，包含一种低级原油，虽然不能作为航空燃料的原料，但经过进一步加工，可以生产汽油、

---

① 译为巴登苯胺苏打厂。

② 参见USSBS第113号文件第1.08部分，见第31页；以及表格15和第2.04部分，见第43–44页。

③ 由一氧化碳和氢气合成有价值的产物最早可以追溯到化学家保罗·萨巴捷（Paul Sabatier）和Jean Baptiste Senderens的工作，早在1902年他们就报道了当一氧化碳和氢气在大气压和200～300摄氏度条件下经由分散的镍或钴通过时可以生成甲烷。这个过程会增加城市燃气的热值，并且除去其中所含的有毒一氧化碳，但由于成本原因未能实现。因为他的加氢反应成果，萨巴捷被授予1912年诺贝尔化学奖。

原油和蜡。该工艺的专利被鲁尔化学公司（Ruhrchemie）所购买，并在1934年，依赖霍尔滕（Holten）合成氨工厂的基础，建立了第一个商业化费托合成工厂。[①]但这两种技术路线在纳粹时期还是有所侧重的。

在纳粹时期，氢化工艺的发展远比费托合成工艺要快。在第二次世界大战爆发时，年产能超过100万公吨的氢化工艺化工厂已经投入使用，到1944年中期，盟军开始对德国石油工业展开攻击前，德国的氢化工艺石油产量达到400万吨（大部分由法本公司[②]许可或控制）。相比而言，战争爆发前，费托合成工艺产能仅为24万吨，除了1940年5月年产能达41.4万吨的工厂设计投产外，到第二次世界大战结束前，没有新的费托合成工艺工厂设计投产。

两种工艺发展迥异的结果受技术因素、经济因素和政治因素[③]影响。在技术因素方面，两种化学工艺的原材料和最终产品是不同的。在原材料方面，费托合成工艺中所使用的焦炭，在战时因德国钢铁产量大幅度增加而供应短缺，而伯吉尤斯加氢法可以使用任何碳质原料，包括褐煤和煤焦油。在最终产品方面，伯吉尤斯加氢法的石油产品质量要优于费托合成法，费托合成法的产品一般是低辛烷值的摩托燃料，而伯吉尤斯加氢法可以生产质量更高的石油产品。

在经济因素方面，在当时的德国环境下，伯吉尤斯加氢法的经济性要优于费托合成法。根据海因里希·布特费希博士[④]的粗略估计，费托合成法生产1公吨液体产品的成本为320—360马克[⑤]，伯吉尤斯加氢法生产1公吨液体产品的成本为260—310马克。两种工艺的成本差异主要源自原材料（合成气和氢气）的成本和设备成本，虽然费托法的设备成本低于加氢法，但费托法生产合成气需要投入更多的煤炭，且费托法所需要的焦炭在当时价格较高，导

---

①　参见USSBS第113号文件第1.03部分，第10–11页。

②　即法本公司商标法本公司（I.G. Farben AG），全称为"染料工业利益集团"（Interessen-Gemeinschaft Farbenindustrie AG）。

③　参见第二次世界大战后对海因里希·布特费希博士（法本公司董事和法本公司洛伊纳化工厂的主要负责人）的审讯。British Intelligence Objectives Subcommittee. BIOS Report 1697, Synthetic Oil Production in Germany：Interrogation of Dr. Butefisch（London，n.d.），2.

④　法本公司董事和法本公司洛伊纳化工厂的主要负责人。

⑤　第二次世界大战期间的德国货币。

致费托法的综合成本较高。

在政治因素方面，控制两种化学工艺的两家公司——法本化学公司和鲁尔化学公司，在当时具有截然不同的政治地位。法本化学整体纳粹化，积极为纳粹德国提供合成橡胶，涂料等军用物资，在纳粹德国制订入侵捷克斯洛伐克和波兰的计划中，与纳粹划定哪些占领区的化学工厂应予保留并移交给法本公司。例如，法本化学公司负责人海因里希·布特费希在石油工业委员会中工作，领导了加氢、合成和碳化委员会（ARSYN），该委员会就石油合成工业向政府监管阶层提供咨询服务，并协调政府的方向发展和工业生产。氢化可以大规模供应航空燃料和润滑剂的事实使其成为更可取的过程，在第二次世界大战后期，95%的基础航空燃料都是通过氢化工艺制造的。[①]

## 第二节　生产力与生产关系转型推动社会发展

19世纪中期前后是德国资产阶级迅速崛起和发展的时期，这些新兴资产阶级推动了德国社会的现代化进程。然而，作为封建等级制度残余的特权贵族在政治和社会层面继续存在。此外，随着工业革命的发展，德国社会出现了经济状况"非独立性"的工人阶层，在生产过程中缺乏足够的权益保障和社会地位。同时，多元化的文化思潮引燃了德意志的民族意识，激发了德意志民族主义的运动，新的社会阶级结构推动了德意志经济一体化进程，生产力和生产关系的转型为普鲁士最终实现对德国的统一，取代法国在欧洲大陆的霸主地位奠定基础。

### 1. 阶级分化

受法国大革命的冲击、德意志各邦统治阶级现代化政策和工业革命带来的社会经济发展等诸多因素的综合作用和影响，19世纪中期前后的德国社会

---

① 参见 USSBS113号文件，德国石油工业，第2.07部分，第48页。

阶级结构已经发生了重要变化。这些变化主要表现在三个方面：一是由国家通过法律确认的不平等的传统等级社会，逐渐进入了法律面前人人平等的现代资产阶级社会；二是靠出身等级门第来确定社会地位的传统观念，逐渐被根据成就和职业来确定社会地位的现代原则所取代；三是财产拥有量、经济地位、在社会生产中的地位和社会威望等共同构成了社会阶层的认定基础。与这些变化相适应，德国社会的阶级结构开始出现调整。

经过法国大革命的冲击和19世纪初的改革运动，虽然德意志大部分邦国逐步向资本主义社会转型，但是作为封建等级制度残余的特权贵族并未因社会的转型而退出历史舞台。从政治和社会角度而言，贵族阶层将继续存在。

19世纪初资产阶级的改革，让德国的资产阶级进入了历史舞台。工业革命、现代交通运输的爆炸性扩张以及资本主义贸易规模的扩大等，成为资产阶级发展壮大的经济前提。新兴资产阶级大致分为两大类：一类是工厂主、商人、银行家，他们拥有雄厚的资金，逐渐步入了社会的上层，并与高级官员相互联合，社会地位极高，他们的子女也继承他们的企业或资本，稳居在社会上层，很少有向下的社会流动。另一类是文职类、技术类的资产阶级，如医生、律师、作家等，他们在普通人中享有很高的威望，试图通过自身的努力为社会中出现的问题作出贡献。

农民阶级指农民，1848年，德意志邦联境内仍有60%的人口从事农业生产，从事包括工业、手工业、采矿、交通等在内的工商业生产的人口占25%，剩余15%的人口或从事服务行业，或是退休人员和受救济的穷人。

在德国，到19世纪中期前后，除了贵族、资产阶级和农民等社会阶层外，已经形成了工人阶层。这一时期的工人包括前工业革命时期的手工业工人群体，其共同特征是"经济上的非独立性"，他们缺乏独立经营农业和工商业的经济基础，只能靠打工挣取工资为生。

**2. 思潮涌动**

帝国时期的社会发展呈现多元趋势，承载于其上的文化也更加丰富和多样化。出现这种多元性思想文化的重要原因多种多样，但显然有其历史的必然性，与时代的发展密切相关。主要呈现以下几点特征：

一是在向工业社会转变过程中，分工日益复杂，社会较之往日出现了更多的利益群体，每一个群体都希图向社会表明自己的立场和看法；二是工业化带来了更好、更快的邮政和铁路联系，有利于加强国与国之间的文化和思想交流，使法国等西欧国家的文化流派能迅速传入并影响德国文化界；三是大规模城市化改变了传统的生活方式，为新思想、新流派和新风格的传播提供了合适的场所，许多大城市发展为文化中心，并在文化生活方面展现出各自的特色，如戏剧之都柏林和艺术之都慕尼黑等。

自由主义者强调个人权利和自由，主张民主政治和法治社会。他们认为，国家应该通过制定宪法和法律来保护公民的基本权利，并使政府受到限制和监督。自由主义者认为，只有在法制和宪法国家的基础上，社会才能实现公正和进步。

然而，在19世纪初的德国，自由主义者的意见并没有得到广泛接受。封建保守势力坚持维护现状，不愿意放弃特权和权威，认为自由主义会破坏社会稳定和传统价值观，对国家安全构成威胁。因此，封建保守势力采取种种手段，试图打压自由主义运动，并维持自己的统治地位。

而民族主义者则以追求民族独立和自主为目标。在革命时代的德国，民族主义思想日益兴起，人们开始意识到自身的民族身份和认同，对维也纳会议后形成的德意志邦联体系提出疑问，他们希望将分散的德意志各邦统一起来，建立一个统一的德意志国家。这一民族主义思潮鼓舞了人们的斗志，并促使他们为实现这一目标而奋斗。

德国的政治舞台上，自由主义和民族主义两股势力展开激烈的争夺。自由主义者通过言论、出版物等方式宣传自己的观点，试图争取更多的支持者。他们组织起来，形成了各种自由主义团体和组织。而民族主义者则以爱国主义为旗帜，鼓动人们为民族的利益而奋斗。他们提出了种种主张，包括共同语言、文化和历史等方面的要求，以加强民族凝聚力。

与此同时，保守主义也不甘示弱地发出声音。封建保守势力试图抵制自由主义和民族主义的影响，维护自己的统治和权威，他们主张保留现行的政治体系和社会结构，反对改革和变革。他们通过宣传保守主义思想，试图维持封建特权和等级制度。

这三股思潮在德国社会中不断碰撞和交锋。自由主义者和民族主义者积极争取支持者，通过各种手段推动自己的观点和目标，而保守主义者则试图稳固自己的地位，削弱自由主义和民族主义的影响力。这种思想上的斗争也不断推动着德国社会的变革和进步。

1834年开始出版的反映自由主义国家政治观点和法律观点的著作在资产阶级自由派中得到广泛传播。此后，自由主义思潮逐渐从大学生和知识分子群体扩大到了整个中小资产阶级社会阶层，成为一种运动。1832年的汉巴赫大会、1837年的哥廷根七君子事件等，都是自由主义运动在德国广泛发展的体现。而赫尔曼·舒尔策德里奇在19世纪中期发起的合作社运动则从社会层面反映了追求社会平等的社会自由主义运动。1847年，他建立了第一个针对木匠和鞋匠的"原料联合会"，1850年又建立了"预先支付联合会"。同年，在萨克森小城艾伦的手工业者和工人们创办了德国第一个真正的消费合作社"生活资料联合会"。

文化领域的民族主义思潮还体现在哲学、历史学和经济学等领域中。在哲学领域，黑格尔以历史哲学为名，把德国的民族主义哲理化，强调历史是国家的历史，国家是民族精神的现实化，德意志民族必须重新组织成一个国家，建立起君主统一领导下的国家政权力量；在历史学领域，著名史学家兰克从历史角度出发，提出要强化德意志民族自己的语言、风俗、内在一致性和共同的生活方式的期望；在经济学领域，著名经济学家李斯特出版了著名的《政治经济学的民族体系：国际贸易、贸易政策与德意志关税同盟》，明确提出了建立统一的德意志关税和经济区，保护民族利益的经济民族主义主张。

### 3. 欧洲新星

普鲁士统一德意志的进程是在俾斯麦策划的三次连锁反应式王朝战争中完成的。第一场统一战争是在 1864 年由普丹战争引发的，在普奥联军的打击下，丹麦军队土崩瓦解。丹麦被迫签订了《维也纳和约》，割让石勒苏益格、荷尔施泰因和劳恩堡等地。这场战争对于德意志的统一进程起到了重要的推动作用。

第二场统一战争是发生在 1866 年的普奥战争，也称为德意志战争。奥地利与巴伐利亚、汉诺威、萨克森等一些德意志邦国合作，以捍卫德意志邦联的名义，挑战普鲁士。在普奥之战中，普鲁士动用了不少曾在美国南北战争大派用场的科技，包括以铁路运输军队及以电报维持长途通信。普鲁士最终成功击败奥地利，迫使奥地利退出德意志，并同意建立由普鲁士领导的北德意志联邦。1867 年 7 月 1 日，由俾斯麦起草的《北德意志联邦宪法》正式生效。德意志战争对于德意志统一产生了重大影响。普鲁士通过战胜奥地利，取得了对德意志的主导地位，并在之后几年内逐步吸纳其他德意志邦国。最终，1871 年，普鲁士建立了德意志帝国，并成为德意志的国家中心。

第三场统一战争是 1870 年至 1871 年的德法战争。在此之前的德意志战争并没有根本解决德国统一的问题，由于法国的阻挠，巴伐利亚等四个邦国仍然没有加入北德意志联邦，而滞留在莱茵河以南地区。1870 年 7 月，普鲁士首相俾斯麦就西班牙王位继承问题蓄意发表了挑衅性的"埃姆斯密电"，触怒了法国政府，随后，法国政府向普鲁士宣战。9 月 2 日，接连遭到挫败的法国皇帝拿破仑三世率 8.3 万官兵在色当向普鲁士投降。拿破仑三世惨败投降的消息传回法国，巴黎人民起义推翻法兰西第二帝国，法国大资产阶级建立了法兰西第三共和国。

1871 年 1 月 18 日，普鲁士国王威廉一世在凡尔赛宫镜厅正式加冕为德意志皇帝，宣告德意志帝国的成立。1872 年 5 月 10 日，法国被迫与普鲁士签订《法兰克福和约》，割让阿尔萨斯和洛林，并向普鲁士支付了 50 亿法郎的战争赔款。普法战争以普鲁士的胜利告终，使普鲁士王国完成了德意志的最终统一，并取代法国成为欧洲大陆的新霸主。

# 第三节　能源转型推动经济转型

随着德意志统一和第二次工业革命浪潮，德国迅速实现了从农业国向工业国的转变，通过能源转型推动经济转型，在钢铁、煤炭、电气等领域取得了重大成就，推动了德国经济的繁荣。

1870—1913年，德国的煤炭产量从3400万吨增至2.773亿吨，增长了7倍多；生铁产量从140万吨增至1680万吨，增长了11倍；钢产量从20万吨增至1770万吨，增长了近87.5倍。然而，1933年资本主义世界陷入了一场严重的经济危机，工业生产下降了40%，德国也受到了严重冲击。为了维系经济，国家不得不依靠负债支付订货的办法，结果造成对外国的依赖程度年复一年地增加。纳粹适时抛出它的纲领，用民族社会主义获得民心，最后给世界造成了巨大的灾难。

## 1. 能源禀赋

在1870年至1913年的43年间，德国经历了高速的工业化进程，德国的煤、生铁和钢产量都实现了惊人的增长。这一巨大进步使得德国在工业化领域成为全球重要的力量，在煤炭和金属冶炼方面发挥着重要的作用。

德国出产的煤炭种类十分简单，分硬煤和褐煤两大类。硬煤以烟煤为主，无烟煤所占比例很少，煤质好，低灰低硫，适合作动力煤和炼焦煤，但德国硬煤开采条件比较差，煤层薄，开采深度大。[①]与硬煤矿井不同，德国褐煤煤矿开采条件十分有利，煤层厚、埋藏浅，适合露天开采。德国有7个主要煤田，其中硬煤煤田为鲁尔煤田、萨尔煤田、亚琛煤田和伊本比伦煤田，褐煤煤田有西部的莱茵煤田和东部的劳齐茨煤田、德国中部煤田。[②]

在石油资源方面，1861—1960年的百年时间是跨国石油公司"石油七姐

---

① 刘佳.中国煤炭产业国际竞争力分析［D］.山西财经大学，2008.
② 王文雅.煤炭贸易运输复杂网络演化及优化研究［D］.大连海事大学，2020.

妹"①的垄断定价时代。在20世纪60年代以前，石油的生产和需求均受美国和西方跨国石油公司控制。作为这一时期石油价格的主导者，"石油七姐妹"通过自身强大的力量垄断了世界石油资源及市场，获得了巨大的财富。

自1861年开始的近十年时间，是石油市场的发展初期，由于原油产量相对较低，整个产业刚刚起步，市场处于自由竞争的阶段，原油价格波动较大。但在此过程中，石油四大巨头——诺贝尔石油公司、里海和黑海石油公司、荷兰皇家壳牌石油公司、标准石油公司相继成立。至此，在1870年之后，石油市场开始逐步演变为以西方跨国石油公司为主的寡头垄断模式。

1911年标准石油公司解体后，"石油七姐妹"的成立对全球石油市场产生了深远影响。它们作为世界石油卡特尔的主要成员，掌握着绝大部分的油田和炼油厂，对石油定价起着关键作用。然而，这种垄断的地位也使它们备受争议，同时也面对着新竞争对手的挑战。随着时间的推移，全球石油市场也在不断变化。

德国的原油炼油厂主要位于德国西北部，在20世纪30年代，炼油厂原料主要是进口原油和国内原油。总体而言，在纳粹时期，炼油厂的原料供应来源有所变化，从几乎全部使用进口原油转变为大量使用本土生产的原油。进口原油的来源也从海外转变为欧洲东部，直到战争结束，进口原油一直在炼油中起到重要作用。德国国内原油工业的扩张伴随着更加严格的国家控制，原油厂的产能与1930年大致相同，大概在每年500万公吨。②

## 2. 经济转型

到19世纪60年代末，德国经济快速增长，社会经济结构也出现了重大变化，开始从农业主体型经济向工业主体型经济的趋向性转变，第一次工业革

---

① 指的是1911年由于美国反垄断法，洛克菲勒创立的标准石油公司被分割后所形成的三家较大的石油公司和另外四家有国际影响力的大公司。

② 参见USSBS第113号报告，The German Oil Industry，部长报告第78小组，第1.05部分，第14–15页。

命基本完成。

工业革命促进了德国经济快速增长，以1913年价格计算，1800年德国国民生产净值为57亿马克，1825年73亿马克，1850年94.49亿马克，1860年115.77亿马克，1870年达到141.69亿马克，相应年份的人均国民生产净值分别为250、261、268、308和347马克。人均国民生产净值显著提高，充分反映了德国经济加速增长的特征，在1850年到1870年工业化调整发展时期的经济增长尤其迅速。

虽然总体经济增长迅速，但以农业为主体的第一产业、以工业为主体的第二产业和以服务业为主体的第三产业的经济增长速度差别很大。1850—1871年，农业领域国民生产净值由43.97亿马克增至56.62亿马克，年增长率为1.2%；工业和手工业领域由19.54亿马克增加到43.84亿马克，年增长率为3.9%；服务业领域由30.98亿马克增至46.07亿马克，年增长率为1.9%。可见，第二产业对经济增长的贡献率最大。这种增长速度的差异促使德国的经济出现了大规模结构性调整。

同一时期，农业领域净产值在国民生产净值中所占比重从46.5%下降到了38.6%；工业和手工业所占比重从20.7%上升到了29.9%；服务业所占比重从32.8%下降到31.4%。第一、第三产业在国民生产净值中所占比重均有所下降，唯有第二产业产值所占比重上升。由此可见，德国经济已经出现了由农业主导型经济向工业主导型经济结构转变的总体趋向。

19世纪六七十年代，尽管德国在工业产量上超过了法国，但整体经济结构仍然以农业为主，尚未达到工业化国家的水平。大量农民从事农业生产，农业领域拥有庞大的从业人口。同时，农业在德国的地理条件和气候环境下具备一定优势，因此被视为国家发展的重要基础。然而，进入19世纪70年代，德国抓住了国家统一带来的红利和第二次工业革命的机遇，利用电气、内燃机、合成化学等新技术平台的建立，迅速实现了从农业国向工业国的转变，由工业化进程中的追随国家变成了先锋国家。在这一转变过程中，原有的经济结构也发生了根本性变化，确立了工业在国民经济中的主导地位，工业部门内部出现结构性调整，工业发展重心迅速转向最新科学技术支持下的钢铁、煤炭、机器制造、新兴化学、电气等工业领域。随着工业生产的大规模扩张，企业经营方面出现了卡特尔化趋势。

德意志第二帝国时期，社会生产明显增长。以1913年价格计算，在1869—1913年，国内生产净值从151亿马克增加到了524亿马克，增长约2.5倍，按人口计算，则人均增长了1.6倍。同期人均年收入由380马克增加到了780马克。这种增长的动力主要源自工业发展以及由此引起的社会经济结构的改变。

19世纪末期至20世纪初期，德国社会生产中各生产部门所占比重的变化，反映出了德国经济由农业国向工业国转变的轨迹。1870—1913年，德国第一产业价值创造虽然有所增加，但在社会生产总额中的比重逐渐下降。在此期间，第一产业的价值从57.38亿马克增加到了112.7亿马克，增长率为196%。这表明农业领域的价值增长了，但其他产业的增长速度更快。在同一时期，第一产业在社会生产总额中的比重却下降了，说明德国经历了由农业为主导的经济向工业化的转型。

在19世纪五六十年代的工业高涨之后，德国经历了跳跃式增长，并于20世纪初完成了工业化进程。这一进程使德国在世界工业总产量中的比重不断攀升，工业生产在数量和质量上都得到了显著提高，工业的发展速度仅次于美国，超过了英、法两国，为德国的经济实力奠定了坚实基础，极大地提高了德国的世界地位。

### 3. 工业变革

第二次工业革命对德国的工业发展产生了巨大的促进作用，主要体现在两个方面：一是传统工业部门，如钢铁、煤炭等，通过新技术的发明和创造焕发出新的生机和活力，实现了突飞猛进的发展；二是新兴工业部门，如电气和化学工业等，快速崛起，为德国的先进工业强国地位打下了坚实的基础。

1877年，英国冶金学家西德尼·吉尔克里斯特·托马斯和帕西·吉尔克里斯特发明了托马斯—吉尔克里斯特炼钢法，也称托马斯炼钢法，通过向传统的贝塞麦转炉中掺入石灰，解决了含磷铁矿石的脱磷问题。这一新工艺使德国得以广泛利用丰富的磷铁矿，提高钢的质量并降低生产成本。

德国在1879年引入托马斯炼钢法后，钢铁生产出现了直线上升，到1913年，德意志关税区域内生产的钢已接近1063万吨，远远超过传统贝塞麦炼钢法的产量。托马斯炼钢法不仅极大地增加了产量，还提高了钢铁产品质量。同时，托马斯法炼钢过程中产生的磷酸钙残渣也成为农业生产中重要的肥料，促进了农作物的高产。这些因素使得德国的钢铁工业在德意志帝国时期取得了巨大的发展，为国家经济的繁荣作出了重要贡献。

德国钢铁产量的迅猛增长与洛林地区的铁矿资源密切相关。托马斯炼钢法出现以后，洛林地区丰富的含磷铁矿成为德国钢铁工业迅速增长的强大推进器，洛林成了钢铁工业的新中心。据估计，当时洛林地区的铁矿储藏量为7亿吨，而德国其他地区的铁矿储藏总量为3亿吨。到1911年，阿尔萨斯—洛林地区的铁矿开采量已占当时德国铁矿总开采量的75%。

德国的钢铁工业随之出现了大规模的集中趋势。盛产铁矿的洛林、卢森堡和盛产石煤的鲁尔、萨尔各取所需，形成了一种"联合经济"：洛林的铁矿石运到鲁尔和萨尔区冶炼，鲁尔和萨尔则向洛林和卢森堡的冶炼厂提供焦煤。鲁尔—卢森堡—萨尔区域于是成了德国乃至西欧地区钢铁工业的中心，德国的钢铁产量因而迅速增长，远超英、法等国。

德国的钢铁工业迅速发展，成为德国工业领域最强大的部门之一。到了1913年，德国已经发展成为世界上第二大金属生产国和最大的金属出口国。当年英国、美国、德国三国在世界的生铁产量占比分别为13.3%、39.3%和24.1%，而钢产量方面，英国、美国、德国三国的占比则分别为10.2%、41.5%和24.7%。由此可见，德国在生铁和钢的生产领域中占据重要地位。

在钢铁工业和动力用煤等需求的推动下，得益于新的矿井设备和开采工具等的使用，德国的煤炭工业也迎来了快速增长期，石煤开采量由1871年时的2900万吨猛增到1913年的1.9亿吨，增长5倍。与钢铁工业一样，技术的进步是这一时期煤炭产量迅速增加的决定性因素之一。

首先，深钻工艺的进步带来了煤矿开采的革命性变化。深钻技术使得人们可以探测到煤矿蕴藏的地下深处，开采更多的煤炭资源。这项技术的引入，使得鲁尔地区等传统煤矿区域开始开发更深层的煤矿，从而提高了煤炭生产的效率和规模。1894年快速钻机的出现和1902年将凝固工艺运用于矿井建造等新技术应用，对于加快煤炭开采速度和开采地质情况高度复杂的煤矿具有重要意义。此外，在这一时期，开采锤、凝胶炸药、电动泵、震动溜槽、电力矿用铁路等新技术和新机器陆续投入使用，也大大提高了采煤效率。

与第一次工业革命时期不同，德意志第二帝国时期，不仅石煤开采量迅猛增加，褐煤也开始得到大规模开采。德国的褐煤储量丰富，西部地区莱茵河西岸的科隆和波恩之间，中部地区的萨勒河和姆尔德河之间，东部的黑埃尔斯特河和施普雷河上游之间的劳齐茨山脉等地，是褐煤的主要分布区。由于褐煤燃值较低，起初只能用来取暖和用作颜料。第二次工业革命期间，人们发明了煤砖轧制技术，将褐煤压制成方便和可燃性更好的煤砖，褐煤开采量大幅度上升。1880年，德国的褐煤开采量仅为1210万吨，1913年已经达到8750万吨，增加6倍以上。

电气工业的兴起和发展是第二次工业革命的核心内容和主要标志。在19世纪末，维尔纳·冯·西门子等德国企业家利用电灯、电话等普及的契机，率先开始了电气工业的大规模发展，并使德国成为该领域的领导者。同时代的经济史学家曾经形象地描述了当时德国电气工业的繁荣景象："19世纪80年代以来，特别是19世纪90年代，这一部门中从事工业活动的企业，如雨后春笋，一个超一个地猛长；到1912年，这一新兴工业已经遍布德国，而这一工业在30年前还几乎无人知晓。"[①]

德意志帝国时期电气工业企业发展的显著特征是从一开始就呈现强劲的集中化趋势。1896年，电气工业领域有39家股份公司，到19世纪末20世纪初，逐步形成了位于柏林的西门子—哈尔斯克股份公司、位于纽伦堡的电气

---

① 邢来顺.德国正确的产业发展战略与高速工业化［J］.世界历史，2001（05）：41-49.

股份公司、位于柏林的通用电气公司、设在科隆的赫里欧斯电气股份公司、美因河畔法兰克福电气公司、柏林的电气公司联盟、德累斯顿的电气工业股份公司等7大巨头。此后，为了减少竞争风险，各电气公司之间继续合并。到1910年，西门子和通用电气公司两大集团已经占据了当时德国电气工业生产的75%。电的使用在很大程度上改善了德国工业动力的地理分布和使用状况。第一次工业革命中，德国中、南部地区由于缺乏矿藏资源，工业化进程长期受到制约，而这时已经有了新的发展动力。这些地区多山，水力资源丰富，可以利用涡轮机以及河流、水库等水能发电，以解决发展工业所需的动力源，将生产出的电力输往各个地区。动力源的解决，使中南部的美因河畔法兰克福、纽伦堡等地区有可能成为德国经济增长的新热点地区。

电能的使用也使工业生产领域的动力结构发生变化。发电机和电动机逐渐取代体积巨大且难以移动的蒸汽机。1900年以前，德国电力生产的86%用于照明，到1911年，在总数达1000万千瓦的发电量中，绝大部分已经用于动力。在德国1913年的电力生产中，有63%来自石煤火电，23%来自褐煤火电，另有11%出自水能发电。

德意志第二帝国时期，电气工业发展的一大特点是将大城市作为主要依托载体。在第一次工业革命时期，煤炭、钢铁和纺织等传统工业的发展催生了一系列新兴工业城市，这些城市主要围绕工业矿区发展起来。然而，新兴的电气工业则选择将大城市作为主要发展对象。柏林是一个集中了通用电气公司和西门子—哈尔斯克等多家大型电气工业集团的城市，亚琛、不莱梅、德累斯顿、莱比锡、开姆尼茨、杜伊斯堡、埃森、美因河畔法兰克福、汉堡、基尔、科隆、纽伦堡、曼海姆、斯图加特等城市也成为电气工业的汇集之地。

电气工业的飞速发展使德国迅速向电气化国家迈进。进入20世纪，德国仅有35个地方可以供应电力，到1913年已经有17500个地方通了电，约一半的德国居民开始使用电力这种清洁方便的能源。帝国时期的德国电气工业在技术创新、生产规模和市场份额等方面都取得了显著的成就。电力的普及和电气化对于德国社会和经济的发展起到了重要推动作用。随着电气工业的壮大，德国逐渐成为当时世界上电气工业最发达的国家之一。

### 4. 步入深渊

1929年，经济危机席卷整个资本主义世界，严重依靠美国贷款恢复经济的德国在这场危机中损失惨重。1929—1932年，德国国民收入减少约40%，由760亿马克减至460亿马克。德国国内销售市场萎缩，主要工业品在国内的销售总额几乎腰斩，失业率接近美国。德国整个工业生产指数下降40.6%，煤产量下降32.7%，生铁产量下降70.3%，钢产量下降64.9%，机器制造业产值下降62.1%。发电量下降23.4%。[①]

1932年后，经济危机已经见底，破产企业不再增加，银行得到整顿，但是经济复苏的前景尚不明朗。此时的企业既不欠缺设备，也不欠缺资金，更不缺少劳动力，而是缺少市场输出商品。1930年3月上台的海因里希·布吕宁政府虽然也执行以出口为依据的就业政策，但是由于种种原因，德国马克不能也不愿贬值，国际市场由于危机，价格比德国出口商品价格下跌还要快，结果失业人数从230万增加到600万。失业大军的存在降低了社会购买力，阻碍了国内市场的扩大，为了维系经济，国家不得不依靠负债支付订货的办法，结果加深了对外国市场的依赖程度。德国工人党适时地抛出它的纲领，用民族社会主义赚取民心，之后逐渐演变为纳粹党，大力推行法西斯军事经济，给世界造成了巨大的灾难。

在第二次世界大战后期，德国的城市、工厂和基础设施都遭受毁灭性打击，德国的国家经济、政治和文化都严重损毁，纳粹政权覆灭。战争结束后，德国被分裂为东德和西德，国家的经济和科技实力一落千丈，在战后的经济重建和政治分裂等问题深陷泥淖，直到1990年才实现重新统一，其综合国力再也无法与美国同场较量。

---

① ［德］卡尔·哈达赫著，扬绪译.二十世纪德国经济史［M］.商务印书馆，1984：43.

# 第四篇 ▶ 新一轮能源革命引领世界未来

# 第十一章
## 新能源革命风起云涌

纵观人类历史，每一次生产力的巨大飞跃和社会的重大进步都离不开能源变革。前两次能源革命对世界格局产生了深远影响，英美凭借低廉能源优势与先进技术优势的交互作用，形成了经济、军事和地缘政治优势，造就了海洋霸权和货币霸权，演绎了大国崛起历史周期率。伴随着新一轮能源革命发展进程，以风光水核为代表的各类新能源正在成为重组要素资源、重塑经济结构的关键因素。以新能源和信息技术融合为标志，世界能源变革开启了以高效、清洁、低碳、安全、智能化为主要特征的能源发展新阶段。

## 第一节　新能源革命源起

能源革命内生于世界能源发展变革的历史长河之中。化石能源开启了现代工业文明的新时代，但同时也造成全球气候危机日益严重、人口、资源、环境矛盾日益激化。新一轮能源革命发轫于对清洁化、可持续发展方式的不懈追求，在对前两轮能源革命批判继承的基础上，逐步迈向依托新能源形成新质生产力的能源变革历程。其中，人类对太阳能的探索和利用，正是研究、开发和利用新能源的缩影。人类利用新能源创造高效、经济、可持续的生产生活新方式逐渐成为现实，能源安全将为新能源的进一步发展提供契机。

### 1. 未来已来

能源革命是一个长期演进且艰巨的过程。人类对化石能源的充分应用，促进人类经济社会快速发展，为人类生产生活带来巨大变革，也由此创造出了人类历史上空前灿烂的物质文明，叩响了科技化、现代化这扇新文明的大门。

然而，化石能源的过度开采与利用，尤其是第二次世界大战以后，各国对化石能源的规模化开采和倍增式使用，在一定程度上打破了地球生态平衡，严重干扰了生态系统的健康循环。森林的过度砍伐、水资源的消耗、不可再生资源的过度开采等，加剧了资源的衰竭；化石能源的大量消耗，产生了大量的废气、废水和废渣，造成空气、河流污染，人类生存与发展环境急剧恶化。化石燃料燃烧产生二氧化碳、二氧化硫及氮氧化物等气体，引发的气候变暖、两极冰川融化、大面积酸雨等一系列全球气候危机日益严峻。

20世纪70年代以来爆发的数次石油危机，给严重依赖石油的世界经济敲响了警钟。沉重的代价让人类开始反思，世界各国加快了对新能源的开发利用，积极发展清洁能源，可持续发展、生态文明开始成为世界性主题。新一轮能源革命正是在当代世界人口、资源、环境矛盾日益激化的背景下发生的，通过核能、太阳能、风能、水能、生物质能、地热能、海洋能和氢能等逐步代替传统化石能源，消除化石能源消费对生态环境的负面影响，塑造一个经济、安全、清洁、可持续的能源供应新格局。

新能源革命，以新能源和信息技术融合为标志，开启了以高效、清洁、低碳、安全、智能化为主要特征的能源发展新阶段。这也是一次低碳能源革命，与知识经济、循环经济、低碳经济密切相关，与第三次工业革命相伴发生，引发了能源生产、分配、流通、消费等体制机制的深刻变革。

面对新的能源革命的挑战和机遇，世界各国跃跃欲试。美欧等发达国家和地区，广大新兴国家都投入巨资和热情，推动能源技术革新，争相抢占新的制高点。面对国外的竞争挑战，中国转变经济发展方式，紧紧抓住能源生产与消费革命契机，加快生态文明建设，推进新能源的技术创新与发展，加快推进产业结构转型升级，在全球新能源革命浪潮中逐渐实现领跑作用。

## 2. 孜孜以求

人类社会对太阳能、风能、潮汐能、地热能、海洋能、生物能、核聚变能等新能源品种的关注，由来已久。但对这些新能源的有效使用和广泛利用，是在近代能源技术实现突破后才逐步实现的。人类对太阳能的探索和利用，正是研究、开发和利用新能源的一个缩影。

人类利用太阳能的历史可以追溯至 3000 多年前，而将太阳能作为一种能源动力加以利用，只有 400 多年的历史。1615 年，法国工程师所罗门·德·考克斯发明了世界上首台太阳能驱动的发动机，利用太阳能使空气受热膨胀做功而抽水，开启了近代太阳能利用的历史。1615—1900 年，多台太阳能动力装置陆续研制成功，但这些动力装置几乎全部采用聚光方式采集太阳能，发动机功率低、价格贵、不实用。之后的 20 年间，世界上太阳能研究的重点仍是太阳能动力装置，但采用的聚光方式多样化，且开始采用平板集热器，实用目的比较明确，但造价居高不下。[①]

第二次世界大战打乱了太阳能利用技术发展的节奏。直到第二次世界大战结束后的 20 年，太阳能研究热潮才再次兴起，太阳能利用技术平稳成长。然而，由于关键技术突破不及预期，投资回报难以兑现，太阳能利用难以与常规能源竞争，没有得到政府、企业和公众的重视和大力支持。[②]

1978 年年底，世界第二大石油出口国伊朗发生"伊斯兰革命"，第二次石油危机爆发。1980 年 9 月，"两伊战争"爆发，全球能源供应日趋紧张，进而引发了世界经济衰退。这次危机使人们认识到，以石油为主的能源结构并非"完美"，既有的能源结构有必要调整和改变，太阳能热潮再次兴起。

美国、日本等国家陆续制定并推行各类"阳光计划"，并配套政策支持太阳能开发。一大批科学家和研究人员投身太阳能事业。工业太阳能系统、太阳热发电、太阳能开发金融机构，陆续走进人们的视野。不过，由于太阳能

---

① 佚名 .20 世纪的太阳能利用历史［J］. 生态经济，2004（3）：2.

② 李锦堂 . 太阳能利用 100 年［J］. 太阳能，1999（4）：3.

技术的重大突破迟迟没有到来，加之石油价格回落和核电事业的快速发展，有关太阳能利用的"光明前途"仍未完全显露出来。

20世纪末，全球性的环境污染和生态破坏问题日益加剧。1992年联合国"世界环境与发展大会"通过了《二十一世纪议程》和《联合国气候变化框架公约》等一系列重要文件，把环境与发展纳入统一的框架，确立了可持续发展模式。会后，世界各国纷纷加强了清洁能源技术的开发，将太阳能利用与世界可持续发展及环境保护紧密结合。在世界各国的一致推动下，太阳能产业化和商业化进程加速，太阳能领域的国际合作空前活跃。

步入21世纪，人类对太阳能的开发利用，尤其是光伏技术的研究利用，进入了"新世纪"。2000年，世界各国太阳能发电装机总容量约72.9万千瓦，日本、美国、德国等国走在太阳能开发利用的前列。2011年，全球太阳能发电市场取得历史性突破，全年全球太阳能发电累计装机容量达到6900万千瓦，与2006年年底全球累计风电装机规模相当；[1]德国成为全球太阳能发电累计装机容量最多的国家，太阳能发电装机容量累计达2500万千瓦，太阳能发电已占其全部电力消费的2%。[2]

我国太阳能光伏产业相比欧美国家起步相比较晚，但成绩斐然。经过20余年的创新探索，我国光伏产业迅速崛起，逐步实现弯道超车。20世纪80年代，我国政府提出了"节约能源，保护环境"的口号，积极推广太阳能等新能源技术。1986年，我国建成了第一座太阳能电站，这标志着我国新能源的发展迈出了第一步。20世纪90年代，我国新能源发展进入了一个新的阶段。1995年，国家计委、国家科委、国家经贸委制定了《中国新能源和可再生能源发展纲要（1996—2010）》，加快了新能源发展和产业建设步伐。[3]此后，我国新能源发展迅速，太阳能等新能源技术得到广泛应用。

---

① 国家能源局.2011年全球太阳能发电市场取得历史性突破[EB/OL].[2012-02-16].详见：https://www.nea.gov.cn/2012-02/16/c_131413036.htm.

② 国家能源局.太阳能发电累计装机容量德国居首位[EB/OL].[2012-02-16].详见：https://www.nea.gov.cn/2012-02/16/c_131413047.htm.

③ 石定寰.中国新能源和可再生能源发展纲要（1996—2010）[J].太阳能，1995（03）：2-4.

2009年，我国政府发布了《关于加快发展新能源的若干意见》，提出了新能源的发展目标和措施。文件指出，到2020年，中国新能源装机容量将达到3亿千瓦左右，占全国总装机容量的15%左右。财政补贴、税收优惠等一系列扶持政策的出台也为新能源的发展提供了有力支持。2010年，我国光伏发电总装机容量仅为80万千瓦，但光伏制造却占到全球光伏产能的50%。[①]

随后，美国和欧盟发起对我国光伏企业的"双反"调查。面对国际多重压力，我国政府加大了对光伏产业的支持力度，大力实施创新驱动发展战略。硅料、硅片、电池片等环节实现关键突破，我国光伏组件性价比进一步提升，海外需求多点开花，中国光伏产业全产业链逐渐具备国际竞争力，中国的光伏成为世界的光伏。

早在2009年的哥本哈根会议之后，我国承诺"2020年中国非化石能源消费比重提高到15%"。我国在2019年已提前完成这一目标。这一庄严目标承诺推动了2009年之后我国光伏发电行业的十年大发展，这十年的技术发展也使全球光伏平准化电力成本下降77%。

我国逐步占据全球清洁能源技术的领先位置，其中光伏产业处于绝对领先地位。到2023年年底，我国累计并网光伏发电装机容量达5.6亿千瓦，约占总装机容量的20%，连续8年位居全球第一。我国已成为全球光伏产业龙头，拥有最大的光伏产业链集群和应用市场，世界前十名光伏设备制造商中有8家来自中国。我国拥有丰富的可再生资源，光伏技术可开发装机规模约为1400亿千瓦，与欧美日等发达国家能源需求趋于饱和不同，我国从现在到2060年实现碳中和，电力装机还将增长近3倍，光伏产业拥有广阔的实践舞台和发展空间。

### 3. 加速演进

在乌克兰危机、巴以冲突、大国竞争、低碳转型等多重因素的影响下，国际能源格局加速演变，能源合作的"政治化""阵营化"趋势增强，许多国家将

---

① 王敏. 我国新能源的发展历程、挑战与改革展望[EB/OL].[2020-11-11]. 详见：https://www.bimba.pku.edu.cn/wm/xwzx/xwlx/xxxw/508233.htm.

摆脱重心聚焦于能源安全困境。德国、波兰、捷克、希腊等国纷纷提高国内煤炭产量，延长煤矿和燃煤电厂的服役时间，或搁置之前宣布的煤电淘汰计划。天然气等化石能源价格高企，使南亚等部分国家被迫转向煤炭等高排放燃料。

在俄乌冲突阴霾下，2022年全球煤炭消费同比涨幅达1.2%，消费量超过了2013年全球煤炭消费峰值。2022年全球二氧化碳排放量达368亿吨，为历史最高水平。不过，高排放燃料的反弹应为暂时性现象，长远看全球低碳转型的迫切性不断上升，清洁能源发展将显著提速。各国对能源安全的高度关注促进了其国内生产可再生能源和其他非化石燃料的需求，进而加速能源转型。

能源危机进一步强化了欧盟绿色转型的决心，发展替代能源成为欧盟能源"脱俄"的重要举措。欧盟议会将天然气和核能归为绿色能源，并纳入《欧盟可持续金融分类目录》，部分欧盟成员国加速推进可再生能源发展计划。德国计划将陆上风电和光伏发电能力提高约3倍，到2035年实现可再生能源供电占比100%；意大利批准总装机超过40万千瓦的6座风电场；奥地利、比利时、西班牙等国计划到2030年增加10亿千瓦光伏发电装机。

全球不少国家和区域加大对能源转型的政策支持力度。2022年5月，欧盟公布《重新赋能欧洲：欧洲廉价、安全、可持续能源联合行动方案》，计划到2030年增加3000亿欧元能源基建投资，并将能效目标从9%提高到13%，可再生能源消费占比目标从40%增至45%。2022年9月，美国通过《通胀削减法案》，将在未来10年投资3690亿美元用于能源安全和气候变化领域，加大绿色产业扶植力度，布局清洁能源领域的全球竞争。法国、希腊、意大利等9个地中海地区欧盟成员国能源部长在马耳他举行会议，同意建立地中海绿色能源枢纽，以加快欧盟脱碳和能源独立步伐。2023年3月，联合国大会通过"气候正义"决议，国际法院将首次在法律上明确各国促进气候公正的责任。

面对国际能源供给和需求波动加剧、政治军事不稳定等多重态势，中国在大力实施可再生能源替代行动的情况下，对非化石能源开发、建设、应用等全产业链的投入进一步提升。2021年，中国以5.2%的能源消费总量增速支撑8.1%的GDP增速，清洁能源占能源消费总量的比重达到25.5%，较2020年提高1.2%。乌东德、白鹤滩、两河口等重大水电项目，沙漠、戈壁、荒漠风电光伏大基地项目，以及国和一号、华龙一号等大国重器，为中国实现非化石能源替代提供有力支撑。

中国可再生能源发展持续保持全球领先地位，全球新能源产业重心进一步向中国转移。2022年，中国生产的光伏组件、风力发电机、齿轮箱等关键零部件占全球市场份额70%，中国可再生能源发电量相当于减少国内二氧化碳排放约22.6亿吨，出口的风电光伏产品为其他国家减排二氧化碳约5.73亿吨，合计减排28.3亿吨，约占全球同期可再生能源折算碳减排量的41%。

中国和美国作为世界上两个最大的能源生产国和消费国，在能源环境领域所产生的影响不言而喻，既面临着共同的危机，也存在着共同的利益。2023年11月，中美两国联合发布《关于加强合作应对气候危机的阳光之乡声明》，坚持了多边主义，强调国际合作的重要作用，承诺从现在到2030年，将在2020年水平上加快各自的可再生能源部署，以加快煤油气发电的替代，支持努力争取到2030年全球可再生能源装机增至三倍。

# 第二节　风光水核——新能源变奏曲

在全球气候变化形势日益严峻、能源供应日趋紧张的当下，能源生产与使用逐渐走向以煤炭、石油和天然气为主体能源，系统利用水电、新能源、核电等多种能源进行生产和消费的能源发展道路。新一轮能源革命的主旋律是进一步加强风能、太阳能、水能、核能等新能源的开发与利用。

## 1. 凌云驭风

风是由太阳辐射热引起的一种空气流动现象。太阳照射到地球表面，地球表面各处受热不同，产生温差，从而引起大气的对流运动形成风。[①]据估算，

① 中国青年科技编辑部.未来新能源词典［J］.中国青年科技，2005（8）：32-38.

照射到地球的太阳能中尽管只有大约2%转化为风能，但其总量十分可观。全世界的风能总量约1300亿千瓦，其中可开发利用的风能储量达200亿千瓦。风能具有清洁性、可再生性、能量大以及分布广的特点，但也面临稳定性差，受地理限制严重，地区差异大，能量密度低等缺点。

风能的利用有很多方面，如风帆助航、风力制热、风力提水机和风力发电等，其中又以风力发电为主。风力发电是一种将风的动能转化为电能的技术。它属于一种清洁无公害的可再生能源。相比传统燃煤发电，风力发电不产生二氧化碳等有害气体的排放，对环境和人体健康更加友好。因此，发展风电产业对于减缓气候变化、改善空气质量和保护生态环境具有重要意义。世界风电发展历史，大致可以分为三个阶段：

1977—1987年，主要成就是证明风力是可以用来发电的，风的很多特点是可以被人们利用和控制的。其中，丹麦和美国的研究成果最多，风机容量也从几十瓦发展到百千瓦。

1987—1997年，风电技术逐步成熟，风电产业成规模发展，并建立了稳定的商业模式。涌现出了一批技术较为成熟的优秀制造企业，单机容量从百千瓦提高到几百千瓦，变桨风机技术成熟并进入市场，与失速风机在竞争中共同发展。

1997年至今，兆千瓦级的风机成为主要趋势，海上风电逐步推广。随着单机容量提高，为应对极限载荷和疲劳载荷的挑战，新的直驱变速变桨和双馈变速变桨逐步成为兆千瓦级风机的主流技术。①

全球风能委员会（GWEC）的统计数据显示，得益于技术进步和商业模式创新，风能行业正在快速发展，2022年全球风电新增并网装机容量达到77.6吉瓦，其中陆上风电装机68.8吉瓦，海上风电装机8.8吉瓦。亚太地区新增风电装机容量占全球新增装机容量的比重达到了48%；欧洲和北美洲新增风电装机容量占比分别为22%和12%。全球风电累计装机不断增长，由2017

---

① 中国市场调查网. 2009—2012年中国风电机组技术发展趋势分析[EB/OL].[2009–03–12]. 详见：https://www.chinabgao.com/freereport/27210.html.

年的540吉瓦，快速增至2022年的906吉瓦，年均复合增长率达7.7%。报告预计美国《通胀削减法案》和欧洲新能源目标的调整对风能发展将产生积极影响，到2024年，全球陆上风电新增装机将首次突破100吉瓦；到2025年全球海上风电新增装机将达到25吉瓦。未来五年全球风电新增并网容量将达到680吉瓦，未来十年及以后将持续增长。[①]

近年来，中国政府出台了一系列政策措施，以促进可再生能源利用，其中包括风能的开发和利用。这些政策的实施为风电产业的快速发展提供了有力支持，以进一步推动中国的清洁能源转型，实现绿色低碳发展的目标。截至2023年9月底，中国风电累计并网装机容量达到4.0亿千瓦，同比增长了15.1%。

图13　乌兰察布风电基地一期首批120万千瓦就地消纳工程风电现场

在素有"风电之都"美誉的内蒙古乌兰察布，这里风资源丰富，是中国重要的风能基地。乌兰察布风电基地一期项目位于乌兰察布市四子王旗中东部，规划场址总面积约2072平方公里。该风电基地一期工程是全球单体最大陆上风电项目，风机叶轮与主机在107米高空精准对接，首批216台风机的吊装装置已经完成，为配套送出工程同步投产并网发电奠定了坚实基础。

乌兰察布风电充分利用建设地区有利地形条件和丰富风能资源优势，示

---

① 全球风能理事会（GWEC），2023年全球风能报告，2023. 详见：https://gwec.net/globalwind report2023/.

范带动中国风电行业主力机型从2.0时代向4.0、5.0、6.0时代更新迭代。600万千瓦风电全容量并网发电后，每年可提供180亿千瓦时清洁电能，可替代600万吨标准煤，减少二氧化碳排放1530万吨、二氧化硫排放4.5万吨、烟尘排放7560吨，对于加快推动地方能源行业低碳转型，助力高耗能行业节能降碳，促进地方绿色经济发展及环境保护具有重要意义。

2023年6月，全球首台16兆瓦海上风电机组在福建海上风电场吊装成功。该项目建成投产后，将成为全球已投运的单机容量最大海上风电机组，年输出绿色电能超6600万千瓦时，可满足3.6万户普通家庭一年的生活用电。11月，全球单机功率和风轮直径最大的18兆瓦直驱海上风电机组，在福建省福清市顺利下线。单台机组每年可输出7200万千瓦时清洁电能，可满足4万户普通家庭一年的生活用电，相当于每年节约标准煤2万余吨、减少二氧化碳排放5.5万余吨，源源不断地输出绿色能源。这标志着我国海上风电在高端装备制造能力、深远海海上风电施工能力上实现重要突破，达到国际领先水平。

## 2. 阳光普照

光伏是太阳能光伏发电系统的简称，是一种利用半导体材料的光电效应，将太阳光辐射能直接转换为电能的一种新型发电系统。在过去十年中，全球部署的太阳能光伏数量大幅增加，技术的进步也促使光伏发电成本快速下降，全面领先其他可再生能源和化石能源技术，竞争优势不断凸显。同时，全球太阳能光伏制造能力也逐步从欧洲、日本、美国等国转移到中国，中国光伏专利申请量超过全球光伏专利申请总量的80%，光伏电池转换效率多次刷新世界纪录。中国业已成为全球第一大光伏应用市场，新增装机连续十年居全球首位。

根据目前太阳产生的核能速率估算，太阳能贮量足够维持上百亿年。太阳光照射地球表面，不限地域，无论陆地、海洋、高山或是平地，都可以开发利用。光伏发电不仅能够安装在"沙戈荒"、屋顶上，也能够安装在工业规模的设施中。通过光伏发电，人们可以减少对化石燃料发电的依赖，有效避免能源危机或燃料市场不稳定而造成的冲击，从而提高能源安全性。

　　光伏产业发展经历三大阶段，第一阶段新增装机需求主要源于欧洲，由德国、西班牙、意大利等西欧国家引领，结束于欧债危机、欧美双反、补贴退坡；第二阶段始于中国2013年公布光伏标杆电价及产业支持政策，中国、美国和日本逐步代替欧洲引领世界光伏产业发展；第三阶段始于"光伏平价+碳中和目标"全球化，各国的双碳规划为光伏行业设定了明确的中长期发展目标，印度、南美、中东地区等新型市场光伏装机明显增长，光伏行业全球化发展并进入平价新周期。

　　2022年，全球新增光伏装机230吉瓦，同比增长35.3%，创历史新高。其中，欧盟光伏新增装机41.4吉瓦，同比增长54.5%，印度光伏新增装机14吉瓦，同比增长35.5%。2022年全球累计光伏装机1170吉瓦，国别市场来看，中国、美国、日本、德国和印度遥遥领先。目前，全球至少20个国家光伏累计装机超过1吉瓦，15个国家累计装机超过10吉瓦，全球范围内光伏应用市场增长势头强劲。

### 3. 高峡平湖

　　水能是一种可再生能源，不像化石燃料一旦消耗就无法再生，且发电过程中不会产生二氧化碳等有害气体，对环境污染较小。水能发电的成本相对较低，稳定性较高，且设备寿命长，具有较高的投资回报率，能够满足基础电力需求。据估计，全球水能储量约为1.2万亿千瓦时，其中约有1/3水能储量位于亚洲，其次是南美洲和北美洲，欧洲和非洲的水能储量相对较小。

　　在人类利用水能早期，人们通过水力驱动水车、水磨等机械设备，利用水能进行生产和加工。随着水轮机的发明，人们利用水的动能驱动机械运动，广泛应用于水力发电、制造等领域。1878年法国建成世界第一座水电站，通过引水、发电、放水等过程，将水能转化为电能，为人们的生产和生活提供了大量的电力。随着科技的不断进步，新型水能发电技术，如潮汐能、波浪能、海流能、海水温差能、盐差能等，也开始逐渐被应用。这些新型水能发电技术具有更高的能量密度和更低的成本，将成为未来水能行业的重要发展方向。

水力发电是可再生能源中最大的能源来源。据国际可再生能源署发布的数据显示，截至2022年年底，全球水力发电（含抽水蓄能）总装机容量达到1.39万亿千瓦。其中可再生水电装机容量1.26万亿千瓦，占总量的90.2%；纯抽水蓄能装机容量0.13万亿千瓦，占总量的9.8%。其中中国总装机容量达到0.41万亿千瓦，占世界总量的29.7%。[①]

全球水力发电的装机容量在未来几年将继续增长。根据国际能源署发布的《2021年可再生能源市场分析报告》预测，到2025年，全球水力发电的装机容量将达到1.5万亿千瓦时左右。同时，报告还指出，中国将继续成为全球水力发电的领导者，预计到2025年，其水力发电装机容量将达到4亿千瓦以上。[②]

### 4. 善用核能

核能是一种利用核反应产生能量的能源形式，具有高能量密度和稳定性，在全球能源转型中扮演着重要角色。核能发电通过核反应堆将核燃料（如铀、钍等）中的能量释放出来，转化为热能，再通过蒸汽轮机发电。

20世纪50年代，人类开始利用核能发电。核电站的建设和运行成为国家能源政策的重要组成部分。核能的能量密度是化石能源的数千倍，能够为人类提供大量的能源。同时核燃料使用寿命较长，电力供应稳定，利用小时数较高，能够满足基础电力需求。

核电是当今仅次于水电的全球第二大低碳电力来源。截至2023年11月，世界32个国家在运核电机组共计412台，主要核能发电国家包括美国、法国、中国、俄罗斯、韩国、加拿大、日本和英国等。其中，美国在运核电93台，装机容量9583.5万千瓦；法国在运核电56台，装机容量6137万千瓦；中国大陆在运核电55台，装机容量5318.1万千瓦；俄罗斯在运核电37台，装机容

---

① 国际可再生能源署（IRENA），2023年可再生能源装机容量统计报告，2023. 详见：https://www.irena.org/Publications/2023/Mar/Renewable-capacity-statistics-2023.

② 国际能源署（IEA），可再生能源2021：至2026年分析与预测报告，2021. 详见：https://iea.blob.core.windows.net/assets/5ae32253-7409-4f9a-a91d-1493ffb9777a/Renewables2021-Analysisandforecastto2026.pdf.

量2772.7万千瓦。根据现有能源政策，全球核电装机容量预计将从2022年的4.17亿千瓦增加到2050年的6.2亿千瓦。全球核能发电量将从2022年的2.682万亿千瓦时增加到2050年的4.353万亿千瓦时。

　　核能的和平利用已经被人类掌握，并已应用于发电、动力、供热、海水淡化等诸多方面，且技术发展不断与时俱进。由于核能应用过程中不产生二氧化碳，对环境的影响也有严格的监管标准和监控措施，在提升能源安全保障水平，促进碳减排、实现双碳目标的重要性进一步凸显。

图14　海阳核电基地全景

　　胶东半岛南部，山东海阳，一座不算大的海滨小城，因"核"站在了聚光灯下。海阳核电站位于海阳市核电产业区，地处三面环海的岬角东端，总投资过千亿元。2006年，海阳核电与浙江三门核电一起被选定为中国第三代压水堆核电重大专项AP1000技术引进消化吸收的标志性项目，承接中国核电自主化重任，同时也为海阳的千家万户提供"零碳"的清洁能源。

　　2019年冬，国家电投"暖核一号"一期31.5兆瓦工程投运。该供暖项目从海阳核电机组中抽取已经发过部分电的蒸汽作为热源，在物理隔绝的情况下，进行多次热量交换，最终实现向周边70万平方米范围内供热，是国内首个核能供热商用工程。国家电投还建成了世界首个"水热同产同传"科技示范工程，在世界范围内首次实现了"零碳"供热的同时"零能耗"淡化海水，实现供热和供水跨界融合，提高能源效率，降低用能成本，为同步解决城市清洁取暖和淡水需求等民生问题贡献"中国方案"。

2021年11月，"暖核一号"二期工程投运，让海阳市区实现了从传统的燃煤取暖向核能清洁供暖的"无缝切换"，成为国内首个实现"零碳"供暖的城市。

2023年11月，我国首个跨地级市核能供热工程——国家电投"暖核一号"三期900MW抽气供热项目投运，供热面积可达3000万平方米，能满足约100万人口的取暖需求，供暖区域可达烟台、威海、青岛等地。

除山东海阳外，2022年11月，中国东北地区首个核能供暖项目——红沿河核电站核能供暖示范项目也正式投运供热，覆盖辽宁省大连市瓦房店市红沿河镇，惠及当地近两万居民。2022年12月，浙江海盐核能供热示范工程正式建成投运，开创中国南方核能供热先河，供暖面积达46万平方米，惠及近4000户居民，并可为当地工业企业提供24小时热能供应保障。2023年8月，海盐核能供热示范工程（二阶段）工业供热项目投入商运。可为秦山工业园区核电特色小镇内的众多企业提供24小时热能供应保障，年工业供热约28.8万吉焦，可满足浙江海盐县400万平方米的供热需求，供热能力达到150兆瓦，相当于节约标准煤约1万吨，减排二氧化碳排放约2.4万吨。核能综合利用在提高能源利用效率、减少碳排放方面具有显著优势，对保障北方清洁供热、促进碳中和目标、改善区域生态环境具有重要示范意义。

# 第三节　大国竞争

能源革命是推动工业革命和社会进步的基石。蒸汽动力的发明和煤炭的大规模开发利用，促使近现代生产力发生巨大的发展，开启了世界工业化发展的先河，将英国推上世界经济霸主地位。内燃机的问世拉开了第二次工业革命的序幕，随着石油大规模使用以及石油交易美元化，美国的世界霸权逐渐形成。随着非化石能源逐步替代化石能源，以新能源为代表的新一轮能源革命，正在以难以想象的速度推动新一轮工业革命，世界各国在新能源赛道上争相向前。

### 1. 政策引领

新能源开发利用的成本高，产业发展前期经济性不足、投资回报率不高，主要依靠财政补贴等政策激励，只有突破了关键技术瓶颈、实现成本可控之后，才可能从政策驱动转向市场驱动。因此，能源政策是影响新能源产业发展速度的关键要素。

美国是能源储量、生产、消费大国。其主要能源煤炭、天然气、石油的探明资源储量分别居全球第1、第4、第12位；能源生产与消费总量仅低于中国，均居全球第二位。美国在能源供给和需求两个方面，都深刻地影响着世界能源市场，特别是在能源发展战略方面，始终居于全球领先位置，成为众多国家和地区效仿的样板。[①]

美国的能源革命是一场自下而上的革命，本质是低碳发展。2014年5月，奥巴马政府发布《全面能源战略》，倡导以对环境负责方式生产石油和天然气，强调提高能源效率，重视发挥天然气在清洁能源转型中的中心作用，确保以负责任的方式开发，支持可再生资源、核电以及清洁煤技术发展，积极推动政府机构以身作则，支持可再生能源、核能和其他零排放资源等等。

美国的政策是将气候危机置于本国的外交政策和国家安全规划的最前沿，包括重新加入《巴黎协定》。美国计划到2030年使用可再生能源发电量达到总发电量的80%，2035年实现100%无碳电力；到2030年美国温室气体排放量较2005年水平减少50%~52%，2050年实现温室气体净零排放；到2030年，电动车将占所有新车销售的50%。以上这些目标都在"建设更好未来"倡议中得到了体现。

日本至今已经历多次能源结构调整，但能源资源禀赋的匮乏使其始终无法摆脱对进口能源的依赖。长期以来，支撑日本经济快速发展的能源主要为石油、煤炭、天然气和核能。为了确保能源安全，日本在国家能源发展战略

---

① 谢松.美国、日本的能源发展战略及对贵州的启示［J］.贵阳市委党校学报，2017（4）：5.

中强调大力发展再生能源以提高自给率，并于2012年开始实施《电力经营者可再生能源电力调配特别措施法》，通过价格保护刺激企业可再生能源投资，以促进再生能源市场的进一步扩大。2023年2月，日本内阁会议通过"以实现绿色转型为目标的基本方针"，明确了要最大限度利用可再生能源与核能，到2030年可再生能源与核能发电占比分别达到总发电量的36%～38%和20%～22%，计划今后10年发行20万亿日元新国债以支持企业的脱碳投资。

德国作为一个制造业强国和能源需求大国，长期以来面临国内能源匮乏，能源来源不够多样化、对外依赖性强等问题，不得不加速提升可再生能源发展的"优先级"。德国可再生能源发电占总发电量的40%多，海上及陆上风电、光伏和生物质能是德国最主要的可再生能源电力来源。2022年7月，德国联邦议会通过了《可再生能源法（EEG2023）》修正案等一揽子能源法案。新法案要求2030年德国可再生能源在电力供应中的比例由65%提高到80%，"电力碳中和"实现计划在2035年基本完成。此外，新法案的大步伐还体现在装机目标的大幅提高、政策的优惠程度、融资成本的降低、税收优惠、政府极简化和审批程序标准化等多个方面，加大了推进能源转型的力度。

2023年10月，欧盟碳边境调节机制（CBAM）法规开始实施。碳边境调节机制是指某些商品在生产时会释放二氧化碳等温室气体，这些商品进入欧盟关境时，需要向欧盟额外支付一笔款项，其数额与商品制造时释放的温室气体数量相关。按照该法规，欧盟进口商现在开始必须报告相关商品生产过程中的温室气体排放量，欧盟将对进口的钢铁、铝、水泥和化肥额外征税；此外，航运业被纳入碳排放权交易体系。从2026年1月1日起，进口商必须购买排放证书，其价格基于在欧盟境内生产这些商品时所需支付的碳价来制定。

在中国，"3060"已经成为全社会共识，绿色低碳已经成为中国能源发展的主旋律，实现碳达峰碳中和是一场广泛而深刻的经济社会系统性变革。"十四五"是碳达峰的关键期、窗口期，是中国新能源产业发展的关键期、窗口期。为扎实推进能源绿色低碳转型，国家层面将能源行业发展聚焦能源安全保障、清洁低碳转型、科技自立自强、体制机制创新、加强国际合作等五个方面：

一是提升安全保障水平。一方面，发挥好煤炭"压舱石"作用，加大油气勘探开发和增储上产，确保国内原油产量长期稳定在2亿吨水平，天然气自给率不低于50%。另一方面，提升非化石能源替代能力，形成风、光、水、生、核、氢等多元化清洁能源供应体系。推进煤电灵活性改造，加快抽水蓄能、调峰气电、新型储能建设，加强配电网改造升级，支撑高比例新能源接入。

二是推进消费方式变革。力争未来5年，非化石能源消费比重年均增长1%；到2035年，新增电量80%来自非化石能源发电；21世纪中叶，非化石能源成为主体能源。加快规划建设新型能源体系，构建新型电力系统，推进重点领域电能替代。加快发展分布式能源、沿海核电、海上风电。

三是加快推动科技自立自强。培育核心产业链，提升重大装备自主可控水平，不断提高能源产业链供应链的韧性和安全水平。推动能源创新链、产业链、资金链、人才链、数据链深度融合，推进能源数字化智能化发展。

四是释放体制机制活力。加快推进能源法制定以及电力法、煤炭法、可再生能源法修订。破解新业态新模式在系统接入、市场交易等方面的壁垒。有序衔接绿证市场、碳市场、电力市场，促进能源产业链上下游协同发展。

五是开创国际合作新局面。能源合作是共建"一带一路"的重点领域。推进与重点能源资源国的互利合作，加强与发展中国家的能源绿色低碳合作。[①]

2023年10月中国全社会用电量同比增长8.4%。未来三年，中国电力需求仍保持刚性增长，预计全社会用电量2023年达到9.2万亿千瓦时，同比增加6.4%；2024年达到9.5万亿～9.7万亿千瓦时，同比增长4.3%～5.2%；2025年达到9.8万亿～10.2万亿千瓦时，同比增长4%～4.8%。中国若要在2035年达到中等发达国家水平，能源消费体量必将继续增长。随着疫情阴霾逐渐散去，中国经济有序恢复、持续向好，中国在新能源赛道上的故事正在继续。

---

① 新华网.能源行业高质量发展怎么干？看国家能源局划重点[EB/OL].[2023-04-12].详见：http://www.news.cn/politics/2023-04-12/c_1129516545.htm.

## 2. 技术比拼

进入21世纪，新能源革命与第三次工业革命相伴而来。2011年，美国未来学家杰里米·里夫金预测，世界将以新能源为核心进行一次工业革命即"第三次工业革命"，新能源技术将成为人类赖以生存和发展的核心技术，新能源产业很有可能成为继信息技术后带动全球经济复苏的"新技术革命"的核心内容，成为世界新的经济增长点。[①]可再生能源与当代互联网技术的融合，将成为新工业革命的强大动力。新能源产业崛起将引起电力、汽车、新材料、建筑业、通信行业等多个产业的大变革和深度裂变，并催生一系列新兴产业；掀起社会生产方式、制造模式甚至生产组织方式等方面的重要变革；将从根本上重塑社会经济关系，深刻地影响人类的商业行为、社会治理体系、教育体系和生活方式，使人类进入生态和谐、绿色低碳、可持续发展的社会。

随着颠覆性技术的成本越来越低，世界已越过不可避免的根本性变革的临界点。新能源技术涉及能源、农林、电子、化工、材料、环保、数字化、智能控制等多个学科和领域，在未来科技创新中处于关键地位。在全球碳中和的竞技舞台上，以新能源为核心的低碳技术已成为各国科技竞争的制高点。

2020年，国际能源署31个成员国在低碳能源技术研发领域的公共投入总额达到222亿美元，占公共研发投入总额的96%。美国能源部下属的17个国家实验室管理逾125亿美元公共基金，已成为美国清洁能源、信息科学和先进材料等领域研发的主导力量。同期，中国能源研发公共经费占全球支出的25%，比2015年增加了70%，可再生能源和电动汽车领域的专利占全球的近10%。

2021年11月，美国众议院通过的1.75万亿美元的《重建更好未来（Build Back Better）》法案，计划投资5500亿美元用于新能源和应对气候变化，意欲在新能源领域占据主导地位。在能源技术创新方面，美国政府在页岩气的开发和生产技术上投入巨资，支持页岩气发展。美国政府技术研发投入对页岩

---

① ［美］瑞弗金著，张体伟译. 第三次工业革命：改变世界的新经济模式［M］. 中信出版社，2012.

气革命的早期形成起到了至关重要的作用。在早期无人问津的情况下，美国政府非常有远见地投资设立了"东部页岩气计划"，开发出了早期的定向页岩钻井技术、三维微震成像技术等，同期还投入大量研发资金支持天然气研究，资助"低渗碳油气层"开发，这些都是页岩气开发的基础和关键技术，多项相关研究成果为美国页岩气的发展奠定了坚实的技术基础。[①]

日本政府斥巨资鼓励开发可再生能源技术，专门成立了新能源产业技术综合开发机构（NEDO），政府每年投入大量资金支持可再生能源技术的研究与开发。在2014年，日本政府支持可再生能源研发的投入资金就已累计达到1613亿日元。在政府长期的支持发展下，日本的可再生能源技术已经处于全球最高水平。大量能源新技术的成功开发，明显地降低了可持续能源的发电成本。

经过多年厚积薄发，中国能源技术已取得长足进步。目前，中国新能源技术和产业以及相关的储能、输变电、电动汽车乃至智能控制技术，大都处于全球并跑地位，部分技术已处于领先位置，历史上前所未有地与欧美等国处在同一起跑线上。中国陆上低风速风电技术国际一流，海上大容量风电机组技术保持国际领先；光伏产业占据全球主导地位，光伏技术多次刷新电池转换效率世界纪录，钙铁矿叠层太阳能电池效率突破29%。麦肯锡全球研究院曾就中美两国创新能力进行比较，分析认为，中国已逐渐占据全球清洁能源技术的领先位置，其中，光伏产业处于绝对领先地位。

截至2020年年底，中国新能源装机5.3亿千瓦，占全球总装机的38%，连续6年成为全球新能源生产和投资最大的国家。特别是中国已成为全球风电、光伏产业龙头，拥有最大的风电、光伏产业链集群和应用市场，年产值超过1.5万亿元。其中，风电整机产量占全球的50%以上，全球前十风电整机制造企业中国占7家；多晶硅、硅片、电池片和组件分别占全球产量的76%、96%、83%和76%。此外，中国新能源汽车保有量占全球的50%以上，拥有

---

① 谢松.美国、日本的能源发展战略及对贵州的启示［J］.贵阳市委党校学报，2017（4）：5.

完备的电动汽车产业链。与欧美日等发达国家能源需求趋于饱和不同，中国从现在到2060年实现碳中和，电力装机还将增长近3倍，新能源拥有广阔的实践舞台和巨大发展空间。

全球实现碳中和目标所需要的技术有将近一半还处于示范或者原型样机阶段，新的低碳技术创新和突破对未来实现全球气候目标至关重要。从大国博弈发展态势看，谁掌握了新能源相关的核心技术，谁就获得了新一轮工业革命的先机和主导权。有理由相信，中国在以新能源为核心的科技赛道上，只要发挥好各方面优势，将在未来10年至15年实现相关科技的全面领先。历史赋予了中国赶超甚至引领的难得机遇，中国将比历史上任何时候都更有条件、更有能力引领全球能源革命。

# 第十二章
## 中国领跑新能源革命

当前，世界正经历百年未有之大变局，能源供需矛盾日益突出，能源结构转型步伐加快，地缘政治博弈升级。共同维护全球能源安全、应对全球气候变化已成为全世界面临的重大挑战。近年来，中国通过制度优势和后发优势，坚持系统观念，通盘谋划、全力开展攻坚和改革，积极把握"新能源革命"先机，在能源改革上进行了一系列有益的实践探索。不仅在全球能源治理体系中发挥建设性作用，同时在促进全球能源可持续发展方面，也以自身的实际行动引领全球能源领域清洁低碳转型发展，为世界各国应对气候变化与能源转型升级不断贡献中国智慧。

## 第一节　党和国家的谋篇布局

自中国共产党十一届三中全会以来，中国着眼全球能源格局发展新趋势，立足能源资源结构的国情实际，围绕能源供给结构、强化能源科技攻关和拓展国际能源合作等方面积极谋篇布局，不断为构建能源体系指明新的方向。进入新时代，中国面对国际新挑战和新要求，以"四个革命、一个合作"的能源安全新战略为指引，经历了从"推动"到"推进""加快推进"，再到"深入推动"的发展过程。在40多年积极稳妥推进能源变革的过程中，中国能源体系已逐步形成并日臻完善，为新时代能源体系高质量发展打下了坚实基础。

**1. 高位擘画**

改革开放给中国能源产业带来巨变，其中变化最大的方面在于发展速度背后影响深远的体制之变。回顾改革开放以来中国能源行业的发展历程，能源行业基本处于重大改革的先行领域，并且长期作为深化改革的重点领域。总体上的改革主线是沿着"由计划到市场、由垄断向竞争"展开。如果说改革开放前的变化只是在计划经济体制下，部门的拆分或管理权限的收放，那么改革开放后的变化，则更多地融入并体现了市场化的丰富内涵。随着改革开放的深入推进，能源行业市场运行规则和政府监管体系得以建立，使电力、煤炭、油气行业的发展速度和质量迈上新台阶。

进入新时代，中国对能源发展高度重视，先后作出了一系列部署，"推动能源生产和消费革命，控制能源消费总量，加强节能降耗，支持节能低碳产业和新能源、可再生能源发展，确保国家能源安全"。2014年6月，在中央财经领导委员会第六次会议上，习近平总书记发表重要讲话，作出"四个革命、一个合作"能源安全新战略的重要论述。[①]"四个革命"是指推动能源消费革命，抑制不合理能源消费；推动能源供给革命，建立多元供应体系；推动能源技术革命，带动产业升级；推动能源体制革命，打通能源发展快车道。"一个合作"是指全方位加强国际合作，实现开放条件下能源安全。"四个革命、一个合作"能源安全新战略的提出，代表了中国能源战略理论创新的新高度，是新时代指导中国能源转型发展的行动纲领。

2021年3月，习近平总书记在中央财经委员会第九次会议上强调，中国力争2030年前实现碳达峰，2060年前实现碳中和，是党中央经过深思熟虑作出的重大战略决策，事关中华民族永续发展和构建人类命运共同体。习近平总书记进一步指出，要构建清洁低碳安全高效的能源体系，控制化石能源总量，着力提高利用效能，实施可再生能源替代行动，深化电力体制改革，构

---

① 习近平. 积极推动我国能源生产和消费革命[EB/OL]. [2014−06−13]. 详见：https://www.gov.cn/guowuyuan/2014−06/13/content_2700479.htm.

建以新能源为主体的新型电力系统。

党的二十大报告提出，立足中国能源资源禀赋，坚持先立后破，有计划分步骤实施碳达峰行动。完善能源消耗总量和强度调控，重点控制化石能源消费，逐步转向碳排放总量和强度"双控"制度。深入推进能源革命，加强煤炭清洁高效利用，加大油气资源勘探开发和增储上产力度，加快规划建设新型能源体系，统筹水电开发和生态保护，积极安全有序发展核电，加强能源产供储销体系建设，确保能源安全。[①]

### 2. 循序渐进

中国拥有丰富的风光资源，随着能源革命持续推进，在新能源生产、储存、传输和使用方面已经具备技术优势和大规模开发能力。随着能源革命的推进，中国意识到必须通过能源革命另辟新能源开发蹊径，这也是打破国际能源规则的重要突破口。[②]进入新时代以来，中国能源革命经历了一个从"推动"到"推进""加快推进"，再到"深入推动"的渐进发展的过程。

党的十八大提出"推动能源生产和消费革命"。新时代的中国能源发展不同以往，过去在能源领域暴露出的腐败、浪费、污染等问题将得到根本解决，新时代的能源发展之路由此开启。党的十八届五中全会提出"推进能源革命"，"建设清洁低碳、安全高效的现代能源体系"。党的十九大报告和《中华人民共和国国民经济和社会发展第十四个五年规划和2035年远景目标纲要》再次强调这一内容。中国能源革命的基本路线不断清晰完善，"清洁低碳、安全高效"8个字高度概括了能源革命的内容和目标，明确了建设现代能源体系的标准与要求。

2016年12月，习近平总书记对神华宁煤煤制油示范项目建成投产作出

---

① 习近平.高举中国特色社会主义伟大旗帜 为全面建设社会主义现代化国家而团结奋斗——在中国共产党第二十次全国代表大会上的报告［J］.前线，2022（11）：4-28.

② 刘华军，石印，郭立祥等.新时代的中国能源革命：历程、成就与展望［J］.管理世界，2022，38（7）：6-23.

重要指示强调，要加快推进能源生产和消费革命，增强能源自主保障能力。在加快推进能源革命过程中，中国更加重视能源清洁低碳发展，并坚持与国际接轨，重视能源国际合作，成为全球能源治理的重要参与者。2020年9月22日，习近平总书记在第七十五届联合国大会一般性辩论上的讲话中宣布，中国二氧化碳排放力争于2030年前达到峰值，努力争取2060年前实现碳中和。2020年12月，习近平总书记在气候雄心峰会上进一步宣布了中国非化石能源消费比重目标，为中国能源的创新发展和低碳布局指明了方向。

2021年中央经济工作会议作出"深入推动能源革命，加快建设能源强国"的重大决策部署，意味着新时代的能源革命工作需要更加注重质量把控，实现能源领域高质量发展。

### 3. 合作共赢

加强能源领域国际合作是"四个革命、一个合作"能源安全新战略的重要任务之一。党的十八大以来，中国扎实推进能源国际合作，持续扩大能源领域对外开放，不断提升开放条件下的能源安全保障能力。2022年3月，中国国家发展和改革委员会、外交部、生态环境部、商务部联合发布《关于推进共建"一带一路"绿色发展的意见》，明确了绿色基建、绿色能源、绿色交通、绿色金融等重点合作领域，为统筹推进"一带一路"绿色发展、着力打造更加紧密的国际能源合作伙伴关系擘画了总蓝图。在能源转型、新能源发展、天然气消费和能效提升等多个领域，中欧能源合作具有广阔的深化合作前景，随着《中欧领导人气候变化和清洁能源联合声明》《中欧能源安全联合声明》《中欧能源合作路线图（2021—2025）》等一系列重要文件的发布，中欧能源合作框架和合作路线图日臻完善。

面对新一轮能源结构调整和能源技术变革趋势，中国适时提出建设全球能源互联网的重大构想。全球能源互联网具有共商、共建、共享、共赢的特征，是世界各国共担低碳减排责任、共享清洁发展成果、共建和平和谐世界的必然选择和务实行动，也是共享发展理念在能源领域的创造性运用。2020

年9月，"双碳"目标的提出标志着新一轮能源革命的到来，这既是顺应全球低碳转型深入发展的举措，也是主动承担大国责任的体现。全球能源互联网和"双碳"目标为构建人类命运共同体提供新的重要载体，为解决世界能源问题、推动世界能源转型发展、促进人类可持续发展提供中国智慧和中国方案，得到国际社会高度赞誉和积极响应。[①]

中国作为世界上最大的能源生产国和消费国，近年来在可再生能源领域取得了举世瞩目的成就，先进能源开发与利用技术不断创新，绿色能源技术实现大规模推广，不仅在能效改善方面全球领先，也逐步成为世界最大的清洁能源贡献国。自2013年在喀麦隆建成首个海外智能微电网项目后，中国兴业太阳能技术控股有限公司又先后在阿拉伯联合酋长国、马来西亚、新加坡、澳大利亚完成多个电网项目。目前，该公司海外网络已覆盖东南亚、中东、澳洲、欧洲及北美等多个国家和地区。浙江吉利控股集团继成功收购瑞典汽车制造商沃尔沃、英国电动汽车研发公司Emerald Automotive后，再一次进行海外投资，全力推动新能源汽车在海外的发展，于2015年投资成为冰岛碳循环国际公司的重要股东，并派驻董事会成员。实践证明，中国已经在本轮能源革命的赛道上跑出加速度，在光伏、风电等多个领域实现国际领先，并作为"领跑者"为其他国家提供清洁能源发展的重要经验，为世界清洁能源发展作出重大贡献。

## 第二节　能源行业的绿色变革

党的十八大以来，中国在"四个革命、一个合作"战略思想指导下多措并举，进行了一系列有益探索且成效显著。在能源技术方面，经过多年发展，中国已成长为全球能源发展关键性、战略性技术的开拓者与引领者；在能源结构方面，为推动构建能源新发展格局，中国从供给侧和需求侧同时发力，推动了供需结构全面转型升级；在企业实践方面，能源企业积极践行绿色发展理念，

---

　　① 刘华军，石印，郭立祥等.新时代的中国能源革命：历程、成就与展望［J］.管理世界，2022，38（7）：6-23.

大力发展新能源，引领产业绿色低碳转型，多能互补构建综合能源建设新格局。

## 1. 创新驱动

在过去30年间，中国在能源领域迅速成长为全球能源发展关键性、战略性技术的开拓者与引领者。回溯至1990年，在应对气候变化的各种低碳能源技术中，中国几乎没有获得任何国际专利授权。在加入世界贸易组织前，中国加快在能源领域的技术创新步伐，但与国际同行相比，总体水平仍然较低。在2000—2012年，中国在储能电池、太阳能光伏和电动汽车等方面的新能源技术创新奋起直追，申请国际专利数量的累计年增长率高达35%。尽管在2012—2014年略有下降，但中国低碳能源技术国际专利数量从2015年开始再次持续上涨，在2018—2019年，中国在储能电池和太阳能光伏方面申请的国际专利数量达到2008—2009年的6倍，而在电动汽车方面则高达8倍。

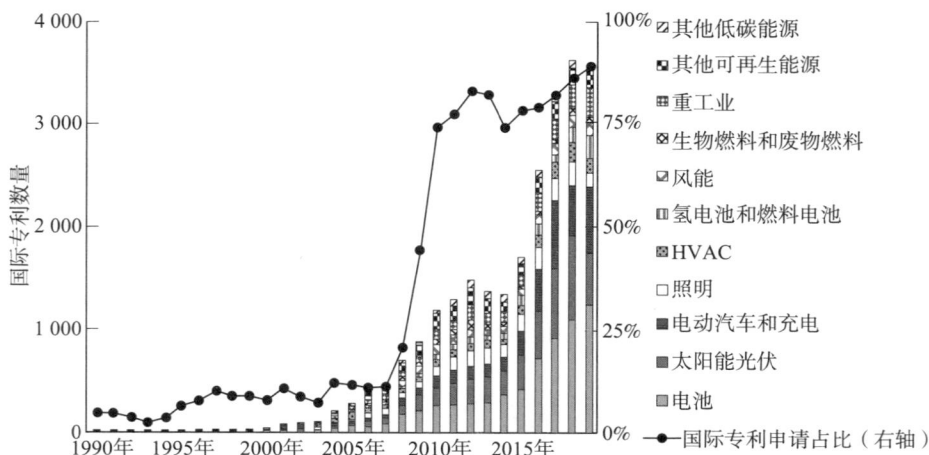

图15　中国在各类低碳能源技术中申请的国际专利数量及占比[①]

在21世纪之前，中国的能源技术创新在国际市场中"身微言轻"，但此后迅速崛起。在2007—2010年，中国在低碳能源技术领域申请的国际专利全球占比从10%增加到75%。考虑到国际专利申请的限制标准和费用成本，专

---

① 数据来源：Tracking clean energy Innovation:focus on China[R].IEA.2022.

利的国际化水平提升充分表明中国能源技术创新质量取得了长足进步。目前，中国在新型能源技术方面的国际专利申请率已经超过美国和欧洲，并与日本齐头并进。值得注意的是，在2008—2010年，尽管中国能源领域的专利总数有所下降，但国际专利的申请数量持续稳步增长，这反映出中国能源技术创新中低水平重复研发逐渐减少。

在1990—2019年，中国在储能电池方面的技术创新最为活跃，在能源领域国际专利申请总量全球占比达到27%以上。可再生能源方面申请的国际专利数量在能源领域各种技术中的全球占比达到29%，其中，太阳能光伏占17%，风能占4%。在能源领域的其他技术方面，电动汽车及其充电技术占13%，照明占8%，氢和燃料电池占5%，供暖和制冷占5%，生物燃料占3%。此外，与重工业生产用能有关的技术约占7%，主要用于化学品和金属加工制造。在2017—2019年，中国在储能电池、电动汽车和太阳能光伏三方面申请的国际专利数量在能源领域各类技术创新中占比达到2/3。

在核能方面，由于保密限制，国际专利申请数量不足以完全反映技术创新水平。目前，我国已拥有"国和一号""华龙一号"两种自主研发的第三代核电技术，"国和一号"累计形成知识产权成果6513项，具有完全自主知识产权和出口权，单机功率达到150万千瓦，是我国自主设计的最大功率核电机组。"华龙一号"采用"能动+非能动"安全设计理念，同样具有自主知识产权，并计划继续以自主化的设计理念不断扩大核能产业的发展规模。"国和一号""华龙一号"核电技术的重大突破，充分表明中国在核能领域的技术创新也已经走在世界前列。

### 2. 转型升级

党的二十大报告强调，加快构建新发展格局，着力推动高质量发展。随着中国"双碳"政策体系的逐步建立和完善，风电、光伏和氢能等清洁能源的发展不断加速，能源行业在供给侧与需求侧迎来全面的转型升级，促进形成能源发展新格局。

电力绿色低碳转型持续深入推进。2022年，全国可再生能源新增装机

1.52亿千瓦，占新增发电装机的76.2%，可再生能源已经成为中国电力新增装机的主体。截至2022年年底，全国全口径发电装机容量25.6亿千瓦，其中12.13亿千瓦的可再生能源装机容量在历史上首次超过煤电，水电、风电、太阳能发电、生物质发电装机均居世界首位，充分展现出发电行业绿色低碳转型取得的显著成效。

电力系统调节能力和运行效率全面提升。截至2023年9月底，全国已投运的电力储能项目累计装机超7100万千瓦。其中，抽水蓄能累计装机达约5000万千瓦，占比达到70%；新型储能延续高增长趋势，累计装机规模超2100万千瓦，超过2022年同期的3倍。全国风电、光伏发电平均利用率逐步提高，风电利用率由2016年的82.4%提高至2022年的96.8%；光伏发电利用率由2016年的90%提高至2022年的98.3%，均达到了世界一流水平。此外，电力系统效率持续提升，2022年全国线损率4.84%，降低了0.42%，保持下降走势，较2013年下降了1.84%。

电能在终端用能的比例不断提升。交通领域的以电代油使得汽车、港口岸电、高铁与城市轨道直供电成为重要增长点，电动汽车V2G、大数据中心、5G数据通信基站等利用虚拟电厂参与系统互动的发展形式将进一步推广；光伏、储能成本的不断下降将使其大量应用在智慧建筑领域；工业领域的厂房光伏、分布式风电、多元储能、热泵、余热余压利用、智慧能源管控一体化等系统的开发力度将会进一步加大。根据规划，到2025年，中国电能占终端能源消费比重将达到30%左右，电能替代的广度和深度将进一步拓展。

能源数字化智能化发展持续加速。近年来，中国紧抓数字革命的重大战略机遇，陆续确立了网络强国、数字中国等重要发展战略，在人工智能、5G、区块链等先进数字化技术方面不断取得新进展和新突破。2023年3月，国家能源局印发《关于加快推进能源数字化智能化发展的若干意见》，从行业转型升级、应用试点示范、共性技术突破、支撑与保障等方面，为中国能源行业数字化智能化转型提出明确发展目标与具体实施路径，对加快提升数字化智能化水平，助推中国能源领域清洁低碳转型及高质量发展具有重要现实意义。

### 3. 绿动未来

在"中国3060"目标提出后，中国能源企业积极应对清洁低碳转型带来的新挑战与新机遇，超前谋划本企业、本行业"双碳"时间表和路线图，加速向清洁能源"切换频道"，涌现出一批践行绿色发展理念，引领新时代能源革命的良好实践。

图16 长庆油田密植碳汇林打造油区"绿肺"[1]

中国石油抓住油气行业绿色转型机遇，积极践行油气勘探开发与新能源融合发展，以多能互补构建综合能源建设新格局。[2]长庆油田集成推广节能降耗、伴生气回收利用、分布式光伏发电、风电、地热和公益碳汇林等9类项目，已高效建成新能源重点工程项目681个。能耗总量和强度同比分别下降

---

① 图片来源：中石油新闻中心，郭红英摄. http://csr.cnpc.com.cn/cnpccsr/envnews/202203/90f55a9 1d7f4436e9efd824bf78ee4d4.shtml

② 中国石油新闻中心. 融合为翼 向"绿"而行——中国石油加快油气勘探开发与新能源融合发展纪实. http://news.cnpc.com.cn/system/2023/04/13/030098643.shtml.

5.92%、9.05%，节能降耗重点工程效果显著，油田绿色低碳发展业务范围全覆盖，形成了"源网荷储"的建设新格局。

中国石化首次制定了涵盖"绿氢、绿热、绿电"在内的新能源发展规划，按照"氢电一体、替代减碳"的发展方向，依托炼化基地布局"绿电—制氢—储氢—运氢—应用"规模化项目，推进"源网荷储氢"一体化建设。[①] 新疆库车光伏制氢示范工程于2021年11月启动建设，积极探索"绿氢+炼油"耦合，作为全球规模最大的在建同类项目，所产绿氢将直接供应塔河炼化，替代现有天然气制氢，投产后年产绿氢可达2万吨，预计每年可减少二氧化碳排放48.5万吨，引领石化行业实现深度脱碳。[②]

图17　达拉特旗光伏发电基地[③]

---

① 中国石化. 新能源 新未来——中国石化以绿色氢能、绿色供热、绿色电力为抓手，加快新能源业务发展步伐. 详见：https://m.thepaper.cn/baijiahao_20841829.
② 宋铁毅，常冉. 稳油争气全力保障国家能源安全［J］. 中国石化，2022（10）：18-20.
③ 2019年7月9日，内蒙古达拉特旗的"骏马"光伏电站成功过吉尼斯世界纪录认证，成为世界上最大的光伏板图形电站。

作为清洁能源发展的排头兵，国家电投创新能源生态融合发展新模式，推动实现能源开发利用与生态环境友好协调发展，以光伏绘就荒漠生态绿洲。从库布其空中俯瞰，茫茫黄沙中一匹"骏马"在奔驰，这是经吉尼斯世界纪录认证的，世界上最大的光伏板图形电站——国家电投达拉特光伏领跑者基地。基地着力打造"光伏发电＋沙漠治理＋生态修复＋农林种植＋旅游观光"等多级支撑的"沙漠经济先导区"，将光伏产业与沙漠有机农业、沙漠特色旅游和推动乡村振兴有机结合起来，在光伏阵列之间种植适宜当地生长的矮化红枣、黄芪等经济林，利用光伏板有效挡风防风，改善板下植物的生存环境，达到了生态效益和经济效益双赢的效果。据统计，截至2023年2月底，达拉特项目已累计治沙1.6万亩，累计输出绿电26.58亿千瓦时，相当于节省标煤83万吨，减少二氧化碳排放185万吨。

中国华能以"基地型、清洁型、互补型""集约化、数字化、标准化"能源基地开发为主要路径，积极建设多能互补大型综合能源基地，培育布局新兴绿色低碳产业。在归湖镇凤东村，66个鱼塘紧密相连，总面积约1111亩，鱼塘上距离水面3米处，15万块单晶硅光伏板排列整齐，形成一片"光伏海"，这是潮州市第一个"渔光互补"光伏发电项目——归湖光伏电站，也是华能粤东"风光水火储一体化"能源基地的重要组成部分，项目建成后年发电量约1亿千瓦时，占潮州市用电量1%，增加地区可再生能源的比例，优化系统电源结构，可有效减少化石能源的消耗，实现每年减少二氧化碳排放量8万吨。项目充分利用凤东村原有鱼塘资源，采用现代渔业与光伏相结合的技术，实现"水上发电、水下养鱼"。光伏板遮挡阳光后，抑制藻类繁殖，有效缓解鱼类夏季高温缺氧问题，为渔业养殖创造有利条件，通过引进现代渔业养殖技术，发电与渔业养殖收入的综合年产值将达到7500万元，在实现节能减排、绿色发展的前提下，带动了村集体和农户增收，绘就乡村新图景，助推乡村振兴。

图 18　中国船舶集团广船国际建造的甲醇双燃料动力绿色船舶[①]

中国船舶集团作为"用能大户"，积极推行"节能先行，绿色引领"理念，努力打造国内领先的绿色船舶集团，绿色制造体系建设取得丰硕成果，创建国家级绿色工厂 13 家。由中国船舶集团广船国际建造的 4.99 万吨甲醇双燃料化学品/成品油船首制船，配备了世界首创的甲醇双燃料驱动系统，在船舶领域首次应用水合物燃料方案，可采用燃油、燃油水合物、甲醇、甲醇水合物四种燃料模式驱动，大大减少对环境的污染，满足全球最严格的排放标准。[②]

中远海运集团坚持绿色低碳发展战略，紧随全球航运业绿色发展趋势，积极开展绿色船舶、低碳及替代燃料研究，并通过绿色服务和技术转型践行社会责任，构建更加清洁、更具韧性的商业生态。[③]中远海控持续推进绿色船队建设，订造 12 艘甲醇双燃料动力集装箱船舶，均采用先进的绿色甲醇双燃料技

---

① 图片来源：中国船舶集团广船国际有限公司.https://www.cansi.org.cn/cms/document/17797.html
② 刘书源.甲醇船用燃料：前景可期，市场化尚需时日［J］.中国石油和化工，2022（12）：32-33.
③ 徐亦宁.践行环保使命　高扬绿色风帆——中远海运集团积极践行绿色发展纪实［J］.中国远洋海运，2021（12）：40-45.

术，并集成了诸多节能减排技术，高标准实现绿色航运。大连中远海运川崎船舶工程有限公司全面启用24万千瓦时光伏发电项目、开展环保涂料实船试验、引进蓄热式热氧化炉等环保设备，力求降低污染物排放，全面实现绿色造船。

鞍钢集团积极践行绿色钢铁先行者、低碳技术引领者、美好家园守护者的低碳发展"三个使命"，坚持以生态优先、绿色发展为导向，锚定低碳冶金路线图。本钢集团CCPP燃机发电项目通过采用世界先进的低热值燃料燃气—蒸汽联合循环发电技术，充分回收炼焦、炼铁、炼钢过程中产生的焦炉煤气、高炉煤气，并将其转化为电能，在降低大气污染物排放、增加用电量自给率、降低本钢外购电费的同时，还可缓解东北电网的供电压力，是钢铁企业发展绿色循环经济，大力推进节能减排，构建低碳环保企业的一个缩影。

## 第三节　新能源革命为中国式现代化赋能

面对日益严峻的气候变化挑战，已有150多个国家作出了碳中和承诺，覆盖全球80%以上的二氧化碳排放量、GDP和人口。[①] 在加快推动能源绿色低碳转型进程中，新能源成为各国竞相争夺的能源转型制高点。中国将碳达峰碳中和作为实现人与自然和谐共生的中国式现代化的重要任务，大力发展以新能源为核心的新产业和新业态，持续彰显中国式现代化的巨大魅力。

### 1. 长治久安

新能源革命方兴未艾，具有近乎无限的创新与发展潜力。保持绿色低碳发展的战略定力，充分发挥"新能源+"方面的发展优势，力争引领全球科技和产业革命，是百年难得一遇的绝佳机会。党的二十大报告提出"深入推进能源革命，加强煤炭清洁高效利用，加快规划建设新型能源体系，积极参与应对气候变化全球治理"。这是中国共产党面对世界百年未有之大变局，应对全球气

---

① 王灿，蔡闻佳，张诗卉等.2023全球碳中和年度进展报告［R］.清华大学碳中和研究院环境学院，2023.

候变化，构建人类命运共同体的大国担当，是在中国迈上全面建设社会主义现代化国家新征程、向第二个百年奋斗目标进军的关键时刻作出的重要决策。

中国目前石油、天然气对外依存度高达73%和43%，在极端情况下可能严重威胁国防、经济和民生安全。大力发展新能源及实施绿色电能替代，可以大幅减少油气需求。目前，中国电力占终端能源消费比重约为27%，如果提高到40%，预计可替代约5.6亿吨原油当量，相当于减少80%的进口油气，可极大降低能源的对外依存度，从根本上保障国家能源安全。中国拥有丰富的风光等可再生资源，风电、光伏技术可开发装机规模约为100亿千瓦和1400亿千瓦，可以说是"风光无限"，足以支撑绿色转型需求，实现2060年非化石能源消费占比80%以上的目标，确保将能源饭碗牢牢端在中国人自己手中。

新一轮能源革命有利于推动产业高质量转型升级，助力中国产业由"要素驱动"向"创新驱动"转换，形成"绿色资产+数据资产+碳资产"的新模式，在工业、农业、交通、民生等领域全面实现深度脱碳，推动产业高质量转型升级，促进民生与就业。根据中国投资协会数据，预计2050年中国新能源及储能、氢能、电动汽车等上下游产业年度市场规模将达到近15万亿元人民币，累计将达到近200万亿元人民币，为全社会创造近3000万个就业岗位。此外，还将撬动高铁、电网、充换电设施、5G与物联网等新型基础设施投资近70万亿元人民币。再考虑到对相关领域的经济拉动效应，能源变革创造的GDP将在中国国民经济中占有举足轻重的地位。

## 2. 生态文明

能源革命事关生态文明建设和中华民族永续发展。当前，化石能源是二氧化碳和污染物排放的主要来源。大力发展新能源，可替代煤炭、油气约合40亿吨标准煤，贡献约80%的二氧化碳减排和70%的污染物减排。推广新能源与农（牧）业、渔业、海水淡化、环境治理等技术相结合，探索以"新能源+"为核心的生态能源发展新道路，对破解资源环境约束有重大战略意义。中国荒漠化土地总面积261.2万平方公里，全面开展光伏治沙，在大规模提供清洁电力的同时，可有效构建中国西北部能源生态屏障，助力黄河流域经济带绿色发展。内蒙古荒漠化土地面积达60.9万平方公里，是全国荒漠化最集中、危害最严重的省区之一。初步估算，如果内蒙古全区都开展光伏治沙，光伏发电可开发规模达到60亿千瓦，可提升沙化治理30%～50%，降低扬沙天气30%以上，减少二氧化碳排放54亿吨。

新一轮能源革命有利于区域及城乡协同发展和共同富裕。以新能源综合利用驱动高载能产业优化转移是实现碳减排和区域协调发展的重要路径，有利于将资源优势转换为经济优势，在全国范围内实现低成本的绿电减排。中国西北部地区拥有丰富的风光资源和广阔的沙漠、戈壁、荒滩等土地，具备承载中东部产业梯度转移的资源基础和价格优势。以中东部电解铝转移到新疆、内蒙古等地为例，每吨铝电费成本将节约3000元左右，降低电费约50%。未来，随着东西部产业布局优化和协同发展进程加快，西电东送、西气东输将逐步拓展为"东数（据）西算""西材（料）东送""西氢（能）东送"等新型区域经济协同发展模式。如果综合考虑钢铁、化工、建材、矿业、数字化、半导体等产业转移及配套基础设施投资，市场规模有望达到十万亿级。打造新能源与"新基建"、新型城镇化相结合的新发展模式，将极大助力乡村振兴。中国农村拥有广阔的土地和丰富的风、光资源。新能源可与乡村生产生活需求紧密结合，开展水源、土壤、垃圾等污染治理，推动县域能源革命和资源循环利用，带动乡村经济发展和居民就业，为乡村振兴注入新动能，同时为新型城镇化建设拓展低碳发展空间。据测算，中国乡村人口稠密地区新能源可开发规模超10亿千瓦，拉动经济超10万亿元，直接创造近1000万个就业岗位，为每户农村居民年均增收约3000元。

### 3. 全球治理

2016年，中国已经成为全球最大的可再生能源生产国和消费国。[①]随着近

---

① 许勤华. 提升国际能源话语权［J］. 国企管理，2022（16）：16–17.

年来中国电力行业绿色低碳转型效益日益显现，海外市场签约数量也呈现高速增长态势。2022年，中国电力企业在"一带一路"沿线国家市场签约电力项目288个，项目金额217.4亿美元，占比63.9%[①]，中国电力企业的海外投资布局极大缓解了"一带一路"沿线国家和地区的电力短缺困境，对当地经济和社会发展作出积极贡献。中国可再生能源的海外发展也正在从单一的电站建设转向更加全面的产能合作，晶科、隆基等代表性企业已经开始将产品制造等产业链投向海外市场，为当地带来更多的就业和投资。

中国在全球能源治理体系中的地位与影响力显著提升。中国在2014年正式加入国际可再生能源署，并于2015年成为国际能源署联盟国，不断发挥国际能源合作的推动作用与能源转型的引领作用。在国家和地区层面，中国先后与90多个国家和地区建立政府间能源合作机制；在国际组织层面，与30多个能源领域国际组织和多边机制建立合作关系，成立了中国—阿盟清洁能源培训中心、中国—非盟能源伙伴关系、中国—中东欧能源项目对话和合作中心、APEC可持续能源中心、中国—东盟清洁能源能力建设计划等5个区域合作平台。[②]通过广泛深入的国际能源合作，中国成为新的全球能源治理进程的重要参与者和贡献者。

自《联合国气候变化框架公约》形成以来，绿色低碳发展逐渐成为全球共识。全球各国以碳减排为共同目标，大力发展绿色能源和绿色经济。全球治理水平的高低不仅与国际体系稳定息息相关，同时又涉及各方权力与利益。随着新能源强势崛起，石油的主体地位逐渐被削弱，"石油美元"日趋式微，但是在新能源领域，全球尚未形成某一货币主导的计价结算体系。欧洲碳交易成交额占据全球88%以上的规模，欧元成为全球碳交易的主要结算货币，欧洲试图通过低碳革命重塑全球领导地位。美国试图将应对气候变化与创造就业岗位、促进经济转型、建设基础设施等国内要务结合，为美重塑盟友关

---

① 参考可见：中国企业频频签约海外电力工程，一带一路新能源领域市场广阔. https://power.in-en.com/html/power-2426491.shtml
② 任平.能源的饭碗必须端在自己手里［N］.人民日报，2022-01-07（005）.

系与重夺世界事务领导地位服务。作为世界第二大经济体和最大的碳排放国，中国具有较强的国际竞争力和广阔的市场需求空间。

2015年，IMF决定将人民币纳入SDR货币篮子，人民币在SDR中的权重逐步升高，并在2022年5月将权重由10.92%上调至12.28%，排名第三。目前已有80多个境外央行或货币当局将人民币纳入外汇储备，人民币在全球贸易融资中的占比排名升至第二位，人民币储备货币功能、投融资功能逐步增强，顺应了国际储备资产多元化、金融市场高水平对外开放的需求。

2022年12月，国家主席习近平在"中阿峰会"上提出，与多个"一带一路"国家共同推动和完善以数字人民币为底层基础的"m-Bridge多边货币桥项目"，开展"本币互换合作"，不断深化国际投资和国际贸易，推动"一带一路"沿线及"金砖联盟"国家实现绿色可持续发展，彰显中国在全球可持续发展领域的大国担当。以数字人民币项目为突破口，发挥人民币在全球贸易支付结算、全球外汇储备、外汇交易和投融资方面的潜能，有助于进一步提高人民币国际化水平。

2022年，全球能源转型投资总额约1.1万亿美元，中国达到5460亿美元，占总投资的近一半，是美国的3.9倍，中国已成为全球能源转型投资的最大贡献者。在国际贸易方面，中国2022年货物及服务贸易进出口规模达48万亿元人民币，占全球总额的21.9%。发挥中国绿色能源产业优势、国际贸易规模优势，将绿色能源领域作为人民币国际结算的新场景，有助于大幅提高国际社会对人民币贸易结算的认可度，推动人民币国际化水平提升。

未来，碳排放权交易市场规模有望超过石油，成为世界第一大商品。加快构建以新能源为核心的电力、碳排放权、绿色金融市场，有利于提升人民币在国际金融市场的地位。2020年，欧盟碳排放交易体系是全球碳排放规模最大、影响力最强的碳市场，交易额达2013亿欧元，占全球的88%。中国碳排放权可提供的减排量超百亿吨，约占全球市场的1/2，按照当前欧盟价格折算，交易额可超过3000亿欧元。到2030年，中国清洁能源将实现减碳43.5亿吨，按国内当前碳价计算，绿色价值超过2400亿元人民币，按欧洲当前碳价计算，绿色价值将超过3万亿元人民币；到2050年，中国清洁能源将实现减碳105亿吨，按国内当前碳价计算，绿色价值近6000亿元人民币，按欧洲当前碳价计算，绿色价值接近8万亿元人民币。从长远看，中国碳市场碳价与国际接轨是大势所趋，中国清洁能源绿色价值潜能巨大。

## 第四节　开放共享中的中国贡献

"穷则独善其身，达则兼善天下。"[①]这是中华民族始终崇尚的品德和胸怀。面对全球能源安全新形势新挑战，中国始终秉持共商共建共享原则、奉行互利共赢的开放战略，积极推动"一带一路"能源合作高质量发展，构建人类命运共同体，不断开创能源国际合作新局面，为世界能源格局发展提供新机遇。

自2013年习近平总书记提出"一带一路"倡议以来，中国与"一带一路"沿线国家深化政策沟通、凝聚发展共识，在能源投融资、能源基础设施建设、能源科技创新等方面务实开展能源国际合作，积极解决各伙伴国面临的基础设施匮乏、能源技术落后等制约能源发展的问题，通过开展高质量能源合作为沿线国家发展注入绿色能量，同时为促进全球能源转型、维护全球能源稳定和提升全球能源治理效能搭建了多边合作交流平台，作出了积极贡献。

### 1. 绿能非洲

能源作为重要的物质生产要素是非洲工业化发展的关键。欧洲列强长期的殖民统治导致非洲能源贫困、资金缺乏，严重制约了非洲的工业化发展。可再生能源的扩张不仅仅是提供可靠的能源和气候保护，整体经济发展都将受益，整个行业将出现新的就业机会。同时，可靠、可持续的能源对于确保向人们提供健康和安全的饮用水等重要基本服务至关重要。2022年联合国政

---

① 出自《孟子·尽心上》，意思是不得志的时候就要管好自己的道德修养，得志的时候就要努力让天下人都能得到好处。

府间气候变化专门委员会发布报告指出，非洲大陆在可再生能源方面有巨大的潜力。发展可再生能源不仅可以缓解全球气候变暖带来的影响，还可以帮助非洲大陆实现经济发展，并帮助数百万人脱离贫困。

国际可再生能源署报告[①]指出，非洲大陆具有巨大的风能、太阳能、水能和地热资源潜力。其中，非洲拥有全球最大的太阳能发电潜力，据估计，非洲大陆的太阳能技术潜力为7900吉瓦（假设土地利用率为1%）。德国复兴信贷银行等发布的报告指出[②]，开发未利用的太阳能资源可以有效地满足非洲大陆的能源需求。以埃及为例，其平均日照时长可达9~11个小时。2020年，埃及发布了《2035年综合可持续能源战略》，制定光伏产业发展的目标，到2035年，埃及将实现61吉瓦可再生能源装机，其中包括43吉瓦太阳能和18吉瓦风能，到2035年电力供应来自可再生能源的比例将提高至42%。

尽管非洲的资源种类繁多，且开发潜力巨大。但其人均一次能源消费水平全球最低，仅为0.63个油当量，能源消费成为非洲大陆最大的弱项，导致其当前无法利用这些丰富的自然资源推动经济的快速发展。除了能源发展不充分外，由于非洲在科技研发和创新能力，以及基础设施建设和人力资源培训方面的能力有限，其应对气候变化的水平较低。人人享有可持续能源倡议的联合国秘书长特别代表达米洛拉·奥贡比伊强调，非洲不只想要发展新能源，还要实现工业化，要给年轻人一个光明的未来。

非洲大多数国家正在面临能源转型的重要时期，这不仅是非洲通过发展可再生能源来推动经济振兴的良机，也是国际社会与非洲相关产业合作实现共赢的机遇。自20世纪50年代起，非洲国家开始重视通过经济合作推动本国经济发展。但大多数国家只是通过财政、食品等方式援助，无法从本质上解决非洲发展的困境。

---

① IRENA.（2019）. Renewable Energy Market Analysis：Africa and its Regions［R］. Retrieved from https://www.irena.org/publications/2019/Feb/Renewable-energy-market-analysis-Africa.

② KfW, GIZ, IRENA, BMZ.（2021）. The Future of Renewable Energy in Africa［R］. Retrieved from https://www.irena.org/publications/2021/March/The-Renewable-Energy-Transition-in-Africa.

中非合作源远流长，彼此关系如同亲兄弟一般。中国积极开展与非洲国家的能源合作，尤其在电力供应方面推动破解阻碍非洲工业化发展的瓶颈问题。获得可靠的电力是撒哈拉以南非洲地区经济转型的先决条件。世界银行数据显示，2020年，撒哈拉以南非洲地区仍有51.6%的人口缺乏电力供应。同时，到2030年，全球约有6.6亿人预计无法获得电力供应，其中绝大部分分布在上述地区[①]。许多非洲国家都出现类似情况，陷入了贫困——基础设施落后——无力发展工业——更加贫困的死循环中。

图19　几内亚发行新版币值20000几内亚法郎纸币上的地标，凯乐塔电站

中国提供基础设施投资，为非洲国家建设大规模发电站。凯乐塔水利枢纽工程由中国水利电力对外公司承建，位于几内亚西部的孔库雷河流域，这一工程作为神圣且有重大意义的建筑被印在了最大面值的几内亚货币上。这一工程的建设极其艰苦，建造期间还遇到埃博拉病毒肆虐，中国工人是唯一没有离开几内亚的外国人。不仅没有离开，而且还建立了完善的卫生机制，保护了当地员工。凯乐塔水电站建成后，成为几内亚国内的主要电力供应来源，满足国内工业用电需求。此外，该水电站还可将电力输送至邻国几内亚比绍、塞内加尔等国，为整个地区的电力发展作出巨大贡献。除了水电，在埃塞俄比亚，从丘陵地区的阿达马风电场到沙漠地区的阿伊萨风电站，中

---

① Blimpo M P, Cosgrove-Davies M. Electricity access in Sub-Saharan Africa: Uptake, reliability, and complementary factors for economic impact[M]. World Bank Publications, 2019.

国企业承担了系列风电工程建设，为埃塞俄比亚挖掘可再生能源潜力贡献力量。

中国于2021年发布了《新时代的中非合作》白皮书，呼吁加强中非在应对气候变化和推广清洁能源等生态环保领域的合作。在中非合作论坛第八届部长级会议前，中非双方共同制定了《中非合作2035年愿景》，明确表示要将中非能源合作转向清洁、低碳方向，共同推动绿色发展新模式落地，实现中非生态共建。为此，双方颁布了《中非应对气候变化合作宣言》，提出要加强中非在应对气候变化领域的合作，实施具体的合作项目，共同应对气候变化的挑战。这些战略文件勾勒了一个清晰的线条，即中国将和非洲国家务实合作，共同建立一个以绿色、清洁能源为支撑的绿色经济体系。

中国是非洲绿色转型的坚定支持者和重要合作伙伴。在中非合作论坛框架内，中国已经实施了上百个清洁能源和绿色发展项目，帮助非洲国家更好地发掘和利用太阳能、水电、风能、沼气等清洁能源发展潜力，为非洲国家实现可持续发展提供了有力支持。这些项目有望解决非洲国家的能源供应问题，减少对传统化石燃料的依赖，推动可持续发展。不仅在非洲推进了新能源的发展，而且为其他发展中国家树立了一个重要的榜样。对于欠发达国家和地区来说，这些新能源建设项目可以帮助他们解决能源供应问题，从而实现经济和社会的可持续发展。

### 2. 助力中东

水有源，故其流不穷；木有根，故其生不穷。中国与阿拉伯国家在千年前的丝绸古道中相知相交，在经济全球化浪潮中合作共赢。阿拉伯国家地处"一带一路"交汇地带，是历史上丝路文明的重要参与者，是共建"一带一路"的天然合作伙伴。

中阿积极打造互惠互利、长期友好的中阿能源战略伙伴关系，共同构建油气牵引、核能跟进、清洁能源提速的中阿能源合作格局。根据阿拉伯货币基金组织发布的《2021年阿拉伯经济报告》，阿拉伯国家石油储量占全球已探明总储量的55.7%左右。随着中国和阿拉伯国家关系发展，双方贸易额快速增长，石油贸易所占的比重越来越大。从1970年到2010年的40年间，中阿贸易额增长620多倍，从20世纪90年代初到2010年的20年间，中国从阿拉伯国家的石油进口量增长约30倍。[①]

在传统能源领域，中阿"油气+"合作模式深入推进，形成石油、天然气勘探、开采、炼化、储运能全产业链合作，建设了沙特延布炼厂等一系列旗舰项目。2021年，中国从阿拉伯国家原油进口量超2.6亿吨，超过同期原油进口总量的一半。2022年11月，中国与卡塔尔达成一项价值600亿美元、为期27年的液化天然气买卖协议，创下液化天然气交易史上的时长之最。

图20　中国石化与沙特国家石油公司合资设立的延布炼厂[②]

---

① 李小松.中阿能源合作迎来新机遇［N］.中国石油报，2022–12–27（008）.
② 图片来源：中国一带一路网. https://www.yidaiyilu.gov.cn/p/2449.html

在新能源领域，中国积极拓展同阿拉伯国家在太阳能、风能、水电等领域的合作，在清洁和可再生能源领域的大型合作项目不断涌现。阿拉伯国家是全球化石能源的中心，但近年来，为推动经济多元化、推进绿色可持续发展，阿拉伯多国制定实施了碳减排的相关规划。在此背景下，中阿清洁能源合作持续推进，中资企业在阿拉伯国家承建了一系列大型光伏发电项目，有力推动了当地的清洁能源转型。[①]

在卡塔尔，由中企承建的哈尔萨电站是第一座非化石燃料电站，是卡塔尔推进"2030国家愿景"建设的重点项目，有力支撑了卡塔尔举办"碳中和"世界杯的承诺，为这一世界级体育盛会提供了强劲的绿色能源。

在阿拉伯联合酋长国，距阿布扎比市约35公里处，中国企业总承包的世界上最大的单体光伏电站——阿联酋宰夫拉太阳能电站已经实现并网发电。该太阳能电站装机容量达2吉瓦，可助力阿布扎比每年实现二氧化碳减排240万吨，将为阿联酋能源经济可持续发展发挥重要作用。在迪拜以南30多公里的海边，哈斯彦清洁燃煤电站项目是中东地区首个中资企业参与投资、建设和运营的电站项目，预计将于2023年全部投入商业运行，投运后可为迪拜提供20%的电力能源，大幅降低当地居民用电成本。

在沙特阿拉伯的红海海岸，由中国企业参股建设的沙特红海综合智慧能源项目，是全球在建规模最大的离网型零碳综合智慧能源项目、全球在建最大化学储能项目。该项目以"光伏＋储能"作为能源解决方案，实现100%碳中和，对全球储能产业发展具有重要战略意义和示范效应。该项目预计2024年投入商运，可100%用上可再生能源，每年可减排二氧化碳约56.7万吨，固废处理站每年可处理固废垃圾11175吨，污水处理站每天可处理污水18515立方米，助力沙特阿拉伯打造全球清洁能源和绿色经济中心。

---

① 李宁. 合作共谋绿色发展，中阿携手向未来［N］. 国际商报. https://www.comnews.cn/content/2022-12/27/content_20596.html

图21　沙特红海综合智慧能源项目——光伏项目建设全景①

　　随着中阿合作不断深化，中国在相关领域的先进技术也走进了阿拉伯国家。中国—阿拉伯国家技术转移中心自2015年成立以来，相继在沙特、约旦等国共建了8个双边技术转移中心，形成了拥有近5000家中外成员的技术转移协作网络。中国国家能源局和阿拉伯国家联盟秘书处共同组建了中国—阿盟清洁能源培训中心，组织光伏、光热、风电、智能电网等方面的能力建设活动，夯实能源合作基础，拓展能源合作领域，提高能源合作水平。

　　过去10年，中国同阿拉伯国家"能源+"合作模式深入推进，推动双方基础设施建设、交通物流、产业园区等各领域合作提质升级，务实合作遍地开花。同时，中阿能源合作也在快速拥抱数字经济的时代浪潮，携手促进阿拉伯国家油气行业的数字化转型。在未来相当长的时间里，具有成本低、供应稳定等优势的传统化石能源仍将在世界能源结构中继续占据重要地位。中国同阿拉伯国家互惠互利、长期友好的能源战略伙伴关系也必将迎来更广阔的发展前景，推动中阿各领域合作取得更大的发展。

---

　　①　图片来源：中国一带一路网. https://www.yidaiyilu.gov.cn/p/0A8J1JBM.html

### 3. 造福中亚

在欧亚大陆中心地带矗立着一块以中亚五国为核心的区域，它曾经是欧亚大陆古代东西方文明交流的通道与枢纽。自中国提出"一带一路"倡议以来，中亚地区成为这一倡议的首倡之地，并展示出高质量共建的潜力。通过在中亚国家落地生根的能源合作项目，人民福祉得到提升，民心相通不断增进，为中亚国家经济社会转型发展奠定了现实根基，同时为中亚国家和平稳定提供了发展引擎。

中亚国家具有良好的资源禀赋，新能源资源开发量具有巨大潜力。近年来，中国新能源开发技术高速发展，风电、光伏发电等装机规模稳居世界首位，因此，中国积极推进新能源开发技术与中亚新能源资源紧密对接，拓展风电、光伏等新能源领域合作，目前已形成一大批标志性成果。乌兹别克斯坦风能、太阳能资源丰富，中乌合作太阳能光伏电站项目；塔吉克斯坦、吉尔吉斯斯坦水能、风能富集，中塔合作的格拉夫纳亚水电站技改项目……目前，中国新能源技术已在中亚风能、水能、太阳能等领域占据一席之地，逐渐成为中国同中亚国家能源合作与"一带一路"共商共建共享的新亮点与新动力。

"友谊是永不枯竭的财富"，哈萨克斯坦是"一带一路"倡议的起跑点，其火力发电在总发电量中占比超过八成，且集中在煤炭资源富集的北部地区，但电力消费量约占全国的70%的南部城市电力供应不足，需从北部远距离输送电力。哈萨克斯坦新能源储量可观，南部地区资源尤为丰沛，如何发展可再生能源、改善电力生产结构单一和南北供需不均的状况，并为国内发展提供充足动力，是哈萨克斯坦亟须解决的首要发展难题。2014年，哈萨克斯坦制定了"光明之路"计划，致力于在国内推进基础设施建设，保障经济持续发展和社会稳定。由此，"一带一路"倡议与"光明之路"计划交织共融，为哈萨克斯坦的发展带来了新机遇。

哈萨克斯坦具有传统能源优势，但也存在一定短板，过度依赖化石能源且电力设备普遍老旧，意味着哈萨克斯坦提高能源利用效率将是一项系统工程。"哈萨克斯坦是首个承诺到2060年实现碳中和的中亚国家，哈政府为此制定了减少温室气体排放的具体任务。"哈经济学家阿尔马斯·丘金曾表示，哈萨克斯坦有必要在能源生产、转换以及消费等环节发力。"事实上，仅改善电力生产结构还不够，重要的是实现交通电气化，并减少对自然资源的过度开采和使用。"哈萨克斯坦已将发展可再生能源提升为国家战略。早在2009年政府就通过了《支持利用可再生能源法》，2013年制定了可再生能源行业发展目标。哈政府在《绿色经济转型构想》和《哈萨克斯坦—2050》战略中明确要求，到2050年，将替代能源和可再生能源发电量在国家总发电量中的占比提升至50%。

为响应"一带一路"倡议，同时积极推动中国装备、中国技术以及中国电力行业管理经验"走出去"，国家电投和哈萨克斯坦维索尔投资公司联袂，共同投资扎纳塔斯风电项目，以清洁能源产业优势躬身入局，为破解哈萨克斯坦能源供给和发展难题提供可行方案。

札纳塔斯风电项目总装机容量为100兆瓦，安装40台单机容量为2.5兆瓦的风机，列入中哈两国产能合作重点项目清单，作为中哈双边经贸合作能源领域的重点项目。2021年项目全容量并网投产后，每年约3.6亿千瓦时的清洁电能改写了哈萨克斯坦南部地区的缺电现状，满足该地区16万户家庭的用电需求。与同容量燃煤发电厂相比，每年可节约标煤约11万吨，减少二氧化硫排放量1031吨，氮氧化物排放量934吨，减少二氧化碳排放量28.9万吨，减少烟尘排放量322吨，减少灰渣排放量3.29万吨。

从并网至2022年年底，札纳塔斯风电项目累计发电7.5亿千瓦时，助力哈萨克斯坦进一步改善能源结构、提供充足电力供应，也为哈萨克斯坦能源体系"去碳化"做出示范。

札纳塔斯市曾是哈萨克斯坦磷矿石开采和化肥生产中心，鼎盛时期人口约5.7万人。但随着产业衰落，人们纷纷离开这座工业结构单一的城市，只剩下约2.2万人。札纳塔斯风电项目带来了设备和投资，带来了源源不断的清洁能源，也给当地创造了很多就业机会，培养了10年前在哈萨克斯坦几乎没有的清洁能源本土人才。除了风力发电之外，札纳塔斯风电场还为当地居民援建了道路、公园和儿童泳池等民用和休闲设施，给札纳塔斯市和居民带来了很多福利。

图22　国家电投哈萨克斯坦札纳塔斯风电项目[①]

　　国家电投总结札纳塔斯项目投资和建设经验，在哈萨克斯坦境内全力发展新的新能源项目，大约2000兆瓦的清洁能源项目列入发展规划。其中，札纳塔斯风电二期项目22台风机基础全部浇筑结束，日升90兆瓦在运光伏项目已完成Gulshat 40兆瓦项目交割，阿克莫拉州206兆瓦风电项目完成股权收购，初步形成"开发一批、建设一批、储备一批"多点并进的良好态势。

　　2022年12月28日，国家电投阿克莫拉州风电项目一期30台150兆瓦发电机组成功并网发电，二期55兆瓦于2023年9月17日并网，一举刷新自身保持的中亚最大风电场纪录。项目采用中国技术、中国方案和中国设备，全容量并网后每年可为当地提供约6亿千瓦时的清洁电力，节约标煤19万吨，减排二氧化碳48万吨。

---

① 图片来源：http://www.spic.com.cn/xtdt1/202106/t20210622_316048.html

　　国家电投还联合中国铁建与吉尔吉斯斯坦签订吉首个大型集中式光伏项目——伊塞克库尔 1000 兆瓦光伏发电厂项目投资框架协议，发展建设新能源大基地，进一步扩大在中亚地区的布局，着力将中亚地区打造为风电、光伏等绿色能源大通道，同时提高项目所在地就业率，带动供应链上下游成长，推动地方特色产业发展。

# 第十三章

# 能源的未来，世界的未来

能源是国民经济生产和居民日常生活不可或缺的基础性资源，是影响经济社会可持续发展的命脉性要素。能源问题事关全局，实现"现代化治理"是能源发展的重要目标，能源治理作为国家治理的重要组成部分，完善能源治理也是推进国家治理体系和治理能力现代化的必然要求，是高质量发展的必然趋势。能源的发展深刻影响着世界的发展和人类文明的走向，以能源治理现代化为契机，推动构建能源命运共同体，是未来能源发展的重要方向。能源的未来就是世界的未来，能源的大转型大发展，必将推动世界走向大同，成为人类文明永续发展的关键之匙。

## 第一节　全球能源治理与能源命运共同体

能源是经济社会发展的基石，是人类文明进步的基础和动力。能源发展关乎国家战略安全、关乎世界大国竞合、关乎人类永续发展。构建能源命运共同体是基于全球能源治理发展和人类命运共同体理念，凝练升华的一种国际能源合作模式，包含了政治共同体、经济共同体、安全共同体、社会文化共同体等理念，推动以能源为基础的融合，实现以能源为纽带的共同发展。

### 1. 安全基石

能源百年变局正在推动着世界格局重塑，面对低碳转型与经济发展震荡交织、地缘政治与局部冲突交织的国际形势，各国都将维护能源安全置于国家战略安全的重要地位，能源转型发展成为国家总体战略安全的重要保障。

全球能源治理是全球治理体系中的一个重要组成部分，是维护全球能源市场供需平衡，保证国际能源合作公平公正，促进世界经济共同发展的重要保障机制，在保障全球能源安全，推进世界政治经济稳步发展的过程中具有不可替代的作用。[①] 从国际形势来看，国际环境错综复杂，世界经济陷入低迷期，全球产业链供应链面临重塑，不稳定性、不确定性明显增加。[②] 逆全球化、单边主义、保护主义思潮涌动，国际能源市场波动加大，全球能源治理体系深度调整。能源是现代工业的血液，能源技术、能源消费、能源供给等方面的变革和调整，将对世界各国资源安全、经济安全、产业链供应链安全等产生深刻影响，推动全球能源治理现代化对维护国家战略安全、地区发展稳定起着"压舱石"作用。

从能源发展进程来看，当前全球科技创新进入空前密集活跃的时期，新一轮科技革命和产业变革正在重构全球创新版图、重塑全球经济结构，以清洁高效可持续为目标的能源技术加速发展将引发全球能源变革，能源发展呈现低碳化、电力化、智能化趋势，能源治理现代化和能源科技创新正在深刻影响国家发展和国际竞争。[③] 重塑全球能源治理体系的核心价值在于有效保障国家能源安全、有力保障国家经济社会发展。只有充分保障国家能源安全，才能把握未来发展主动权，牢牢守住能源技术革命的安全底线，推动能源技术实现高水平自立自强，是把握新一轮科技革命和产业变革机遇、赢得创新发展主动权、保障国家能源安全的大势所趋。[④]

从积极应对气候变化来看，随着绿色发展步伐的不断加快，发展清洁能源、降低碳排放，实现碳达峰、碳中和已经成为国际社会的普遍共识，是着力解决资源环境约束突出问题、实现人类文明永续发展的必然选择。实现碳达峰、碳中和是一场广泛而深刻的经济社会变革，绝不是轻轻松松就能实现

① 朱雄关. 能源命运共同体：全球能源治理的中国方案 [J]. 思想战线，2020，46（1）：9.

② 章建华. 全面构建现代能源体系 推动新时代能源高质量发展 [J]. 时事报告，2022（5）：8.

③ 任平. 能源的饭碗必须端在自己手里 [N]. 人民日报，2022-01-07.

④ 韩亚栋. 从氢能热看能源安全 [N]. 中国纪检监察报，2022-03-25.

的。能源行业规模体量大、关联作用强、影响范围广，能源活动碳排放占全国碳排放总量的比重高，能源发展一极连着经济社会发展、一极连着生态文明建设。[①]全球各大经济体要积极应对气候变化、赢得安全发展环境，就必须跨越能源治理现代化的关口。

### 2. 竞优平衡

能源是全球政治和经济发展的重要基础，能源治理是世界各大经济体开展竞争合作的重要舞台。在地缘政治、俄乌冲突和气候变化等危机叠加背景下，全球治理体系受到大国角力、能源变革、供需结构等方面的冲击，全球能源规则面临治理结构失衡、权力分配不均等问题，致使新兴市场国家参与全球能源规则制定和全球能源治理的能力与其日益上升的国家实力不成正比。加之气候危机、全球能源和气候治理中的地缘政治博弈、全球治理体系的碎片化、南北发展失衡等问题凸显，使得能源在世界舞台的角色更加瞩目，清洁能源发展成为大国竞合的核心要素。

清洁能源发展理念的全球化扩展，对于进一步推动形成全球能源转型"竞优平衡"格局具有重要作用。能源转型发展的核心在于能源生产和消费结构发生根本性改变，对各国的社会经济发展乃至全球地缘政治格局产生深刻影响。联合国环境署的《2020排放差距报告》指出，清洁能源生产、供应链、金融、规则、技术创新将成为全球发展高地，其发展席卷全球各个行业。包括中国在内的主要经济体纷纷将应对气候变化纳入各自发展轨道，通过发展绿色低碳经济和推动产业升级来突破增长的极限，共同推动世界进入清洁能源和生态文明建设的新时代。[②]

能源结构和能源技术的变革，对于经济发展质量变革、效率变革、动力变革，转变发展方式、优化经济结构、转换增长动力，都具有重要影响。特别是

---

① 卢延国."自上而下"和"自下而上"相结合　稳步推进"双碳"行动［J］.广西电业，2021（9）：4.

② 于宏源.能源转型的市场嬗变，大国竞合和中国引领［J］.学术前沿，2022（13）：34-44.

以制造业为代表的实体经济能不能实现绿色转型的跨越，关系到全球供应链、产业链、贸易链的韧性和安全水平，将对世界各大经济体之间的政治、经济合作产生重大影响。随着经济金融危机和部分国家民粹主义与反全球化趋势叠加带来的全球治理新问题逐步显露，以工业、建筑业、制造业等为主要基础的实体经济仍是各国在国际经济竞争中赢得主动的根基，想要在世界大国竞合中占据优势地位，就必须高质量保障实体经济对能源消费增长的刚性需求，必须抓住调整能源结构这个"牛鼻子"，大力提高能源供给质量水平，坚决不走高耗能高碳排放老路，以较低的能源消耗和碳排放有效支撑高质量发展，以能源行业深刻变革支撑经济社会系统性变革，打造能源命运共同体。

### 3. 共享共赢

当前，全球能源供需格局总体呈现出合作主体多元化和全球供需一体化的发展趋势，构建能源命运共同体是在全球能源格局发生深刻变革的大背景下，为世界各国应对全球生态环境问题、解决能源贸易争端、拓展能源合作范围、维护国际能源安全、实现互利共赢提供的新思路和新方法。新一轮全球能源大变革的本质是全球政治与经济博弈，能源转型是现代全球工业社会适应气候变化的核心路径，能源转型面对地缘政治、气候变化等诸多挑战而进展曲折，以新能源为核心的低碳技术已成为各国科技竞争的制高点，能源清洁化和数字化围绕碳中和而发展，推动构建能源命运共同体将成为新时代全球能源合作的重要平台和机制。

能源作为重要的战略物资和工业生产必需品，对每一个国家的经济发展、社会稳定、国防安全有着至关重要的作用。在经济全球化的背景下，世界各国经济相互依赖程度持续加深，彼此间的合作基础不断巩固，各能源行为体之间有着共同的利益和互利合作的基础，在能源供需上的相互依赖和共同利益，决定了各国之间必须在能源领域展开深入的合作。2020年，国际能源署成员国在低碳能源技术研发领域的公共投入总额达到222亿美元，占公共研发投入总额的96%。美国能源部下属的17个国家实验室管理逾125亿美元公共基金，已成为美国清洁能源、信息科学和先进材料等领域研发的主导力量。2021年11月21日，美国众议院通过的1.75万亿美元的《重建更好未来（Build Back Better）》法案中，用于新能源和应对气候变化的投资高达5500亿美元，意欲在新能源领域占据领先地位。欧洲碳交易成交额占据全球88%以上的规模，欧元成为全球碳交易的主要结算货币，欧洲试图通过低碳革命重塑全球领导地位。中国围绕构建人类命运共同体的发展理念，支持发展中国家开展应对气候变化和能源安全行动，在世界经济绿色低碳转型发展中贡献中国力量、展现中国担当。

中国作为世界第二大经济体和最大的碳排放国，在推动能源转型、引领构建能源命运共同体中，深度挖掘、展现清洁能源、绿色电力的经济价值，为全球绿色贷款、绿色债券、绿色基础设施公募REITs、绿色供应链金融和ESG标准化提供中国经验和中国样板，更广泛地吸收和集聚国内外资本，推动新能源与金融产业有机融合，提高中国的国际金融影响力和在全球低碳经济领域的话语权，推动能源、科技和金融领域的全方位、宽领域、多层次战略合作，构筑人民币支付结算国际新体系，引领全球开发最优质的"新能源+"金融解决方案。

依托"一带一路"倡议，中国不断拓展延伸"一带一路"能源合作的广度和深度，推动能源基础设施互联互通，在高效低成本新能源发电、煤炭清洁高效利用等领域深化合作。发挥能源企业主体作用，实施投资建设运营一体化、技术标准装备一体化，全面推动中国技术、设备、标准和管理的全链条"走出去"。作为一个负责任的大国，中国高度关注全球能源事务，在能源消费、能源供给、能源技术、能源体制等方面深度参与全球能源治理体系，积极推动建设更加公平公正、均衡普惠、开放共享的全球能源治理体系，为全球能源治理贡献更多中国方案，引领和推动构建能源命运共同体。

## 第二节　能源发展进步与人类命运共同体

当今世界百年未有之大变局深刻演化，国际环境日趋复杂，不稳定性、不确定性明显增加，发展鸿沟日益突出，地区冲突频繁发生，单边主义、保护主义明显上升，难民危机、生物安全、气候变化、重大传染病等全球性挑战此起彼伏，传统安全和非传统安全问题层出不穷，人类面临严峻挑战。[①]面对错综复杂的国际形势，人类交往的世界性比过去任何时候都更加深入、更加广泛，各国相互联系和彼此依存比过去任何时候都更加频繁、更加紧密。"当今世界，各国相互依存、休戚与共。我们要继承和弘扬联合国宪章的宗旨和原则，构建以合作共赢为核心的新型国际关系，打造人类命运共同体。"[②]

能源涉及国际关系、国家安全、民众利益、环境保护等方方面面，任何国家都无法独自应对复杂多变的能源发展形势。过去，世界各国在能源合作中，更多考虑的是自身能源利益诉求，更多追求的是本国能源安全保障。人类命运共同体理念下的能源发展，要秉持全球合作与共同发展的认识，从思想观念和外交理念上充分意识到，能源生产国、消费国、跨国电力公司和石油公司等国际能源行为体之间都是利益相关、命运相连的共同体[③]，必须树立命运与共的合作新理念，加强彼此间对话与合作，确保全球能源合作共赢、共同发展，为推动构建人类命运共同体筑牢根基。

### 1. 动力澎湃

能源革命是推动工业革命和社会进步的基石，为社会生产力的发展注入巨大动能。纵观人类发展文明史，经济社会的每一次大变革大发展都与能源革命息息相关。在人类命运共同体理念下，能源革命也将对全球形势变化和各国外交政策的制定产生巨大影响，推动世界各国合作与相互依赖不断深化。

人类社会经历了从薪柴到煤炭，再到石油、天然气的重大能源变革。1698年，英国工程师托马斯·塞维利发明制造出第一台实际应用于矿井抽水的蒸汽机，第一次真正把蒸汽变成工业动力，开启了以机器代替手工劳动的

---

① 严书翰. 共同构建人类命运共同体的当代意义和理论价值——深入学习《习近平谈治国理政》第四卷［J］. 理论与现代化，2022（05）：5-14.

② 习近平. 习近平谈治国理政（第二卷）［M］. 外文出版社，2017：522.

③ 朱雄关. 能源命运共同体：全球能源治理的中国方案［J］. 思想战线，2020，46（1）：9.

第一次工业革命，构建了"煤炭+英镑"全球经济体系；1876年，德国发明家尼考罗斯·奥托制造出世界第一台四部冲程内燃机，拉开了第二次工业革命的序幕，随着石油大规模使用以及石油交易美元化，造就了"石油+美元"的美国国际霸权。在前两轮工业革命中，能源革命对英国和美国的崛起发挥了决定性作用，而在这两轮能源转型推动工业革命和经济社会变革进程中，世界格局也受到深刻影响。

随着非化石能源逐步替代化石能源，本轮能源革命正在推动新一轮工业革命，进一步推动社会生产力的大发展，实现人类文明的重大飞跃。科学技术是大国竞争博弈的决定因素。"新能源+"涉及能源、农林、电子、化工、材料、环保、数字化、智能控制等多个学科和领域，能够带来的世界各种资源在更大范围地流动和优化配置，将使各经济体在全球产业分工合作中命运与共，形成相互交织、相互影响、相互融合的价值链系统，促进国际商品流、资本流、技术流以空前的速度增长。这种混合分工体系，最大限度地实现了各国生产力要素配置的合理化、经济化、最优化，从而推动全球范围内社会生产力的大解放大发展，不断推动人类文明进步。

在全球碳中和的竞技舞台上，中国已逐渐并跑乃至领跑全球清洁能源技术。中国新能源技术和产业以及相关的储能、输变电、电动汽车乃至智能控制技术大都处于全球并跑地位，与欧美等国不相上下。特别是中国已成为全球光伏、风电产业龙头，拥有最大的光伏、风电产业链集群和应用市场，年产值超过1.5万亿元。从大国博弈发展态势看，谁掌握了新能源相关的核心技术，谁就获得了新一轮工业革命的先机和主导权。中国在以新能源为核心的科技赛道上，基本实现相关技术的全面领跑，必将以能源革命撬动新质生产力的形成，加速推动构建人类命运共同体。

### 2. 关键之匙

能源是人类文明发展的动力，能源的合理开发和利用，关系到人类文明的永续发展。协调好能源、经济、社会、环境、安全的关系，构建能源命运共同体是人类命运共同体的核心议题。人类文明的发展应建立在自然资源能源可以承受的基础之上，合理利用和开发资源、维护人与自然的平衡，在保护自然环境、健康合理开发自然资源的前提下追求经济效益最大化。

在当前复杂多变的国际环境下，构建人类命运共同体需要世界各主要国家勇于扛起大国责任，把碳达峰、碳中和纳入经济社会发展全局，以经济社会发展全面绿色转型为引领，以能源绿色低碳发展为关键，凝聚走生态优先、绿色低碳发展道路的全球共识，加速推进碳达峰、碳中和进程。

人类文明永续发展的关键在于能源结构、能源供给、能源技术等多方位的转型变革。能源结构变革体现着能源生产利用更加清洁化低碳化，能源供给变革意味着用能质量和水平的大幅提升，能源技术变革反映着能源开发技术的创新动力进一步增强、经济效益进一步提升。能源资源的综合协调利用和清洁能源的快速高效发展，将为世界经济可持续发展带来积极影响，将是延续地球文化和人类文明的关键之匙。

然而，现今的能源发展话语权仍然被世界少数发达国家所把持，将能源发展与经济主导权、地区安全和技术领导力等维度挂钩，将新兴大国视为战略竞争对手，企图通过设置地缘政治壁垒维持自身优势并打压对方，导致发达国家与新兴国家间分歧日益增多。这一趋势不仅会严重阻碍国家间政治互信，削弱绿色技术的研发和国际合作，而且会严重影响绿色经济产业链的全球布局，乃至成为全球清洁能源发展的桎梏，在政治摩擦、工业消耗、经济挣扎中慢慢消耗人类赖以生存发展的宝贵资源，最终受到影响的还是人类共同的家园，阻滞人类文明的永续发展。

"在气候变化挑战面前，人类命运与共，单边主义没有出路。我们只有坚持多边主义，讲团结、促合作，才能互利共赢，福泽各国人民。"[①]地球是人类共同的、唯一的家园，开启全球应对气候变化新征程是人类共同使命，推动能源低碳转型发展是人类应对气候挑战的共同行动。纵然"道阻且长"，必将

---

① 习近平，继往开来 开启全球应对气候变化新征程，在气候雄心峰会上的讲话［R］.2020-12-12.

"行则将至"。无论国际风云如何变幻，各国都应秉持人类命运共同体理念，积极稳妥推进清洁能源革命，为人类文明永续发展作出更大贡献。[①]

### 3. 走向大同

中国国家主席习近平在第76届联合国大会一般性辩论上强调，要"完善全球环境治理，积极应对气候变化，构建人与自然生命共同体。加快绿色低碳转型，实现绿色复苏发展"。在全球治理改革和经济复苏交织的过程中，国际能源转型合作前景广阔，碳中和目标下中国和国际社会在能源转型的国际合作方面存在广泛的合作需求与空间。

中国秉持"休戚与共、互利共赢、共同发展"的理念，与90多个国家和地区建立了政府间能源合作机制，与30多个能源领域国际组织和多边机制建立了合作关系，推动构建以合作共赢为核心的新型能源合作关系，打造能源命运共同体，为解决全球能源危机、参与全球能源治理、促进全球能源合作提供了"中国方案"，努力实现更加普惠、包容、均衡、平等的发展，建设更加清洁、美丽、繁荣、宜居的世界。

2021年11月，《联合国气候变化框架公约》第26次缔约方大会就《巴黎协定》实施细则达成共识，中美两国发布《格拉斯哥联合宣言》。气候能源合作凝聚了世界各国利益最大公约数，是世界大国良性互动的重要窗口。以推动全球气候与能源治理来稳定和发展大国关系，成为不确定世界中的稳定力量。各经济体的能源安全均处于相互依赖的安全共同体之中，这种安全的相互依赖不仅体现在不同国家之间，也体现在不同的安全议题之间，相向而行是世界主要大国能源合作成功的重要基础。能源需求仍将持续增长，发展清洁能源是增强国家能源安全保障能力、打造国际竞争新优势的必然选择。

能源转型发展是生态文明建设的重要组成部分，中国将生态文明建设融入治国理政宏伟蓝图，并把碳达峰、碳中和纳入国家能源安全战略布局，不

---

① 和音，应对气候变化需要雄心和决心［N］.人民日报.2020-12-14.

仅是中国自身绿色发展的需要，也能够帮助中国深度融入全球能源转型进程，积极参与构建新型国际能源合作、为全球能源转型注入强大的推动力，不断引领世界朝向更加公平、绿色和可持续安全的方向发展。围绕能源转型的全球合作可以促进全球生态文明建设，引领碳中和的绿色公共产品供给和全球法治体系建设，有助于推动共建人类命运共同体，引领世界走向大同。

## 第三节　未来能源展望

能源的发展进步是人类社会发展的基石。随着新能源的成本逐渐降低，效率不断提高，人类社会正在经历着由化石能源向非化石能源的转变，实现"双碳"目标为清洁能源发展带来了巨大机遇。在清洁能源技术与信息技术、智能技术、各行各业深入融合的趋势下，未来能源的发展趋势必将以可再生能源发展为主体，推动全球工业、交通、建筑等各行各业可持续发展，构建清洁能源绿色价值新体系，共建清洁美丽新世界。

### 1. 全新范式

当前，世界正处在新一轮科技革命和产业革命交汇点，新技术突破加速带动产业变革，促进能源新模式新业态不断涌现。世界各国能源转型已是大势所趋，人们开始摒弃化石燃料，着眼于可再生能源。

目前，全球化石能源消耗占一次能源结构的80%以上，随着工业深度电气化及可再生能源发电装机规模的持续增长，未来这一比例将持续下降。预计到2050年，化石能源在一次能源的占比将下降到40%，全球电力需求将翻番。在未来，用能模式将以电气化和能源效率提高为主要驱动力，配合可再生能源、储能、智慧能源、绿氢合成清洁燃料等清洁能源大规模应用，创造价值的形式日趋多样化。

可再生能源将成为主流电源，光伏与风电将实现跨越式发展。2010—2020年，全球清洁能源实现了快速增长，光伏装机年均增速达33%，风机装机年均增长达15%。受益于日益成熟的技术和相应政策的支撑，光伏、风电成本持续下降，全球可再生能源新项目已具备经济性。在碳中和目标下，太阳能和风能需扮演更重要的角色，预计2050年全球光伏装机将从2020年的760吉瓦增长到14000吉瓦，2030年80%的全球新增电力需求均来自可再生能源。

同时，可再生能源的大比例接入将面临发电波动性、间接性等问题，储能配置将助力新能源消纳，并有效保障电网的稳定运行。随着新能源应用规模加大，储能将迎来高速发展。到2030年，预计全球储能市场将达到500吉瓦。电动汽车使用范围将持续扩大，2030年预计全球电动充电桩数量将增长约40倍，动力电池年产量预计从目前的160吉瓦·时增长到6600吉瓦·时。电动汽车作为移动式储能装置参与到未来的新型电力系统中潜力空间巨大。

氢能将成为终端用户减排的重要解决方案。2050年全球制氢电解槽容量将从2020年的不足1吉瓦增长到5000吉瓦，氢能在全球总能耗中将占近18%。在可再生能源丰富的区域，电解水产生的绿氢将在煤化工等领域大有可为。绿氢将参与合成氨、甲醇等化工原料生产，实现节能减排。随着技术的发展，未来绿氢甚至还能直接和生物能源、城市垃圾等合成绿甲醇、绿航油，在难以减排的行业里成为化石燃料的低碳替代品。通过"新能源+"模式耦合绿氢、绿氨、绿甲醇、绿油气等应用，实现交通、化工、钢铁、石化等多领域的深度脱碳，这将成为未来工业用能新范式。

能源结构的变化及用户侧灵活负荷，将导致传统的源网荷储界面趋于模糊，用能模式将朝智能化发展。能源基础设施将与"云大物智移"等数字技术加速融合，未来智慧能源新业态将在规划调度、跨界创新等方面体现更加明显的发展趋势。一方面，智慧能源系统优化将从局部走向全局，调度从粗略到精细。例如，未来智慧供热应用将通过综合考虑室外温度、太阳辐射和建筑物对供热负荷的影响，优化温度调节机制，实现智慧供热的按需供应、精准调节。另一方面，智慧能源系统管理将从无序转向有序，通过优化能源系统的架构及能流分布，有序管控电动汽车、分布式光伏等可控资源，推动供给侧能源灵活调节。例如，电动汽车大规模接入电网后将对电网稳定造成冲击，在满足电动汽车充电需求前提下，如何有效合理控制对电网负荷曲线进行削峰填谷，实现有序充电将成为人们关注的热点问题。智慧能源的提出和发展借鉴了互联网思维，这种跨界思维将催生多能互补和综合利用，对破除能源系统中不同能源品种间的壁垒具有重要作用。例如，传统能源是由冷、热、电等独立主体能源公司实现用户能源的供应，能源之间存在很大的交互协同优化空间。随着风、光等间歇式可再生能源的快速发展，耦合电、热、冷、气等多能流形成智慧化协同优化的能源系统，将成为可再生能源一体化消纳的新方案。

在政策、投资和技术变革的交互推动下，能源领域形成了自工业革命以来前所未有、充满变数的新格局。未来数年，新的能源体系将会加速涌现。以往石油和天然气、电力和公用事业、化工等行业之间泾渭分明的格局，在未来将融合形成一体化的能源体系，并将展现出与现有能源体系截然不同的崭新面貌，智慧能源系统也将成为能源革命取得实质进展的重要标志。

### 2. 智慧用能

人类用能的模式和偏好，受到技术进步、政策变化、经济因素等内外部环境影响。因此，预测未来能源的使用，是一项复杂的工作。然而，我们仍然可以基于当前的技术发展和人类用能偏好，做出一些合理的推测。

相比于20年甚至10年前，在人类生产生活中，太阳能和风能已经变得越来越普及，零碳交通等终端应用新业态逐一落地，绿电转化全新产业链正在为风光新能源应用创造更多可能。

在广袤的中国农村，阳光通过家里屋顶的光伏板发电，带动生活电器工作，使路灯用绿电照明，支持村镇工厂在夜晚灯火通明加班加点赶制订单。在中国，2021年全国户用光伏项目累计安装户数243.4万户，2022年新增户数101.2万户，累计安装户数达344.6万户。据国家能源局数据统计，截至2023年9月，中国农村地区户用分布式光伏累计安装户数已超过500万户，带动有效投资超过5000亿元。

在城市交通、工程运输、专业物流等方面，零碳交通正在不断带给人们惊喜。在北京八达岭长城旅游大巴站点，搭载"氢腾"燃料电池系统的氢能大巴是一道绿色风景线。而早在北京冬奥会期间，搭载"氢腾"燃料电池系统的150辆氢能大巴，就已经全程"零事故、零故障、零失误"，执行接驳任务7205班次，接驳乘客16.07万人次。此外，"氢腾"大巴还为博鳌亚洲论坛、东盟博览会等重要活动提供交通保障服务。在公路交通应用之外，全国首台氢燃料电池混合动力机车在锦白铁路线成功试运行；国内首台百千瓦级船用氢燃料电池发电系统通过中国船级社型式认可；氢动力无人机"灵雀"升空，标志着民用机在新能源领域的探索取得实质进展。

在中国吉林，国内最大的风光制绿氢合成氨一体化示范项目于2024年投产。大安项目离网PEM加碱液混合制氢规模、直流微电网规模、固态储氢规模化应用三个方面国际领先，此外，全自主化"氢涌"PEM电解水制氢装备规模化应用、新能源自发自用制氢规模、新能源制氢/制合成氨柔性控制技术实现国内第一。在中国宁夏，天然气掺氢技术在国内首批绿电制绿氢项目中"大展身手"，已实现全球首次天然气联合循环、热电联供商业机组30%掺氢燃烧运行，实现10%掺氢天然气在燃气热水器、壁挂炉和燃气灶上的入户应用示范。走进当地千家万户的燃气，已经有10%的部分，生产制造的能源来自夏日暖阳或冬日寒风。

与快速发展的能源开发、利用趋势相匹配的，是向综合性、智能化迭代演进的能源智慧管理控制平台。2023年9月22日，全球最大的光伏发电企业、新能源发电企业和清洁能源发电企业——国家电投，首次发布综合能源智慧大脑"天枢一号"及系列产业数字化产品。

"天枢一号"采用"横向跨界融合、纵向业务贯通"的系统集成理念，包括9大功能、49项应用，300个以上智能算法，基于云、大、物、移、智、链等技术构建，能够实现对数十种不同能源的综合管控。

综合智慧能源管控与服务平台，集成智慧能源监视、预测、调控、分析和服务等功能于一体，广泛适用于居民、商业、工业以及各类园区等多种能源应用场景。据测算，"天枢一号"可提高项目能源综合利用率，普遍节能10%～20%。可实现能源系统整体的动态可视化监视，有效提高能源管理智慧化水平，提高运维效率。最大程度减少弃风弃光，提高可再生能源消纳率，减少碳排放。其智能预测模块能够为运行人员提供实际操作指导，合理利用峰谷电价和储能装置的调节能力。其智能调控模块可根据电网峰谷电价差等各种外部因素对综合智慧能源项目的经济影响，最大限度地平衡区域内能源供应结构，提升综合能效。截至目前，"天枢一号"已经落地于安徽小岗村、井冈山、延安干部学院等综合智慧能源项目。

展望未来，我们可以大胆地预见，人类未来用能将依托信息化、数字化方式，实现高度智能化、智慧化的全新形态。在5年、10年、20年后，能源技术创新将为人类社会生活赋予更多便捷性。例如，"能源+农业""能源+服务业""能源+交通"等创新模式成为常态；"光储充"一体化成为绿能交通的最常见模式；新一代电池技术迭代升级，即使在极寒地区，电动汽车的续航里程和充电速度都不会再成为车主的困扰因素；核聚变能源可能开始从实验室走向商业化，为人类提供几乎无限的清洁能源。

相似地，随着AI和物联网技术的发展，能源智慧管理系统也将变得更加智能和高效。能源智慧管理控制平台未来将对智慧城镇、集群楼宇、产业园区和能源基地等多个类别的能源系统进行集成，满足支撑数据共享、安全通信、互联互通、场景联动、灵活参与，实现业务融合和少人值守，为综合智慧能源多区域、多场景的管理提供统一的解决方案。同时，可以帮助能源公司由能源供应商向综合能源服务商转变，实现一站式综合服务，给用户提供电、热、冷、气、水等多种能源及相应配套运维服务。不仅如此，在社会基层治理方面，能源智慧管理控制平台还可以和国家能源互联网平台、区域能源交易平台、地方金融平台等外界平台进行有机融合，实现全国跨服务区域的资源调配，确保项目运营过程资源、资金安全，并为区域后续项目预留接口，实现一平台全方位服务。能源智慧管控将成为引领能源清洁化发展的基底，成为打造能源数字化生态的核心，成为国家能源安全的重要守护者。

### 3. 人造太阳

化石能源是在地球亿万年演化过程中形成的宝贵的不可再生资源，并非取之不尽用之不竭，世界性的能源危机成为人类难以摆脱的魔咒，危机降临仅仅是一个时间早晚的问题。长久以来，人类一直梦想着能够找到一劳永逸地破解能源困局的办法。

"一团耀眼的白光从山脉尽头升起，一瞬间把停泊的舰队照得清晰无比。章北海感觉自己在目睹群山上的日出……"在科幻小说《三体》中，人类已经能够利用核聚变技术走出地球家园，遨游星辰大海。太阳的燃烧实际上是一系列复杂的高温核聚变反应，它以辐射的方式不断地把巨大的能量传送到地球上来，哺育着万物的生长。

核聚变反应释放出的能量巨大，1公斤聚变原料释放的能量足以驱动一列火车行驶40万公里，相当于地球到月球的距离。核聚变的主要原料是氘和氚，这两种氢的同位素在地球上储量丰富。以氘为例，它是海水中重水的组成元素，海水中大约每6500个氢原子中有1个氘原子。每升水约含30毫克氘（产生的聚变能量相当于300升汽油），全球储量就达40万亿吨。按此计算，一座1000兆瓦的核聚变电站，每年仅耗氘304公斤，海水中的氘足够人类使用上百亿年。"追逐太阳"也就成为人类理想国的终极能源。

半个多世纪前，人类就梦想着通过"人造太阳"所产生的聚变能，去照耀没有被文明所"照亮"的地方。然而，由于温度、密度、时间等严格约束条件，用上"人造太阳"路漫漫且修远，被形容为人类漫长的"夸父逐日"。任何一个国家都不是能源孤岛，各国的能源系统密切结合在一起。探寻人类终极能源，需要国与国之间的合作，更加注重可持续、清洁、高效，携手推进合作共赢、和合共生、文明共兴的历史伟业。

早在1985年，美苏首脑在日内瓦峰会上倡议，由美国、苏联、欧洲、日本共同启动"国际热核聚变实验堆（ITER）"计划，探索人类未来核能和平利用，这也是结束冷战的标志性行动之一。直到2006年，中国、欧盟、美国、韩国、日本、俄罗斯、印度七方代表才草签实施协定，联合投资建造ITER。根据规划，ITER的最终目标是要建造一个可自持燃烧的托卡马克核聚变实验堆，以便对未来聚变示范堆及商用聚变堆的物理和工程问题作深入探索。协定七方包括了全世界主要的核国家和主要的亚洲国家，覆盖全球近一半的人口，承载了人类无限想象的终极"能源梦"。

10余年来，中国认真践行国际承诺，高质量开展超导磁体、电源、包层、诊断等18个ITER关键部件和系统的设计制造任务，成功竞标承接ITER主机安装重大工程，并凭借在托卡马克装置上40多年的技术积累，让"中国设计"和"中国制造"应用于ITER国际大科学工程项目，承担的ITER任务实现100%国产化，并以优异的性能指标通过国际评估，与国际同行齐心协力，持续为ITER计划的顺利实施贡献中国智慧与中国力量。

目前，ITER计划已汇集了全球35个国家的力量，这些国家占世界人口的60%以上，占全球国内生产总值的80%以上。尽管ITER计划已经囊括全球大部分国家和机构，地球上的很多人都能在其中获得未来无限能源分享。但是，有实力的发达国家和发展中国家都希望在这场"核聚变竞争"中获得技术领先，因此，美国等50多个国家开始单独开展核聚变和等离子体物理相关技术研究。应美国能源部的要求，美国开始规划其第一个聚变试验工厂，称将在2035—2040年建造可运行的核聚变发电厂，到2050年，美国电力公司将全面向零碳发电转变。[①]

中国在核聚变领域取得了卓越的研究成果，计划也十分宏大。一方面，中国继续加强国际合作，与其他国家共同推动核聚变技术的发展，共同应对全球能源挑战。另一方面，中国继续加强对自主核聚变技术的研究和发展，提升核聚变装置的性能和可控性。中国在核聚变领域已经取得了重大突破。其中，全超导托卡马克核聚变实验装置（EAST）和"中国环流三号"是中国自主研发的两个核聚变装置。

---

① National Academies of Sciences, Engineering, and Medicine. 2021. Bringing Fusion to the U.S. Grid. Washington, DC: The National Academies Press. https://doi.org/10.17226/25991.

1998年7月，中国国家计划委员会批准中国科学院等离子体物理所承担建造有"人造太阳"之称的"HT–7U超导托卡马克核聚变实验装置"（2003年改名为EAST）。作为中国国家重大科学工程项目，EAST历经十几年聚力攻关、12万余次试验，于2023年4月12日成功实现稳态高约束模式等离子体运行403秒，刷新了世界纪录，对探索未来的聚变堆前沿物理问题，提升核聚变能源的经济性、可行性，加快实现聚变发电，推动清洁能源发展具有重要意义。

图23　新一代"人造太阳"装置——中国环流器三号装置（HL–2M）

中国环流器二号M装置（HL–2M）由核工业西南物理研究院自主设计建造。2020年12月，中国环流器二号M建成并实现首次放电，标志着中国自主掌握了大型先进托卡马克装置的设计、建造、运行技术，为我国核聚变堆的自主设计与建造打下坚实基础。2023年8月25日，新一代人造太阳"中国环流三号（HL–2M）"取得重大科研进展，首次实现100万安培等离子体电流下的高约束模式运行，再次刷新磁约束聚变装置运行纪录，突破了等离子体大电流高约束模式运行控制、高功率加热系统注入耦合、先进偏滤器位形控制等关键技术难题①，技术进步正在稳步地将聚变能从愿景转变为现实。

　　站在历史的新方位上，人类在能源开发利用方面做出的抉择，将决定人类未来的生活质量、社会进步，也将深刻影响地球的未来。人类对终极能源的探寻，或许没有一个固定的答案。但凭借现有的能源，通过国际合作开拓新能源，改善当前对能源的认知，我们就会离未来更进一步。这是一场涉及全世界的、素未谋面的"探险之旅"。值得庆幸的是，这个"探险之旅"恰好出现在人类更有能力和底气去创造能源新未来的时刻。

① 参考可见：重大突破！我国掌握可控核聚变高约束先进控制技术，国家核安全局. https://nnsa.mee.gov.cn/ywdt/hyzx/202308/t20230829_1039616.html

# 结　语

以史为鉴，可以知兴替。国家兴衰的"秘密"到底是什么？能源革命的历史，是人类社会发展的历史，也是大国兴衰更替的历史。能源发展，推动社会文明不断演变，点亮了人类文明闪烁星光。

从西班牙、荷兰，到法国、英国、美国，世界大国不断演绎兴衰交替的变奏曲。各国在不同历史时期创造出了科技、军事、经济、社会等的发展图景，在不同历史方位上实现了现代化。一些国家在现代化过程中对外侵略、殖民、掠夺，给他国人民带来深重苦难。发展至今，除了美国还处于显著的主导地位以外，很多国家已经难以恢复昔日风采，或曾深陷战争泥潭，或难以逃脱资源匮乏的底层魔咒。时代的偶然性与历史的必然性，变成了"无形的手"，推搡着西方大国走进"成长的陷阱"。

与其他大国相比，中国的繁荣兴盛之路尤为不同。鸦片战争之前，中国经济社会与文化发展备受瞩目。近代中国曾历经深重苦难，发展滞缓。1949年，当独立自主的新中国以崭新的姿态站上世界舞台后，仅用几十年时间，就走完了西方国家几百年走过的工业化历程，探索出一条中国式现代化道路，也拓展了发展中国家走向全面现代化的途径。

进入新时代，面对错综复杂的国际国内形势，以习近平同志为核心的党中央高瞻远瞩、审时度势，创造性提出"四个革命、一个合作"能源安全新战略，能源革命浪潮澎湃，深刻影响着新一轮科技革命和产业变革，加速全球能源治理和世界格局重塑。中国的能源革命方案，立足于人与自然和谐共生，强调能源开发利用与生态环境友好协调发展，不仅厚植现代化物质基础和精神文化的内在要求，也推动经济社会发展向绿色化、低碳化演进。

当前，世界百年未有之大变局加速演进，世界之变、时代之变、历史之变正以前所未有的方式展开，但未来新能源增长的大势是不变的，非化石能源替代化石能源的大势是不变的，以能源现代化支撑人类文明和可持续发展的内核是不变的。站在人类文明的新起点与新高度，能源革命与大国兴衰的规律将成为我们从容应对百年未有之大变局的答案，成为打开人类社会文明永续发展枷锁的"金钥匙"。